PraxisWissen

Dr. Marcus Hödl
Das neue Bauvertragsrecht

D1735838

PraxisWissen

Das neue Bauvertragsrecht

von

Dr. Marcus Hödl
Rechtsanwalt
Fachanwalt für Bau- und Architektenrecht
Fachanwalt für Vergaberecht

2018

C.H.BECK

www.beck.de

ISBN 978 3 406 70672 1

© 2018 Verlag C.H. Beck oHG
Wilhelmstraße 9, 80801 München

Druck: Nomos Verlagsgesellschaft mbH & Co. KG
In den Lissen 12, 76547 Sinzheim

Satz: Fotosatz Buck
Zweikirchener Str. 7, 84036 Kumhausen
Umschlaggestaltung: Bruno Schachtner Grafik-Werkstatt

Gedruckt auf säurefreiem, alterungsbeständigem Papier
(hergestellt aus chlorfrei gebleichtem Zellstoff)

Vorwort

Das Gesetz zur Reform des Bauvertragsrechts führt zu der größten Umgestaltung des BGB seit der Schuldrechtsmodernisierung im Jahr 2002. Der Umstand, dass das BGB nunmehr erstmals umfangreiche Regelungen zum Bauvertragsrecht enthält, wird dazu führen, dass das BGB verstärkt in den Blick von Praktikern gerät und möglicherweise die Bedeutung der VOB/B schwindet. Im Architektenrecht beschreitet das Gesetz insbesondere durch die Regelungen zur sogenannten Zielfindungsphase Neuland.

Mit diesem Praxisleitfaden möchte ich einerseits einen schnellen Überblick über die wichtigen Neuregelungen geben, andererseits aber auch dem im Baurecht tätigen Juristen durch weiterführende Literaturhinweise den Zugang zu den durch das Gesetz neu aufgeworfenen Fragen und deren Antworten erleichtern. Bei der Erstellung des Manuskripts wurde die bis September 2017 veröffentlichte Rechtsprechung und Literatur berücksichtigt.

Für die sehr sorgfältige Erstellung des Stichwortverzeichnisses danke ich Frau Carina Huber.

Wer ein Buch über eine gesetzliche Neuregelung dieses Umfangs schreibt, kann sich nur in geringem Umfang auf vorhandene Rechtsprechung stützen. Viele der hier vorgeschlagenen Antworten und Lösungen müssen sich daher in der Praxis der Rechtsanwendung erst noch bewähren. Umso mehr freue ich mich über Hinweise und Anregungen, Lob und Kritik an marcus.hoedl@kapellmann.de.

München, im Dezember 2017   Dr. Marcus Hödl

Inhaltsverzeichnis

Inhaltsverzeichnis

Inhaltsverzeichnis

Teil A.
Einleitung

Am 4.5.2017 wurde das Gesetz zur Reform des Bauvertragsrechts, zur **1**
Änderung der kaufrechtlichen Mängelhaftung, zur Stärkung des zivilprozessualen Rechtsschutzes und zum maschinellen Siegel im Grundbuch- und Schiffsregisterverfahren verabschiedet.[1] Tatsächlich wurde damit das Bauvertragsrecht nicht „reformiert"; vielmehr wurde erstmals im deutschen Zivilrecht ein kodifiziertes Bauvertragsrecht geschaffen. Das bisherige Recht behandelte den Bauvertrag als Werkvertrag und unterwarf ihn grundsätzlich denselben gesetzlichen Regelungen, denen auch eine Vielzahl anderer Vertragstypen unterliegt.[2] Den Besonderheiten des Bauvertrags konnten diese Regelungen nicht in allen Punkten Rechnung tragen. Für die komplexen, auf eine längere Erfüllungszeit angelegten Bauverträge sind die Regelungen des Werkvertragsrechts überwiegend nicht detailliert genug.[3] Auch findet der das Bauvertragsrecht prägende Kooperationsgrundsatz[4] im klassischen Werkvertragsrecht keine hinreichende Grundlage. Nach diesem Grundsatz sind die Parteien eines Bauvertrages verpflichtet, durch Verhandlungen eine einvernehmliche Beilegung von Streitigkeiten zu versuchen, wenn während der Vertragsdurchführung Meinungsverschiedenheiten über die Notwendigkeit oder Art und Weise einer Anpassung des Vertrags oder seiner Durchführung an geänderte Umstände entstehen.

Im Hinblick auf Detailfragen enthielt das Werkvertragsrecht bereits **2**
vor dem Erlass des Gesetzes zur Reform des Bauvertragsrechts partielle Sonderregelungen, die nur für den Bauvertrag galten. Zu nennen sind hier insbesondere die Regelungen zur Sicherung des Werklohns in § 648 und § 648 a BGB a. F.[5] und die fünfjährige Verjährungsfrist für Mängelansprü-

---

[1] BGBl. I 2017, 969, im Folgenden kurz „Gesetz zur Reform des Bauvertragsrechts" genannt.

[2] Vgl. *Sprau* in Palandt, BGB, 76. Auflage 2017, BGB, Einführung vor § 631, Rn. 18.

[3] BT-Drs. 18/8486 vom 18.5.2016, S. 1.

[4] BGH Urt. v. 28.10.1999, Az. VII ZR 393/98, NZBau 2004, 612.

[5] Im Folgenden werden Paragrafen des BGB, die aufgrund des Gesetzes zur Reform des Bauvertragsrechts nicht geändert wurden, mit der Bezeichnung „BGB" zitiert. Werden Paragrafen in der durch das Gesetz zur Reform des Bauvertragsrechts geänderten Fassung zitiert, geschieht dies mit der Bezeich-

che „bei einem Bauwerk und einem Werk, dessen Erfolg in der Erbringung von Planungs- oder Überwachungsleistungen hierfür besteht" (§ 634 a Abs. 1 Nr. 2 BGB).

3   Darüber hinaus enthielt § 632 a Abs. 2 BGB a. F. Regelungen über die Zulässigkeit von Abschlagszahlungen beim Bauträgervertrag und § 632 a Abs. 3 BGB a. F. eine auf den Verbraucherbauvertrag beschränkte Regelung, die dem Verbraucher einen Anspruch auf Stellung einer Sicherheit für die rechtzeitige Herstellung des Werkes ohne wesentliche Mängel (Vertragserfüllungssicherheit) einräumte, der mit Stellung der ersten Abschlagszahlung durch den Unternehmer fällig wurde.

4   Nach Auffassung der Bundesregierung erschwerte das Fehlen klarer gesetzlicher Vorgaben für das Bauvertragsrecht eine interessengerechte und ökonomisch sinnvolle Gestaltung und Abwicklung von Bauverträgen und leistete einer konfrontativen Vertragskultur mit unklaren oder unvollständigen Ausschreibungen und intransparenten Kalkulations- und Abrechnungspraktiken Vorschub.[6]

5   Im Koalitionsvertrag von CDU/CSU und SPD für die 18. Legislaturperiode wurde daher vorgesehen „den Verbraucherschutz bei Bau- und Dienstleistung für Bauherren und Immobilieneigentümer" auszubauen, insbesondere im Bauvertragsrecht und bei der Fremdverwaltung von Wohnungen.

6   Diese politische Zielsetzung war letztlich Anlass für die jetzt vorliegende gesetzliche Neuregelung im Bauvertragsrecht.

7   Das Gesetz vom 28.4.2017 enthält aber nicht nur für das Bauvertragsrecht relevante Regelungen, sondern auch kaufrechtliche, wobei auch die Änderungen im Kaufrecht einen sachlichen Zusammenhang zum Bauvertragsrecht aufweisen: Der Europäische Gerichtshof hat durch Urteil vom 16.6.2011[7] entschieden, dass der Verkäufer einer beweglichen Sache im Rahmen einer Nacherfüllung aufgrund der Richtlinie über den Verbrauchsgüterkauf[8] gegenüber dem Verbraucher verpflichtet sein kann, die bereits in eine andere Sache eingebaute mangelhafte Kaufsache auszubauen und die Ersatzsache einzubauen und die Kosten für beides zu tragen. In der bisher geltenden Fassung des § 439 Abs. 1 BGB wurde diese europa-

---

nung „BGB n. F." Beziehen sich Zitate zwar auf Vorschriften, die sich durch das Gesetz zur Reform des Bauvertragsrechts geändert haben, soll aber auf die bis zum 31.12.2017 geltende Fassung hingewiesen werden, wird dies durch die Bezeichnung „BGB a. F." deutlich gemacht.

[6] BT-Drs. 18/8486, S. 24.

[7] Rs.-C 65/09 und C 87/09.

[8] Richtlinie 1999/44/EG des Europäischen Parlaments und des Rates vom 25.5.1999, geändert durch die Richtlinie 2011/83/EU des Europäischen Parlaments und des Rates vom 25.10.2011.

rechtliche Vorgabe nur unzureichend umgesetzt. Aufgrund der Rechtsprechung des BGH war die Vorschrift des § 439 Abs. 1 BGB daher richtlinienkonform im Sinne der oben genannten Rechtsprechung des EuGH auszulegen, allerdings nur in Fällen, in denen der Käufer ein Verbraucher war. Diese europarechtskonforme Auslegung sollte sicherstellen, dass die in § 439 Abs. BGB a. F. genannte Nacherfüllungsvariante „Lieferung einer mangelfreien Sache" auch den Ausbau und Abtransport der mangelhaften Kaufsache erfasst.[9] Für den Kaufvertrag zwischen Unternehmern sollte dies nach der Rechtsprechung des BGH jedoch nicht gelten;[10] für einen Werkunternehmer, der mangelhaftes Baumaterial gekauft und dieses in Unkenntnis des Mangels bei einem Dritten verbaut hat, bedeutete das, dass er diesem aus dem geschlossenen Werkvertrag zum Ausbau des mangelhaften und zum Einbau von mangelfreiem Baumaterial verpflichtet ist. Vom Verkäufer konnte er dagegen nach der vorstehend genannten Entscheidung des BGH nur die Lieferung des dafür benötigten neuen Baumaterials verlangen. Die Aus- und Einbaukosten musste er – von den Fällen eines schuldhaften Verhaltens des Verkäufers abgesehen – selbst tragen.[11]

Im Koalitionsvertrag zwischen CDU/CSU und SPD zur 18. Legislaturperiode wurde daher vereinbart, dafür zu sorgen, „dass Handwerker und andere Unternehmer nicht" – wie nach der bisherigen Rechtslage – „pauschal auf den Folgekosten von Produktmängeln sitzen bleiben sollen, die der Lieferant oder Hersteller zu verantworten hat".[12] **8**

Diese Zielsetzung wurde durch neue Regelungen im kaufrechtlichen Teil des Gesetzes umgesetzt. **9**

Die Neuregelungen finden Anwendungen auf Schuldverhältnisse, die am 01.01.2018 oder später entstanden sind (Art. 229 § 39 EGBGB). **10**

[9] BGH Urt. v. 21.12.2011, Az. VIII ZR 70/08, BGHZ 192, 148 ff.
[10] BGH Urt. v. 17.10.2012, Az. VIII ZR 226/11, BGHZ 195, 135 ff.
[11] BT-Drs. 18/8486, S. 1.
[12] Koalitionsvertrag „Deutschlands Zukunft gestalten", S. 25.

Teil B.
Das neue Werkvertragsrecht

Die Bezeichnung des Gesetzes als „Gesetz zur Reform des Bauvertrags- **11**
rechts" ist irreführend. Wie vorstehend gezeigt, betreffen wesentliche
Änderung des Gesetzes das Kaufrecht. Auch dort, wo sich das Gesetz nicht
mit dem Kaufrecht befasst, finden sich Regelungen nicht nur zum Bauvertragsrecht im engeren Sinn; ein wesentlicher Teil des Gesetzes betrifft
das allgemeine Werkvertragsrecht sowie Vertragstypen, die nach dem
Wortlaut des Gesetzes nicht als Werkverträge qualifiziert werden, sondern
als Verträge, die Werkverträgen ähnlich sind.

Der Titel 9 des Achten Teils des 2. Buchs des BGB mit der Bezeichnung **12**
„Werkvertrag und ähnliche Verträge" umfasst nunmehr die folgenden
Untertitel:

Untertitel 1: Werkvertrag

- Allgemeine Vorschriften (§§ 631 ff.)   – Kapitel 1
- Bauvertrag (§§ 650 a ff.)   – Kapitel 2
- Verbraucherbauvertrag (§§ 650 i ff.)   – Kapitel 3

Untertitel 2: Architekten- und Ingenieurvertrag (§§ 650 p ff.)

Untertitel 3: Bauträgervertrag (§§ 650 u f.)

Der Untertitel 4 befasst sich schließlich mit dem hier nicht behandelten
Reisevertrag.

Als Werkverträge behandelt das Gesetz somit Werkverträge im Sinne **13**
des § 631 BGB, den Bauvertrag und den Verbraucherbauvertrag. Architek-
ten- und Ingenieurverträge sowie der Bauträgervertrag sind den Werkverträgen dagegen nur „ähnlich".

I Das allgemeine Werkvertragsrecht nach dem Gesetz zur Reform des Bauvertragsrechts

1. Rechtsnatur des Werkvertrags

Kernnorm des Werkvertragsrechts ist auch nach Inkrafttreten des Gesetzes **14**
zur Reform des Bauvertragsrechts die Vorschrift des § 631 BGB. Durch

den Werkvertrag wird der Unternehmer zur Herstellung des versprochenen Werks, der Besteller zur Entrichtung der vereinbarten Vergütung verpflichtet, § 631 Abs. 1 BGB.

15   Prägend für den Werkvertrag ist nach § 631 Abs. 1 BGB die Verpflichtung des Unternehmers, das versprochene Werk herzustellen. § 631 Abs. 2 BGB bestimmt in Ergänzung hierzu, dass Gegenstand des Werkvertrags sowohl die Herstellung oder Veränderung einer Sache als auch ein anderer durch die Arbeit oder Dienstleistung herbeizuführender **Erfolg** sein kann, § 631 Abs. 2 BGB.

16   Die Herstellungsverpflichtung des Unternehmers steht dabei in engem Zusammenhang mit der Vorschrift des § 633 Abs. 2 BGB. Danach ist das geschuldete Werk frei von Sachmängeln, wenn es die vereinbarte Beschaffenheit hat, § 633 Abs. 2 S. 1 BGB. (Nur) soweit die Beschaffenheit nicht vereinbart ist, bestimmt sich die Freiheit von Sachmängeln danach, (1) ob sich das Werk für die nach dem Vertrag vorausgesetzte Verwendung eignet oder – wenn es eine solche nach dem Vertrag vorausgesetzte Verwendung nicht gibt – (2) danach, ob es eine Beschaffenheit aufweist, die bei Werken der gleichen Art üblich ist und die der Besteller nach der Art des Werkes erwarten kann. Der Wortlaut des Gesetzes legt somit ein klares Stufenverhältnis nahe: Der werkvertragliche Erfolg wird erreicht, wenn das Werk die vertraglich vereinbarte Beschaffenheit hat. Fehlt es an der Vereinbarung einer Beschaffenheit, wird der werkvertragliche Erfolg erreicht, wenn sich das Werk für die nach dem Vertrag vorausgesetzte gewöhnliche Verwendung eignet und eine Beschaffenheit aufweist, die bei Werken der gleichen Art üblich ist und die der Besteller nach der Art des Werkes erwarten kann. Vereinbaren die Parteien also die Ausführung einer Leistung, mit der die Herbeiführung einer Beschaffenheit, die bei Werken der gleichen Art üblich ist, nicht erreicht werden kann, hat der Unternehmer – so legt es der Wortlaut des § 633 BGB nahe – seine Leistung gleichwohl mangelfrei erbracht. Denn seine Leistung entspricht der vereinbarten Beschaffenheit; auf die nur nachrangig zu berücksichtigende „Beschaffenheit, die bei Werken der gleichen Art üblich ist", kommt es nicht an.

17   Demgegenüber hat der BGH in der so genannten Blockheizkraftwerk-Entscheidung[13] die Auffassung vertreten, zur vereinbarten Beschaffenheit im Sinne des § 633 Abs. 2 S. 1 BGB gehörten alle Eigenschaften des Werks, die nach der Vereinbarung der Parteien den vertraglich geschuldeten Erfolg herbeiführen sollen. Der vertraglich geschuldete Erfolg bestimme sich aber nicht allein nach der zu seiner Erreichung vereinbarten Leistung oder Ausführungsart, sondern auch danach, welche Funktion das Werk nach dem Willen der Parteien erfüllen solle. Das gelte unabhängig davon, ob

---

[13] Urt. v. 8.11.2007, Az. VII ZR 183/05, NJW 2008, 511.

die Parteien eine bestimmte Ausführungsart vereinbart hätten oder die anerkannten Regeln der Technik eingehalten worden sind.

Damit unterläuft der BGH das vorstehend beschriebene Stufenverhältnis, indem er die nach dem Wortlaut der Norm erst nachrangig zu berücksichtigende Funktionalitätserwartung (die Beschaffenheit, die bei Werken der gleichen Art üblich ist und die der Besteller nach der Art des Werks erwarten kann) mit der vorrangig zu berücksichtigenden „vereinbarten Beschaffenheit" gleichsetzt, und zwar auch in Fällen, in denen die Parteien ausdrücklich eine Beschaffenheit vereinbart haben, mit der diese Funktionalitätserwartung nicht erfüllt werden kann. Damit knüpft der BGH an seine noch zu § 633 Abs. 1 BGB in der bis zum 31.12.2001 geltenden Fassung ergangene Rechtsprechung an. Danach schuldete der Unternehmer im Rahmen der getroffenen werkvertraglichen Vereinbarung ein Werk, das die Beschaffenheit aufweist, die für den vertraglich vorausgesetzten oder gewöhnlichen Gebrauch erforderlich ist. Nur wenn das Werk diese Beschaffenheit aufweist, ist der vertraglich geschuldete Erfolg eingetreten. An dieser Erfolgshaftung soll sich grundsätzlich nichts dadurch ändern, dass die Parteien eine bestimmte Ausführungsart vereinbart haben, mit der die geschuldete Funktionstauglichkeit des Werkes nicht erreicht werden kann.[14] In diesem Fall wandelt sich die werkvertragliche Leistungspflicht zu einer Hinweispflicht: Der Unternehmer schuldet den Hinweis, dass die vereinbarte Leistungsart nicht zur Erreichung des Erfolgs führen kann.[15] Der für die bestimmte Ausführungsart vereinbarte Werklohn umfasst indes grundsätzlich nur die vereinbarte Ausführungsart, so dass der Auftraggeber Zusatzarbeiten, die für den geschuldeten Erfolg erforderlich sind und nicht von der vereinbarten Ausführungsart erfasst wurden, gesondert vergüten muss.

Zum Werkvertrag gehören alle Erscheinungsformen vertraglicher Vereinbarungen, mit denen sich der Unternehmer zur Herbeiführung eines Erfolgs verpflichtet, was nach der Rechtsprechung des BGH gleichbedeutend ist mit der Verpflichtung zur Herstellung eines funktionstauglichen Werks.[16]

18

19

---

[14] BGH Urt. v. 16.7.1998, AZ. VII ZR 350/96, BGHZ 139, 244; Urt. v. 11.11.1999, Az. VII ZR 403/98, NZBau 2000, 74 – „ein Dach muss dicht sein".

[15] BGH Urt. v. 8.11.2007, Az. VII ZR 183/05, NJW 2008, 511, 513.

[16] Die Festlegung des BGH auf den so genannten funktionalen Mangelbegriff dürfte stark geprägt sein durch die Anforderungen der Verbrauchsgüterkaufrichtlinie, nach deren Art. 2 Abs. 2 die Vertragsgemäßheit von Gebrauchsgütern vermutet wird, wenn diese mit der vom Verkäufer gegebenen Beschreibung übereinstimmen, sich für einen bestimmten, vom Verbraucher angestrebten Zweck eignen und eine Qualität und Leistung aufweisen, die bei

20   Das Werkvertragsrecht umfasst somit beileibe nicht nur Bauverträge, sondern eine Vielzahl von Verträgen des täglichen Bedarfs. Der Schuster schuldet die Herstellung funktionstauglicher Schuhe, die Autowerkstatt die Wiederherstellung der Funktionstauglichkeit des Pkw. Auf all diese Vertragstypen findet das Werkvertragsrecht des BGB Anwendung.

21   Die allgemeinen Vorschriften des Ersten Kapitels des Werkvertragsrechts (§§ 631 bis 650 BGB n. F.) gelten für alle Werkverträge und nicht nur für Bauverträge im Sinne des § 650a BGB. Die im Zuge des Gesetzes zur Reform des Bauvertragsrechts neugefassten Vorschriften des ersten Kapitels, insbesondere die Regelungen über die Erbringung von Abschlagszahlungen (§ 632 a BGB n. F.) und die neu gefasste Vorschrift zur Abnahme (§ 640 BGB n. F.) dürften indes ihre praktische Anwendung ganz überwiegend im Bereich des Bauvertragsrechts finden.

Gütern gleicher Art üblich sind und die der Verbraucher (nach den Umständen) vernünftigerweise erwarten kann; vgl. hierzu Leupertz/Halfmeier, in: Prütting/Wegen/Weinreich, BGB, 11. Aufl. 2016, § 633, Rn. 20. Danach dürfte die Geltung des funktionalen Mangelbegriffes im Anwendungsbereich der Verbrauchsgüterkaufrichtlinie geboten sein. Denn auch ohne ausdrückliche Vereinbarung hat der Verbraucher danach einen Anspruch darauf, dass sich die Werkleistung für den angestrebten Zweck eignet. Solche Verbrauchergeschäfte zeichnen sich jedoch in der Regel dadurch aus, dass die Bestimmung des Wegs, der zum Erfolg führt (die Planung), Sache des Unternehmers ist. Der Schneider misst den Kunden aus und entwirft das Schnittmuster für den Anzug selbst. Der Bauunternehmer, der dem Verbraucher ein Eigenheim schlüsselfertig anbietet, baut nach seinen eigenen Plänen und nicht nach denen des Verbrauchers. Zweifelhaft ist hingegen, ob die Erstreckung des funktionalen Mangelbegriffs auf alle Formen des Werkvertrags geboten und vor dem Hintergrund des Wortlauts des § 633 Abs. 2 BGB zulässig ist. Dies gilt insbesondere für jene Werkverträge, bei denen Besteller ein Unternehmer oder ein öffentlicher Auftraggeber ist und bei denen die Planung – anders als bei den meisten Verbraucherverträgen vom Besteller – gegebenenfalls durch Einschaltung eines Dritten – erarbeitet wird; vgl. hierzu Peters, NZBau 2008, 609, 612. Eine umfassende Untersuchung dieser Frage würde den Rahmen dieser Darstellung sprengen; vgl. hierzu aber Lederer, Der funktionale Werkerfolg, 2016, 100 ff.

2. Der Anspruch des Unternehmers auf Abschlagszahlungen, § 632 a BGB

a) *Anspruch in Höhe des Wertes der vom Unternehmer erbrachten und nach*   **22**
dem Vertrag geschuldeten Leistungen

Fall 1:

a) *Der Hauseigentümer B bemerkt Feuchtigkeitsstellen an den Außenwänden seines Hauses. Am 05.12.2017 beauftragt er den Gutachter G mit der Erstellung eines schriftlichen Gutachtens über die Ursachen der Feuchtigkeit. Vereinbart wird eine Pauschalvergütung über 5.000 EUR brutto. G schätzt den Aufwand für die Erstellung des Gutachtens auf insgesamt 50 Stunden. G führt eine erste Ortsbesichtigung durch, für die er ca. 10 Stunden aufwendet und verlangt unmittelbar danach eine Abschlagszahlung über 1.000 EUR. B verweigert diese, weil er von G noch kein Arbeitsergebnis erhalten habe. Daraufhin weigert sich G, weiter für B tätig zu werden. Zu Recht?*

b) *Ändert sich etwas an der Rechtslage, wenn der Gutachtensauftrag am 02.01.2018 erteilt worden wäre?*

Der Werkunternehmer ist grundsätzlich vorleistungspflichtig. Nach § 641   **23**
Abs. 1 BGB ist die Vergütung (erst) bei Abnahme des Werks zu entrichten,
also zu einem Zeitpunkt, zu dem der Unternehmer seine vertraglich vereinbarten Leistungen bereits vollumfänglich erbracht hat. Bereits durch
das Gesetz zur Beschleunigung fälliger Zahlungen vom 3.3.2000[17] wurde
daher die Vorschrift des § 632 a BGB in das Gesetz eingefügt, wonach der
Unternehmer von dem Besteller für „in sich abgeschlossene Teile des
Werkes Abschlagszahlungen für die erbrachten vertragsmäßigen Leistungen verlangen" konnte.

Erklärtes Ziel des Gesetzes zur Beschleunigung fälliger Zahlungen war   **24**
es, eine Regelung zu schaffen, die „mit leichten Einschränkungen" der
Regelung in § 16 Nr. 1 Abs. 1 S. 1 VOB/B 2000 entsprechen sollte. Wesentlicher Unterschied zur Regelung in § 16 Nr. 1 Abs. 1 S. 1 VOB/B war,
dass Abschlagszahlungen nur für in sich abgeschlossene Teilleistungen
verlangt werden konnten. Der Grund für diese Einschränkung sollte darin liegen, dass die Vorschrift nicht nur für Bauleistungen, sondern generell
für alle Werkverträge Geltung beanspruchte und sich bei der Vielzahl der
von ihr betroffenen Leistungen ein Anspruch auf Abschlagszahlungen nur
rechtfertigen lasse, soweit bereits eine abgeschlossene Teilleistung vorliege,

---

[17] BGBl. I 2000, 330.

weil andernfalls die Werthaltigkeit der Leistung für den Besteller nicht gesichert sei.[18]

25 Durch das Bauforderungssicherungsgesetz[19] wurde § 632 a BGB für alle nach dem 1.1.2009 geschlossenen Verträge grundlegend geändert. Anlass für die Änderung war die Erkenntnis, dass die Regelung in der Praxis häufig deshalb nicht zum Tragen kam, weil ein „in sich abgeschlossener Teil des Werks" nicht gegeben ist oder Unklarheit herrscht, wie diese Anspruchsvoraussetzung aufzufassen ist.[20] An die Stelle der Anspruchsvoraussetzung des in sich abgeschlossenen Teil des Werks trat nun die Regelung, wonach der Unternehmer eine Abschlagszahlung (nur) in der Höhe verlangen konnte, in der der Besteller durch die Leistung einen **Wertzuwachs** erlangt hat. Zielsetzung des Gesetzgebers war es aber weiterhin, einen Anspruch auf Abschlagszahlungen nur zu gewähren, wenn der Besteller einen festen Wert bekommen hat.[21] Ein solcher Wertzuwachs konnte nach Auffassung des Rechtsausschusses bei Bauverträgen eintreten durch den Einbau von Baumaterial in einem auf dem Baugrundstück errichtete Gebäude und den damit verbundenen Eigentumserwerb des Bestellers nach § 946 BGB. Hervorgehoben wurde indes, dass die Vorschrift auch außerhalb des Bauvertragsrechts Anwendung finden könne, so beispielsweise, wenn bei einem Vertrag über die Erstellung eines Gutachtens vorab ein Teilgutachten übergeben werde. Auch dann liege ein Wertzuwachs beim Besteller (in Form eines Erkenntnisgewinns) vor, der die Erbringung einer Abschlagszahlung rechtfertige. Umgekehrt soll allein die Durchführung eines Ortstermins durch einen Sachverständigen, den dieser zur Vorbereitung eines Gutachtens durchführe, noch keinen Anspruch auf Erbringung einer Abschlagszahlung auslösen, wenn sich der Gutachter dabei nur erste Gedanken zum Thema gemacht habe.[22]

26 Durch das Gesetz zur Reform des Bauvertragsrechts ist § 632 a BGB erneut überarbeitet worden. § 632 a Abs. 1 S. 1 BGB n. F. lautet nunmehr:

Der Unternehmer kann von dem Besteller eine Abschlagszahlung in Höhe des Wertes der von ihm erbrachten und nach dem Vertrag geschuldeten Leistungen verlangen.

---

[18] BT-Drs. 14/1246, S. 6.

[19] Gesetz zur Sicherung von Werkunternehmeransprüchen und zur verbesserten Durchsetzung von Ansprüchen vom 23. 10. 2008, BGBl. I 2008, S. 2022.

[20] BT-Drs. 16/511, S. 11.

[21] So wörtlich Beschlussempfehlung des Rechtsausschusses vom 25.6.2008, BT-Drs. 16/9787, S. 18.

[22] Beschlussempfehlung des Rechtsausschusses vom 25.6.2008, BT-Drs. 16/9787, S. 18.

Anders als die früheren Fassungen des Gesetzes ist der beim Besteller eingetretene Wertzuwachs nach der Neufassung weder Voraussetzung für den Anspruch auf Abschlagszahlung noch von Bedeutung für deren Höhe. Grund für die Änderung war die Erkenntnis, dass die Höhe des Wertzuwachses durch die vom Unternehmer vorgenommenen Leistungen im Einzelfall schwer zu ermitteln und daher zwischen den Parteien häufig umstritten sei. Ein Streit über die Höhe des Wertzuwachses lasse sich in der Regel nur mit sachverständiger Hilfe beilegen, was dem Zweck der Vorschrift, dem vorleistenden Unternehmer zeitnah Abschlagszahlungen für seine erbrachten Leistungen zukommen zu lassen, zuwiderlaufe. Die Vorschrift bedürfe daher einer Modifikation, die es dem Unternehmer ermöglicht, die Höhe der Abschlagszahlung unkompliziert zu berechnen und den Besteller eine einfachere Überprüfung der Berechnung zu ermöglichen. Daher soll Grundlage der Berechnung künftig nicht mehr die Höhe des beim Besteller eingetretenen Wertzuwachses sein, sondern der Wert der vom Unternehmer erbrachten Leistungen.[23]

§ 632 a BGB n. F. ist nach wie vor auf alle Erscheinungsformen des Werkvertrags anzuwenden, entspricht aber damit praktisch vollumfänglich dem auf Bauverträge zugeschnittenen § 16 Abs. 1 Nr. 1 S. 1 VOB/B.   **27**

Nach § 632 a Abs. 1 S. 5 BGB n. F. sind die Leistungen, für die eine Abschlagszahlung verlangt wird, „durch eine Aufstellung nachzuweisen, die eine rasche und sichere Beurteilung der Leistungen ermöglichen muss". Diese Regelung lehnt sich ersichtlich an § 16 Abs. 1 Nr. 1 S. 2 VOB/B an; verzichtet wird lediglich auf die dort aufgestellte Forderung, dass die Aufstellung „prüfbar" sein muss. Ob hiermit eine sachliche Abweichung von § 16 Abs. 1 Nr. 1 S. 2 VOB/B verbunden ist, erscheint zweifelhaft. Denn auch im Bereich der VOB/B ist anerkannt, dass an die Prüfbarkeit einer Abschlagsrechnung nicht die gleichen Anforderungen zu stellen sind, wie an die Prüfbarkeit einer Schlussrechnung. Das ergibt sich schon daraus, dass mit einer Abschlagszahlung kein Anerkenntnis des diesbezüglichen Vergütungsanspruchs verbunden ist.[24] Gefordert wird auch im Bereich der VOB/B – anders als bei der Schlussrechnung – kein exaktes Aufmaß, sondern lediglich eine überschlägig nachvollziehbare Aufstellung über die erbrachten Leistungen.[25] Diesen Anforderungen wird im Kern aber auch eine Abschlagsrechnung nach § 632 a BGB n. F. genügen müssen; denn die mit dieser vorzulegende Aufstellung muss geeignet sein, die erbrachten Leistungen nachzuweisen, was ein Minimum an Prüfbarkeit voraussetzt.   **28**

---

[23] BT-Drs. 18/8486, S. 47.
[24] *Leinemann* in Leinemann, VOB/B, 6. Aufl. 2016, § 16, Rn. 14.
[25] *Leinemann* in Leinemann, VOB/B, 6. Aufl. 2016, § 16, Rn. 14.

29   Für den Fall 1 hat die Änderung erhebliche Bedeutung: Der Auftrag
zur Erstellung eines Gutachtens ist in der Regel ein Werkvertrag.[26] Der
Gutachter G darf die weitere Leistungserbringung gegenüber B nur verweigern, wenn die Voraussetzungen des § 320 Abs. 1 BGB vorliegen.
Danach kann, wer aus einem gegenseitigen Vertrag verpflichtet ist, die
ihm obliegende Leistung bis zur Bewirkung der Gegenleistung verweigern, es sei denn, dass er vorzuleisten verpflichtet ist. Als Unternehmer
eines Werkvertrags ist G grundsätzlich vorleistungspflichtig. Ist allerdings
die Leistung des anderen Teils fällig geworden, wird die Vorleistungs-
pflicht zur Pflicht zur Zug-um-Zug-Leistung.[27] Da eine Abnahme noch
nicht erfolgt ist, kommt ein fälliger Zahlungsanspruch nur unter den
Voraussetzungen des § 632 a BGB in Betracht. Wurde der Gutachtensauftrag (wie im Fall 1 a) vor Inkrafttreten des Gesetzes über die Reform des
Bauvertragsrechts am 1.1.2018 geschlossen, ist auf das Vertragsverhältnis
§ 632 a BGB in der bis zum 31.12.2017 geltenden Fassung anwendbar.
Danach besteht ein Anspruch auf Abschlagszahlungen nur, wenn und soweit der Besteller durch die Teilleistung des Unternehmers einen Wertzuwachs erlangt hat. Allein die Besichtigung des Bauvorhabens durch den
Gutachter führt aber nicht zu einem solchen Wertzuwachs. Ein Anspruch
auf Abschlagszahlung besteht demzufolge nicht. Der Gutachter ist daher
auch nicht berechtigt, wegen der Weigerung des B, die Abschlagsrechnung
zu begleichen, die Leistung nach § 320 BGB einzustellen. Anders wäre
wohl zu entscheiden, wenn G bereits ein Teilgutachten erstellt und dem B
übermittelt hätte. G müsste im Rahmen seiner Abschlagsrechnung dann
aber nachweisen, in welchem Umfang dieses Teilgutachten bei B zu einem
Wertzuwachs geführt hat. Dies hätte G selbst bei Vorliegen einer zu einem
Wertzuwachs führenden Teilleistung in erhebliche Beweisschwierigkeiten
hinsichtlich der Höhe des Anspruchs gebracht.

30   Im Fall 1 b) wurde der Vertrag über die Gutachtenserstellung am
2.1.2018 und damit nach Inkrafttreten des Gesetzes zur Reform des Bauvertragsrechts geschlossen. Anwendbar ist demzufolge § 632 a BGB n. F.
Daher kann G vom Besteller eine Abschlagszahlung in Höhe des Wertes
der von ihm erbrachten und nach dem Vertrag geschuldeten Leistungen
verlangen. Dem zwischen den Parteien vereinbarten Pauschalpreis liegt
die Annahme eines Stundensatzes von 100 € zu Grunde. Da G bereits
10 Stunden aufgewendet hat, steht ihm der geltend gemachte Anspruch
auf eine Abschlagszahlung i. H. v. 1000 € zu.

---

[26] Vgl. insbesondere für Baumängelgutachten BGH Urt. v. 4.4.2006, Az. X ZR
122/05, BGHZ 167, 139.
[27] *Grüneberg* in Palandt, BGB, 76. Aufl. 2017, § 320, Rn. 17.

b) *Verweigerung von Abschlagszahlungen wegen nicht vertragsgemäß erbrachter Teilleistungen*

§ 632 a BGB in der Fassung des Gesetzes zur Beschleunigung fälliger **31** Zahlungen vom 30.3.2000[28] regelte relativ knapp, dass der Unternehmer vom Besteller für in sich abgeschlossene Teile des Werks Abschlagszahlungen für die erbrachten „vertragsmäßigen Leistungen" verlangen könne. Nach Auffassung des Gesetzgebers sollte damit zum Ausdruck gebracht werden, dass Abschlagszahlungen nur für mangelfreie Leistungen gefordert werden könnten.[29] Diese Sichtweise wurde mit der bemerkenswerten Begründung als „zu streng" kritisiert, dass vollständig mangelfreie Bauwerke „kaum vorstellbar" seien.[30]

In der Tat erwies sich diese Regelung als problematisch, weil die Be- **32** steller durch sie in die Lage versetzt wurden, schon kleinste Mängel als Rechtfertigung heranzuziehen, die Zahlung von Abschlagsrechnungen zu verweigern.

Mit Wirkung zum 1.1.2009 wurde daher durch das Bauforderungssi- **33** cherungsgesetz § 632 a Abs. 1 S. 2 BGB a. F. geschaffen, wonach wegen unwesentlicher Mängel die Abschlagszahlung nicht verweigert werden konnte. § 632 a Abs. 1 S. 3 BGB a. F. bestimmte zudem, dass § 641 Abs. 3 BGB (Druckzuschlag) entsprechend gelte.

In Anlehnung an die Regelung in § 640 Abs. 1 Satz 2 BGB sollten Ab- **34** schlagszahlungen also nicht nur für völlig mangelfreie Werke verlangt werden können, sondern auch für solche, die nur unwesentliche Mängel aufweisen. Das Erfordernis einer völlig mangelfreien Leistung, die auch keine unwesentlichen Mängel aufweisen darf, würde die Vorschrift weitgehend entwerten und unpraktikabel machen sowie der Absicht der gesetzlichen Regelung, die Situation des Bauhandwerkers zu verbessern, entgegenstehen. Deshalb sollten auch bei solchen Leistungen, die mit unwesentlichen Mängeln behaftet sind, Abschlagszahlungen verlangt werden können.[31] Durch den Verweis auf § 641 Abs. 3 BGB wurde dem Besteller jedoch ein Zurückbehaltungsrecht eingeräumt; er konnte von den Abschlagszahlungen mindestens das Dreifache[32] des für die Mangelbeseitigung erforderlichen Betrages einbehalten. Das sollte indessen nur bei unwesentlichen Mängeln gelten. Bei Mängeln, die den Grad der Unwe-

---

[28] BGBl. I 2000, 330.
[29] BT-Drs. 14/1246, S. 6.
[30] *Sprau* in Palandt, BGB, 61. Aufl. 2002, § 632 a, Rn. 5.
[31] BT-Drs. 16/511, S. 14.
[32] Dieser so genannte „Druckzuschlag" wurde durch das Bauforderungssicherungsgesetz auf das Doppelte der für die Beseitigung des Mangels erforderlichen Kosten reduziert.

sentlichkeit überschreiten, sollte dem Unternehmer demgegenüber kein Recht auf Abschlagszahlungen zustehen.[33] Das folgte im Umkehrschluss aus der Regelung, dass wegen unwesentlicher Mängel die Abschlagszahlung nicht verweigert werden konnte.

35 Durch das Gesetz zur Reform des Bauvertragsrechts wurde § 632 a BGB auch im Hinblick auf das Leistungsverweigerungsrecht des Bestellers wegen Mängeln der Werkleistung geändert. § 632 a Abs. 1 S. 2 bis 4 BGB n. F. lauten nunmehr:

Sind die erbrachten Leistungen nicht vertragsgemäß, kann der Besteller die Zahlung eines angemessen Teils des Abschlags verweigern. Die Beweislast für die vertragsgemäße Leistung verbleibt bis zur Abnahme beim Unternehmer. § 641 Abs. 3 gilt entsprechend.

36 Die Regelung, wonach wegen unwesentlicher Mängel die Abschlagszahlung nicht verweigert werden darf, ist somit entfallen. Damit ist zugleich auch die Grundlage für den aus dieser Vorschrift gezogenen Umkehrschluss entfallen, dass wegen wesentlicher Mängel die Zahlung von Abschlagsrechnungen gänzlich verweigert werden darf. Mit anderen Worten: Für die Frage, ob und in welchem Umfang die Erbringung von Abschlagszahlungen verweigert werden darf, ist die Wesentlichkeit der Abweichung der erbrachten Leistungen vom vertragsgemäßen Zustand[34] unerheblich[35]. Stattdessen gilt für wesentliche wie unwesentliche Abweichungen der erbrachten Leistungen vom vertragsgemäßen Zustand der Verweis auf § 641 Abs. 3 BGB, das heißt, der Besteller kann von der Abschlagszahlung den Betrag einbehalten, der dem Doppelten der für die Beseitigung des „Mangels" erforderlichen Kosten entspricht.

37 Dabei trägt der Unternehmer nicht nur die Beweislast für die Mangelfreiheit seiner Leistungen (vgl. § 632 a Abs. 1 S. 3 BGB n. F.). Macht der Besteller den Druckzuschlag des § 641 Abs. 3 BGB geltend und ist der Unternehmer der Auffassung, der Einbehalt sei zu hoch, weil er das Doppelte der für die Beseitigung des Mangels erforderlichen Kosten überschreite, muss der Unternehmer auch beweisen, dass die Mangelbeseitigungskosten niedriger sind als vom Besteller im Rahmen der Berechnung der Höhe des Einbehalts angenommen. Im Prozess ist es also nicht Aufgabe des Bestellers, zur Höhe des Leistungsverweigerungsrechts vorzutragen

---

[33] BT-Drs. 16/511, S. 14.

[34] Das Gesetz vermeidet an dieser Stelle die Verwendung des Begriffs des Mangels, weil der Unternehmer erst zum Zeitpunkt der Abnahme verpflichtet ist, ein mangelfreies Werk zu übergeben und demzufolge Mängelrechte nach §§ 634 ff. an die Abnahme geknüpft sind; vgl. BT-Drs. 18/8486; S. 47 und BGH Urt. v. 19.1.2017, Az. VII ZR 301/13, NZBau 2017, 216.

[35] Langen, BauR 2015, 658, 659.

und die Höhe der für die Beseitigung des Mangels erforderlichen Kosten zu beweisen. Vielmehr ist es Aufgabe des Unternehmers, zum erforderlichen Nacherfüllungsaufwand vorzutragen. Der Unternehmer muss also vortragen und beweisen, dass der vom Besteller wegen der Mängel vorgenommene Einbehalt unangemessen hoch ist. Dies beruht darauf, dass der Besteller bei Mängeln der Werkleistung grundsätzlich sein Leistungsverweigerungsrecht nach § 320 Abs. 1 BGB geltend machen kann; dort ist eine Beschränkung des Leistungsverweigerungsrechts auf einen dem noch ausstehenden Teil der geschuldeten Gegenleistung entsprechenden Betrag grundsätzlich nicht vorgesehen. Die Regelung des § 641 Abs. 3 BGB ist daher eine Ausnahmevorschrift zu § 320 Abs. 1 BGB.[36] Wenn daher der Unternehmer geltend machen will, dass der Besteller wegen der Ausnahmevorschrift des § 641 Abs. 3 BGB die Abschlagszahlung nicht – wie dies eigentlich durch § 320 Abs. 1 BGB gestattet wird – in voller Höhe verweigern darf, muss er die Voraussetzungen dieser Ausnahmevorschrift vortragen und beweisen und dementsprechend dartun, dass der einbehaltene Betrag unverhältnismäßig hoch ist.[37]

3. Die Abnahme

a) *Rechtsnatur und Rechtswirkungen der Abnahme*

Die Abnahme nach § 640 BGB ist im System des Werkvertragsrechts für die Rechtsstellung von Unternehmer und Besteller von zentraler Bedeutung. Mit der Abnahme endet das Erfüllungsstadium; dem Besteller stehen dann nur noch die besonderen Mängelansprüche aus §§ 634 ff. BGB zu. Will der Besteller Mängelansprüche geltend machen, trägt er ab dem Zeitpunkt der Abnahme die Beweislast für das Vorliegen von Mängeln. Für den Unternehmer ist die Abnahme von besonderem Interesse, weil erst mit ihr der Werklohn fällig wird (§ 641 Abs. 1 BGB)[38], die Frist für die Verjährung der Mängelansprüche zu laufen beginnt (§ 634a Abs. 2 BGB) und die Gefahr des zufälligen Untergangs des Werks auf den Besteller übergeht (§§ 362 Abs. 1, 644 Abs. 1 BGB). 38

Die Abnahme hat besondere praktische Bedeutung im Bereich des Bauvertragsrechts. Die Vorschrift des § 640 BGB ist jedoch in ihrer Anwendung nicht auf das Bauvertragsrecht beschränkt und steht daher sys- 39

---

[36] *Stürner* in Prütting/Wegen/Weinreich, BGB, 11. Aufl. 2016, § 320, Rn. 23.
[37] BGH Urt. v. 4.7.1996, AZ VII ZR 125/95, NJW 1997, 734; Urt. v. 6.12.2007, AZ VII ZR 125/06, BauR, 2008, 510; OLG Brandenburg Urt. v. 16.12.2009, AZ 4 U 28/08, BauR 2010, 664.
[38] Nach § 650g Abs. 4 BGB n. F. ist für den Bauvertrag weitere Fälligkeitsvoraussetzung nunmehr die Erstellung einer prüfbaren Schlussrechnung.

tematisch bei den allgemeinen Vorschriften im ersten Kapitel des Werkvertragsrechts.

40   Die Abnahme stellt sich nach herrschender Auffassung als zweigliedriger Vorgang dar. Zum einen beinhaltet die Abnahme die körperliche Entgegennahme des Werks (sofern dies tatsächlich möglich ist); zum anderen bringt der Besteller mit der Abnahme zum Ausdruck, dass er das Werk als Erfüllung akzeptiere und als im Wesentlichen vertragsgerecht billige.[39]

Liegen diese beiden Voraussetzungen vor, treten die oben genannten Rechtswirkungen der Abnahme ein, auch ohne dass sich der Besteller dessen bewusst ist.[40]

41   Wie sich aus § 640 Abs. 1 S. 1 BGB ergibt, ist der Besteller verpflichtet, das vertragsmäßig hergestellte Werk abzunehmen.

b) Die Neuregelung der Abnahmefiktion

42   § 640 Abs. 1 S. 2 BGB bestimmt, dass die Abnahme wegen unwesentlicher Mängel nicht verweigert werden kann. Hieraus folgt im Umkehrschluss, dass wesentliche Mängel die Verweigerung der Abnahme rechtfertigen.

43   Die Vorschrift des § 640 Abs. 1 S. 2 BGB wurde bereits durch das Gesetz zur Beschleunigung fälliger Zahlungen vom 30.03.2000[41] geschaffen und wurde durch das Gesetz zur Reform des Bauvertragsrechts nicht verändert. Bis zum Inkrafttreten dieser Regelung war der BGH der Auffassung, ein Besteller könne die Abnahme auch wegen „kleinerer und weniger bedeutsamer Mängel" verweigern.[42]

44   Mit dem Gesetz zur Beschleunigung fälliger Zahlungen trat ferner § 640 Abs. 1 S. 3 BGB a. F. in Kraft. Diese Regelung bestimmte, dass es der Abnahme gleichstehen solle, wenn der Besteller das Werk nicht innerhalb einer ihm vom Unternehmer bestimmten angemessenen Frist abnimmt, obwohl er dazu **verpflichtet** ist.

45   Verpflichtet ist der Besteller zur Abnahme, wenn das Werk keine wesentlichen Mängel aufweist (arg e § 640 Abs. 1 S. 2 BGB). Vor Inkrafttreten dieser Regelung wurde teilweise die Auffassung vertreten, der Besteller könne der Werklohnklage des Unternehmers schon dadurch die Grundlage entziehen, dass er die Abnahme bestreitet bzw. darauf hinweist, dass

---

[39] *Raab* in Dauner-Lieb/Langen, BGB, 2. Aufl. 2012, § 640, Rn. 5; *Sprau* in Palandt, BGB, 76. Aufl. 2017, § 640, Rn. 3 jeweils unter Hinweis auf BGHZ 48, 257; kritisch *Peters/Jacoby* in Staudinger, Privates Baurecht, 2014, § 640, Rn. 7.

[40] *Raab* in Dauner-Lieb/Langen, BGB, 2. Aufl. 2012, § 640 Rn. 7.

[41] BGBl. I 2000, 330.

[42] BGH Urt. v. 25.1.1996, Az. VII ZR 26/95, Rn. 20, BauR 1996, 390; a.A. BT-Drs. 14/1246, S. 6 (die Neuregelung habe nur klarstellenden Charakter).

eine Abnahme unstreitig nicht stattgefunden habe, da die Abnahme Tatbestandsvoraussetzung für die Fälligkeit der Vergütung ist. Lediglich wenn der Besteller die Abnahme grundlos und endgültig verweigerte, konnte sich der Besteller nicht auf eine fehlende Abnahme berufen; gleiches galt, wenn ein Mangel nach seiner Art, seinem Umfang und vor allem nach seinen Auswirkungen derart unbedeutend war, dass das Interesse des Bestellers an einer Beseitigung vor Abnahme nicht schützenswert ist und sich seine Verweigerung deshalb als Verstoß gegen Treu und Glauben darstellt.[43] Dieses durch den in § 242 BGB verankerten Grundsatz von Treu und Glauben gewährleistete Verbot der treuwidrigen Abnahmeverweigerung hinderte den Besteller vor dem Hintergrund der zitierten Rechtsprechung des BGH indes nicht daran, die Abnahme auch wegen „kleinerer und weniger bedeutsamer Mängel" zu verweigern.

Die durch das Gesetz zur Beschleunigung fälliger Zahlungen vom **46** 30.3.2000 geschaffene Regelung des § 640 Abs. 1 S. 3 BGB a. F. schaffte jedoch neue Abgrenzungsschwierigkeiten. Verweigerte der Besteller die Abnahme und verteidigte sich gegen die Geltendmachung des Werklohns durch den Unternehmer mit dem Hinweis auf die fehlende Fälligkeit der Werklohnforderung, konnte der Besteller nach § 640 Abs. 1 S. 3 BGB eine Frist zur Abnahme setzen, um auf diese Weise die Abnahmefiktion nach dieser Vorschrift herbeizuführen. Indes traten die Abnahmewirkungen nur ein, wenn der Besteller zur Abnahme verpflichtet war; dies war nach § 640 Abs. 1 S. 2 BGB der Fall, wenn die Mängel der Werkleistung unwesentlich waren. Der Erfolg der Werklohnklage des Unternehmers hing somit von der im Einzelnen schwer zu bestimmenden Frage ab, ob die Mängel seiner Werkleistung wesentlich oder unwesentlich waren.

Durch das Gesetz zur Reform des Bauvertragsrechts wird § 640 Abs. 1 **47** S. 3 BGB gestrichen. Die Abnahmefiktion wird nunmehr neu in § 640 Abs. 2 S. 1 BGB n. F. geregelt, und zwar wie folgt:

Als abgenommen gilt ein Werk auch, wenn der Unternehmer dem Besteller nach Fertigstellung des Werks eine angemessene Frist zur Abnahme gesetzt hat und der Besteller die Abnahme nicht innerhalb dieser Frist unter Angabe mindestens eines Mangels verweigert hat.

Dabei bleibt § 640 Abs. 1 S. 2 BGB, wonach nur unwesentliche Mängel die **48** Abnahmeverweigerung nicht rechtfertigen, unverändert bestehen. Die Regelung des § 640 Abs. 2 S. 1 BGB n. F. darf daher nicht dahingehend missverstanden werden, nach neuem Recht sei die Abnahmeverweigerung

---

[43] BGH Urt. v. 25.1.1996, Az. VII ZR 26/95, Rn. 22, BauR 1996, 390.

wegen eines einzigen Mangels unabhängig davon **zulässig**, ob dieser Mangel wesentlich oder unwesentlich ist.[44]

49   Die Bedeutung des § 640 Abs. 2 BGB liegt in Folgendem: Reagierte der Besteller nach altem Recht auf die vom Unternehmer gesetzte Frist zur Erklärung der Abnahme nicht, konnte der Besteller den Eintritt der Abnahmefiktion im Nachhinein immer noch dadurch in Abrede stellen, dass er behauptete, es lägen wesentliche Mängel vor, die ihn zur Verweigerung der Abnahme berechtigten. Denn in diesem Fall war er nicht im Sinne des § 640 Abs. 1 S. 3 BGB zur Abnahme verpflichtet und die Abnahmewirkungen konnten dann trotz des Ablaufs der vom Besteller gesetzten Frist nicht eintreten.

50   Reagiert der Besteller dagegen nach neuem Recht auf die vom Unternehmer gesetzte Frist zur Erklärung der Abnahme nicht, tritt die Abnahmefiktion des § 640 Abs. 2 BGB ein, und zwar unabhängig davon, ob das Werk wesentliche oder unwesentliche Mängel aufweist.[45] Mit anderen Worten: Reagiert der Besteller auf die vom Unternehmer gesetzte Frist zur Abnahme nicht oder begründet seine Abnahmeverweigerung nicht durch den Verweis auf das Vorliegen mindestens eines Mangels, treten die Abnahmewirkungen nach § 640 Abs. 2 S. 1 BGB auch dann ein, wenn der Besteller wegen wesentlicher Mängel zur Abnahme nicht verpflichtet ist.

51   Voraussetzung für den Eintritt der Fiktion ist indes, dass der Unternehmer die Frist zur Abnahme „nach Fertigstellung" gesetzt hat. Von einer Fertigstellung in diesem Sinn ist nach der Gesetzesbegründung auszugehen, wenn das Werk nach der vertraglichen Vereinbarung der Parteien als „fertig" anzusehen ist. Dies soll der Fall sein, wenn die im Vertrag genannten Leistungen abgearbeitet beziehungsweise erbracht sind – unabhängig davon, ob Mängel vorliegen oder nicht. Insofern unterscheidet sich der Begriff der Fertigstellung in § 640 Abs. 2 Satz 1 BGB n. F. von dem Begriff der vollständigen Fertigstellung in § 3 Abs. 2 S. 2 Nr. 2 MaBV, der voraussetzt, dass sämtliche Arbeiten erbracht und alle wesentlichen Mängel behoben worden sind und damit Abnahmereife der Werkleistung erfordert.[46] Damit wird klargestellt, dass die Wirkungen der Abnahmefiktion auch bei fehlender Abnahmereife eintreten können.

52   Wegen dieser einschneidenden Folgen findet § 640 Abs. 2 S. 1 BGB n. F. bei einem Werkvertrag, bei dem der Besteller Verbraucher ist, nur Anwendung, wenn der Unternehmer den Besteller in Textform zusammen mit der Aufforderung zur Abnahme auf die Rechtsfolgen des § 640 Abs. 2

---

[44] Breitling, NZBau 2017, 393, 394.
[45] Tschäpe/Werner, ZfBR 2017, 419, 421; Langen, BauR 2015, 658, 659.
[46] BT-Drs. 18/8486, S. 48.

S. 1 BGB hingewiesen hat (§ 640 Abs. 2 S. 2 BGB n. F.).[47] Von dieser Vorschrift kann nicht zum Nachteil des Verbrauchers abgewichen werden
(§ 650 o BGB).

Umgekehrt kann der Besteller den Eintritt der Abnahmefiktion auch **53**
durch die Benennung eines unwesentlichen Mangels verhindern, obwohl
ihn unwesentliche Mängel nach § 640 Abs. 1 S. 2 BGB nach altem wie nach
neuem Recht nicht zur Abnahmeverweigerung berechtigen.

Damit stellt sich die Frage, wie der Unternehmer die Abnahme herbei- **54**
führen kann, wenn der Besteller den Eintritt der Abnahmefiktion durch
Geltendmachung eines – unwesentlichen – Mangels verhindert. Fest steht,
dass der Besteller in diesem Fall zur Erklärung der Abnahme verpflichtet
ist, § 640 Abs. 1 S. 2 BGB n. F. Fest steht aber auch, dass auch die Berufung
auf unwesentliche Mängel im Rahmen der Abnahmeverweigerung den
Eintritt der Abnahmefiktion nach § 640 Abs. 2 S. 1 BGB verhindert, solange die Grenze des Rechtsmissbrauchs nicht überschritten ist[48].

Nach § 640 Abs. 1 S. 3 BGB a. F. traten die Abnahmewirkungen mit **55**
Ablauf der vom Unternehmer für die Erklärung der Abnahme gesetzten
Frist ein, wenn der Besteller zur Abnahme verpflichtet war. Ob eine solche
Verpflichtung zur Abnahme vorlag, hing nach § 640 Abs. 1 S. 2 BGB davon ab, ob noch wesentliche Mängel vorhanden waren oder nicht. Die
Beantwortung dieser Frage mag im Einzelfall erst nach einem langjähri-
gen Bauprozess möglich gewesen sein. Wurde danach aber festgestellt, dass
die Abnahme vom Besteller zu Unrecht verweigert wurde, stand jedenfalls
fest, dass die Abnahmewirkungen mit Ablauf der vom Unternehmer für
die Abnahme gesetzten Frist eingetreten sind.

Aufgrund der Umgestaltung der Abnahmefiktion in § 640 Abs. 2 BGB **56**
n. F. kann heute nicht mehr davon ausgegangen werden, dass allein der

---

[47] Der Wortlaut des § 640 Abs. 2 S. 2 BGB ist unglücklich: Die Formulierung,
die Rechtsfolgen des § 640 Abs. 2 S. 1 BGB träten, wenn der Besteller ein Verbraucher ist, nur ein, „wenn der Unternehmer den Besteller zusammen mit der
Aufforderung zur Abnahme auf die Folgen einer **nicht erklärten** oder ohne
Angabe von Mängeln **verweigerten Abnahme** hingewiesen hat, erfordert
vom Unternehmer bei wörtlicher Auslegung nicht nur einen Hinweis darauf,
welche Rechtsfolgen sich ergeben, wenn der Verbraucher die Abnahme ohne
Angabe von Mängeln verweigert, sondern auch, welche Rechtsfolgen sich
ergeben, wenn der Verbraucher die Abnahme **unter Hinweis auf Mängel**
nicht erklärt. Gemeint ist aber offenbar, dass der Verbraucher auf die Rechtsfolgen hingewiesen werden muss, die sich ergeben, wenn der Verbraucher
auf die Fristsetzung nicht reagiert oder die Abnahme **ohne Angabe von
Mängeln** verweigert.

[48] Das soll der Fall sein, wenn der Besteller nur „offensichtlich nicht bestehende
oder eindeutig unwesentliche Mängel" zur Rechtfertigung der Abnahmeverweigerung ins Feld führt; vgl. BT-Drs. 18/8486, S. 48.

Umstand, dass der Besteller die Abnahme nur wegen unwesentlicher Mängel verweigert, mit Ablauf der Frist, die der Unternehmer zur Erklärung der Abnahme gesetzt hat, zum Eintritt der Abnahmewirkungen führt. Andernfalls würde man den Wortlaut des § 640 Abs. 2 BGB ignorieren und praktisch die außer Kraft getretene Regelung des § 640 Abs. 1 S. 3 BGB a. F. weiter anwenden.

57   Das Problem der unberechtigten Abnahmeverweigerung ist somit nach den Grundsätzen des Annahmeverzuges zu lösen. Erklärt der Besteller die Abnahme nicht, obgleich er dazu verpflichtet ist, gerät er in Annahmeverzug. Da die Abnahme zugleich eine Hauptpflicht des Bestellers ist, kommt dieser im Falle der unberechtigten Abnahmeverweigerung nach erfolgter Mahnung auch in Schuldnerverzug.[49]

58   Gerät der Besteller in Annahmeverzug, geht die Vergütungsgefahr gemäß § 644 Abs. 1 S. 2 BGB auch ohne Abnahme auf den Besteller über. Dem Unternehmer steht somit der Werklohnanspruch auch dann zu, wenn sich das Werk vor Abnahme verschlechtert oder untergeht. Gleichzeitig jedoch geht die Leistungsgefahr auf den Besteller über.[50] Verschlechtert sich daher das Werk vor Abnahme oder geht es unter, braucht es der Unternehmer nicht mehr neu herzustellen oder nachzubessern.

59   Verweigert der Besteller die Zahlung des Werklohns unter Hinweis auf die fehlende Abnahme, kann der Unternehmer auch ohne Abnahme eine Zahlungsklage erheben; in diesem Fall muss das Gericht über die Abnahmereife als Vorfrage des geltend gemachten Werklohnanspruchs entscheiden.[51]

60   Zudem erlebt durch das Gesetz zur Reform des Bauvertragsrechts die auf Erklärung der Abnahme gerichtete Leistungsklage eine Renaissance. Bis zum Inkrafttreten des Gesetzes zur Beschleunigung fälliger Zahlungen war deren Zulässigkeit unumstritten. Da die Abnahme eine Hauptpflicht des Bestellers ist, bestand kein Zweifel daran, dass diese Pflicht auch durch eine Klage des Unternehmers durchgesetzt werden konnte. Sie konnte auch isoliert erhoben werden, ohne dass zugleich die Zahlung restlichen Werklohns verlangt wurde.[52] Die Zulässigkeit einer solchen auf die Erklärung der Abnahme gerichteten Leistungsklage wurde infolge der Einfügung des § 640 Abs. 1 S. 3 BGB a. F. im Zuge des Gesetzes zur Beschleunigung fälliger Zahlungen bezweifelt, da dem Besteller zur Herbeiführung der Abnahmewirkungen der Weg über die Fristsetzung nach § 640 Abs. 1

---

[49] *Raab* in Dauner-Lieb/Langen, BGB, 2. Aufl. 2012, § 640, Rn. 34.

[50] *Voit* in Bamberger/Roth, BGB, 3. Auflage 2013, § 644, Rn. 14; *Peters/Jacoby* in Staudinger, Privates Baurecht, 2014, § 644, Rn. 12; *Merkens* in Messerschmidt/Voit, Privates Baurecht, 2. Aufl. 2012, § 644, Rn. 15.

[51] BGH Urt. v. 16.5.1968, Az. VII ZR 40/66, BGHZ 50, 175.

[52] BGH Urt. v. 27.2.1996, Az. X ZR 3/94, BGHZ 132, 96.

S. 3 BGB a. F. eröffnet war. Für möglich gehalten wurde demzufolge nur noch die Klage auf Feststellung, dass infolge der Fristsetzung nach § 640 Abs. 1 S. 3 BGB a. F. die Wirkungen der Abnahme eingetreten seien.[53] Für diese Sichtweise sprach in der Tat, dass es § 640 Abs. 1 S. 3 BGB dem Unternehmer ermöglichte, bei Fehlen wesentlicher Mängel die Abnahmewirkungen selbst herbeizuführen, indem er dem Besteller eine Frist zur Abnahme setzte.

Da nach dem Gesetz zur Reform des Bauvertragsrechts der Besteller **61** den Eintritt der Abnahmewirkungen indes auch bei Fehlen wesentlicher Mängel verhindern kann, kann an der Zulässigkeit einer auf die Erklärung der Abnahme gerichteten Leistungsklage jedenfalls dann kein Zweifel bestehen, wenn der Besteller den Eintritt der Abnahmefiktion nach § 640 Abs. 2 S. 1 BGB n. F. durch Verweigerung der Abnahme unter Nennung mindestens eines Mangels verhindert hat. Ist die Abnahmefiktion dagegen eingetreten, besteht in der Tat kein Grund mehr für die Erhebung einer Leistungsklage. Bestreitet der Besteller allerdings den Eintritt der Abnahmewirkungen, bleibt dem Unternehmer die Möglichkeit, diese im Wege der Feststellungsklage feststellen zu lassen.

c) Die Zustandsfeststellung bei Bauverträgen

Die Regelungen über die Abnahme und die Abnahmefiktion sind in ihrem **62** Anwendungsbereich nicht auf Bauverträge beschränkt, sondern gelten für alle Werkverträge im Sinne des § 631 BGB.

Im Hinblick auf Bauverträge enthält § 650 g Abs. 1 – 3 BGB n. F. eine **63** wichtige Ergänzung zu § 640 Abs. 2 BGB n. F., die daher bereits an dieser Stelle behandelt werden soll. Bauverträge sind gemäß § 650 a Abs. 1 BGB n. F. Verträge über die Herstellung, die Wiederherstellung, die Beseitigung oder den Umbau eines Bauwerks, einer Außenanlage oder eines Teils davon.

§ 650 g Abs. 1 BGB n. F. regelt für Bauverträge nunmehr Folgendes:

Verweigert der Besteller die Abnahme unter Angabe von Mängeln, hat er auf Verlangen des Unternehmers an einer gemeinsamen Feststellung des Zustands des Werks mitzuwirken. Die gemeinsame Zustandsfeststellung soll mit der Angabe des Tages der Anfertigung versehen werden und ist von beiden Vertragsparteien zu unterschreiben.

Streiten die Vertragsparteien eines Bauvertrags über die Abnahmefähigkeit **64** des Bauwerks, kommt es häufig trotz fehlender Abnahme bereits zu einer Übergabe und einer Inbenutzungnahme des Bauwerks, weil der Unternehmer Haftungsrisiken, die beispielsweise aus Schadensersatzansprüchen

---

[53] *Raab* in Dauner-Lieb/Langen, BGB, 2. Aufl. 2012, § 640, Rn. 33.

des Bestellers wegen verspäteter Möglichkeit zur Nutzung resultieren, minimieren will. Der Unternehmer wird in diesem Fall die Abnahmefähigkeit seines Werks behaupten und mit der Übergabe ein Abnahmeverlangen aussprechen. Dabei lässt sich nicht immer mit Sicherheit prognostizieren, wie ein Gericht die Frage der Abnahmefähigkeit im Streitfall entscheiden würde. Stellt ein Gericht dann nach Jahren fest, dass dem Werk wesentliche Mängel anhafteten, lässt sich vielfach nicht klären, ob diese wesentlichen Mängel nun bereits im Zeitpunkt des Abnahmeverlangens vorlagen und demzufolge die Verweigerung der Abnahme rechtfertigten oder aus dem Verantwortungsbereich des Bestellers stammen. Künftig soll den Besteller daher eine Obliegenheit treffen, auf Verlangen des Unternehmers an einer gemeinsamen Feststellung des Zustands des Werks mitzuwirken.[54]

65   Die Regelung setzt tatbestandlich voraus, dass der Besteller die Abnahme unter Angabe von Mängeln verweigert und steht somit in engem Zusammenhang mit § 640 Abs. 2 S. 1 BGB n. F. Dass § 650 g Abs. 1 BGB n. F. die Zustandsfeststellung von der Verweigerung der Abnahme unter Angabe von Mängeln (Plural) abhängig macht, dürfte vor dem Hintergrund, dass § 640 Abs. 2 S. 1 BGB n. F. zur Verhinderung der Abnahmefiktion die Verweigerung der Abnahme unter Geltendmachung nur eines einzigen Mangels ausreichen lässt, ein Redaktionsversehen sein.

66   Für den Bauvertrag, bei dem Besteller ein Verbraucher ist, ist die Regelung indes lückenhaft. Fordert der Unternehmer den Verbraucher nach § 640 Abs. 2 S. 1 BGB n. F. unter Fristsetzung zur Abnahme auf, unterlässt dabei aber den Hinweis auf die Möglichkeit der Abnahmefiktion (§ 640 Abs. 2 S. 2 BGB n. F.) treten die Abnahmewirkungen auch dann nicht ein, wenn der Verbraucher die Abnahme nicht ausdrücklich verweigert, sondern auf die Fristsetzung nicht reagiert. Ebenso wenig treten in diesem Fall die Abnahmewirkungen ein, wenn der Verbraucher die Abnahme ausdrücklich aber ohne Angabe von Mängeln verweigert. Der Tatbestand des § 650g Abs. 1 BGB n. F. ist damit nicht erfüllt, weil es an einer Verweigerung der Abnahme unter Angabe von Mängeln fehlt.[55] Es wäre sicherlich sachgerecht, den Anwendungsbereich des § 650g Abs. 1 BGB n. F. auch auf die vorstehend beschriebenen Fälle zu erstrecken. Angesichts des klaren, anderslautenden Wortlauts kommt diese Erstreckung des Anwendungsbereichs der Vorschrift auf den von ihr nicht ausdrücklich geregelten Sachverhalt indes nur in Betracht, soweit die Voraussetzungen einer Analogie vorliegen; das Gesetz muss also eine planwidrige Regelungslücke aufwei-

---

54 BT-Drs. 18/8486, S. 59.
55 Tschäpe/Werner, ZfBR 2017, 419, 420.

sen.[56] Dass eine solche vorliegt, erscheint angesichts des Umstands, dass auf die Lückenhaftigkeit der Regelung bereits während des Gesetzgebungsverfahrens hingewiesen wurde[57], allerdings zweifelhaft.

Die Zustandsfeststellung ersetzt nicht die Abnahme und hat auch nicht deren Rechtswirkungen. Allerdings modifiziert sie die Rechtslage im Hinblick auf die Gefahrtragung des Bestellers in einem wesentlichen Punkt. **67**

Grundsätzlich trägt der Unternehmer bis zur Abnahme die Leistungsgefahr, d.h., verschlechtert sich sein Werk vor Abnahme oder geht es ganz unter, muss er seine Werkleistung nachbessern bzw. neu erbringen. Das folgt letztlich aus dem Umstand, dass das Werk zum Zeitpunkt der Abnahme mangelfrei sein muss.[58] Verschlechtert der Besteller durch eigene Handlungen das Werk vor Abnahme, so bleibt der Unternehmer gleichwohl zur Neuherstellung desselben verpflichtet, er hat jedoch bei schuldhaftem Verhalten des Bestellers einen Schadensersatzanspruch aus § 280 BGB gegen den Besteller in Höhe des für die Neuherstellung angemessenen Werklohns.[59] Den Unternehmer trifft aber auch die Beweislast für das Vorliegen schuldhaften Verhaltens des Bestellers.[60] Nach § 644 Abs. 1 S. 1 BGB trägt der Unternehmer ferner die Vergütungsgefahr. Die Vorschrift bestimmt, dass der Unternehmer seinen Werklohn nicht erhält, wenn das Werk vor Abnahme untergegangen ist.[61] **68**

Hat eine Zustandsfeststellung stattgefunden und wurde in dieser ein offenkundiger Mangel nicht angegeben, wird nach § 650 g Abs. 3 BGB n. F. vermutet, dass dieser Mangel nach der Zustandsfeststellung entstanden und vom Besteller zu vertreten ist. Die Vermutung gilt nur dann nicht, wenn der Mangel nach seiner Art nicht vom Besteller verursacht worden sein kann. Hier sind die Fälle angesprochen, in denen der Mangel beispielsweise aus der Verwendung eines falschen Materials durch den Unternehmer resultiert. Derartige Mängel können nicht durch die schlichte Ingebrauchnahme durch den Besteller verursacht werden.[62] **69**

Von Bedeutung ist die Vermutung, dass ein Mangel erst nach der Zustandsfeststellung **entstanden** ist, dann, wenn der Unternehmer geltend macht, die Abnahmeverweigerung sei zu Unrecht erfolgt, weil zum Zeitpunkt seines Abnahmeverlangens nur unwesentliche Mängel vorlagen, die **70**

[56] *Sprau* in Palandt, BGB, 76. Aufl. 2017, Einleitung, Rn. 48.
[57] Vgl. Langen, BauR 2015, 658, 666.
[58] *Sprau* in Palandt, BGB, 76. Aufl. 2017, § 645, Rn. 2.
[59] *Messerschmidt* in Messerschmidt/Voit, Privates Baurecht, 2. Aufl. 2012, § 640, Rn. 70.
[60] OLG Celle Urt. v. 18.3.2010, Az. 6 U 108/09, Rn. 17, BauR 2010, 1081.
[61] *Raab* in Dauner-Lieb/Lange, BGB, 2. Aufl. 2012, § 644, Rn. 6.
[62] Langen, BauR 2015, 658, 666.

nach § 640 Abs. 1 S. 2 BGB die Verweigerung der Abnahme nicht rechtfertigen. Führen die Parteien dann eine Zustandsfeststellung durch und treten nach der Zustandsfeststellung wesentliche Mängel auf, die in der Zustandsfeststellung nicht angegeben wurden, wird vermutet, dass diese Mängel erst nach der Zustandsfeststellung entstanden sind. Lagen im Übrigen nur unwesentliche Mängel vor, steht aufgrund dieser Vermutung – sofern sie nicht widerlegt werden konnte – fest, dass die Abnahmeverweigerung zu Unrecht erfolgte und sich der Besteller demzufolge in Annahmeverzug befand und somit auch die Leistungsgefahr trägt. Dem Unternehmer steht somit der volle Werklohnanspruch trotz der Verschlechterung des Werks vor Abnahme zu. Gleichzeitig geht die Leistungsgefahr auf den Besteller über; der Unternehmer braucht das Werk also nicht mehr nachzubessern.

71 Zeigt sich am Ende eines Rechtsstreits, dass die unstreitig zum Zeitpunkt des Abnahmeverlangens vorliegenden Mängel so wesentlich waren, dass sie eine Abnahmeverweigerung rechtfertigen, befand sich der Besteller dagegen nicht im Annahmeverzug und war also zur Abnahmeverweigerung berechtigt. In diesem Fall würde allein die Vermutung, dass ein weiterer Mangel, der in der Zustandsfeststellung nicht angegeben wurde, nach der Zustandsfeststellung **entstanden** ist, dem Besteller noch nicht wesentlich weiterhelfen. Da sich der Besteller nicht wegen einer unberechtigten Abnahmeverweigerung in Annahmeverzug befand, trägt der Unternehmer weiter die Leistungsgefahr und muss sämtliche vor Abnahme eingetretene Mängel beseitigen. Daran ändert auch die Zustandsfeststellung nichts. Aufgrund dieser wird ja lediglich vermutet, dass der Mangel **nach Zustandsfeststellung** eingetreten ist. Der Mangel ist gleichwohl vor Abnahme eingetreten und der Besteller demzufolge zu dessen Beseitigung verpflichtet. Die Regelung des § 650 g Abs. 3 BGB n. F. ändert nichts daran, dass das Werk in diesem Fall bei Abnahme mangelfrei sein muss.[63] Daraus folgt, dass der Unternehmer keinesfalls von seiner Verpflichtung zur Mangelbeseitigung frei wird, nur weil aufgrund der Zustandsfeststellung vermutet wird, dass ein Mangel nach der Zustandsfeststellung entstanden ist.[64] Wollte man dies anders sehen, würde man der Zustandsfeststellung jedenfalls teilweise doch die Rechtswirkungen einer Abnahme beimessen. Das soll nach dem Willen des Gesetzgebers aber gerade nicht der Fall sein.[65]

---

[63] Ein nach der Zusatzfeststellung eingetretener Mangel ist daher dennoch ein Mangel der Werkleistung; a.A. offenbar Breitling, NZBau 2017, 393, 396.

[64] A.A. Tschäpe/Werner, ZfBR 2017, 419, 424; wohl auch Langen, BauR 2015, 658, 666.

[65] BT-Drs. 18/8486, S. 59.

Die maßgebliche Erleichterung, die die Zustandsfeststellung für den 72
Unternehmer mit sich bringt, resultiert – bei zu Recht verweigerter Abnahme – nicht aus dem Umstand, dass nach § 650g Abs. 3 BGB n. F. vermutet wird, dass ein in der Zustandsfeststellung nicht angegebener, offenkundiger Mangel nach der Zustandsfeststellung **entstanden** ist, sondern daraus, dass zugleich vermutet wird, dass dieser Mangel vom Besteller zu vertreten ist. Denn erst diese zweite Vermutung versetzt den Unternehmer in die Lage, wegen dieses Mangels Schadensersatzansprüche gegen den Besteller geltend zu machen. Dabei besteht der Schaden in den Kosten, die die Mangelbeseitigung, zu der der Unternehmer nach wie vor verpflichtet bleibt, verursacht. Wirtschaftlich betrachtet modifiziert die Regelung daher die in § 644 Abs. 1 S. 1 BGB geregelte Vergütungsgefahr, weil der Unternehmer für die Beseitigung von zwischen Zustandsfeststellung und Abnahme aufgetretenen Mängeln Schadensersatz nach § 280 BGB erhält, wenn der Besteller nicht beweisen kann, dass die Verschlechterung des Werks nicht von ihm zu vertreten ist. Dieser Nachweis wird ihm aber häufig gelingen, wenn die Verschlechterung auf äußere Umstände zurückzuführen ist, wie z. B. Überschwemmungen oder Vandalismus. In diesen Fällen bringt die Neuregelung dem Bauunternehmer nicht die erhoffte Besserstellung, wenn der Besteller das Werk aus anderen Gründen zu Recht nicht abgenommen hatte.

4. Die Kündigung des Werkvertrags aus wichtigem Grund nach § 648a BGB n. F.

a) Hintergrund der Regelung

§ 648 a Abs. 1 BGB n. F.[66] enthält folgende Regelung: 73

Beide Vertragsparteien können den Vertrag aus wichtigem Grund ohne Einhaltung einer Kündigungsfrist kündigen. Ein wichtiger Grund liegt vor, wenn dem kündigenden Teil unter Berücksichtigung aller Umstände des Einzelfalls und unter Abwägung der beiderseitigen Interessen die Fortsetzung des Vertragsverhältnisses bis zur Fertigstellung des Werks nicht zugemutet werden kann.

Die Regelung steht im ersten Kapitel des Werkvertragsrechts und gilt 74
somit für alle Erscheinungsform des Werkvertrags und die ihm „ähnlichen Verträge". Ihre Anwendung ist nicht auf den Bauvertrag beschränkt.

---

[66] Die in der bis zum 31.12.2017 geltenden Fassung des BGB in § 648a BGB enthaltene Regelung zur Bauhandwerkersicherheit findet sich in der ab dem 1.1.2018 geltenden Fassung im Wesentlichen unverändert in § 650 f BGB n. F.

75   Die Regelung lehnt sich inhaltlich an den mit dem Schuldrechtsmoder-
nisierungsgesetz mit Wirkung zum 1.1.2002 in das BGB eingefügten § 314
BGB an, der eine außerordentliche Kündigung von Dauerschuldverhältnissen aus wichtigem Grund zulässt.

76   Dauerschuldverhältnisse unterscheiden sich von den auf eine einmalige
Leistung gerichteten Schuldverhältnissen dadurch, dass aus ihnen während
ihrer Laufzeit ständig neue Leistungs-, Neben- oder Schutzpflichten entstehen. Begrifflich setzt das voraus, dass ein dauerndes Verhalten oder
wiederkehrende Leistungen geschuldet werden.[67] Ein Werkvertrag ist
dagegen auf einen einmaligen Leistungsaustausch gerichtet, allerdings sind
die Parteien, insbesondere aber nicht nur beim Bauvertrag, über eine längere Zeit auf eine vertrauensvolle Zusammenarbeit angewiesen.[68] Die
Interessenlage hinsichtlich der Möglichkeit zur außerordentlichen Been-
digung ist somit durchaus mit der bei einem Dauerschuldverhältnis vergleichbar.

77   Schon vor der Schuldrechtsmodernisierung entsprach es der ständigen
Rechtsprechung des BGH[69], die aus dem Grundsatz von Treu und Glauben
abgeleiteten allgemeinen Grundsätze der außerordentlichen Kündigung
aus wichtigem Grund bei Dauerschuldverhältnissen auf das Werkvertragsrecht zu übertragen.[70] Mit Urteil vom 24.3.2015 hatte OLG Düsseldorf[71]
entschieden, dass auch bei einem Bauvertrag, bei dem die Parteien die
Geltung der VOB/B vereinbart haben, neben einer Auftragsentziehung
nach § 8 Abs. 3 VOB/B auch eine außerordentliche Kündigung nach § 314
BGB möglich ist.

78   Trotz dieser eindeutigen Aussagen der Rechtsprechung sah der Gesetzgeber die Notwendigkeit, die Möglichkeit einer außerordentlichen Kündigung im Werkvertrag ausdrücklich zu regeln. Von einer Beschränkung
des Kündigungsrechts auf Werkverträge, die auf eine längere Dauer der
Zusammenarbeit angelegt sind, wurde abgesehen, um die Begründetheit
der Kündigung nicht von einem weiteren unbestimmten Rechtsbegriff
abhängig zu machen.[72] Dies erscheint auch sachgerecht. Das BGB hat seit
jeher die Kündigung nicht nur bei Dauerschuldverhältnissen zugelassen,
sondern gerade auch beim Werkvertrag grundsätzlich die Rechtsfigur der
Kündigung vorgesehen. Der Besteller ist nach § 648 S. 1 BGB n. F. (§ 649

---

[67] *Grüneberg* in Palandt, BGB, 76. Aufl. 2017, § 314, Rn. 2.

[68] Pioch, JA 2016, 414, 416.

[69] BGH Urt. v. 25.3.1993, Az. X ZR 17/92, NJW 1993, 1972; Urt. v. 28.11.2000,
Az. X ZR 194/97, NJW 2000, 2988.

[70] Pioch, JA 2016, 414, 416.

[71] Az. I-21 U 136/14, NZBau 2015, 556; ebenso OLG Stuttgart, Beschl. v.
9.2.2016, Az. 10 U 143/15, NZBau 2016, 289.

[72] BT-Drs. 18/8486, S. 51.

S. 1 BGB a. F.) berechtigt, den Vertrag „jederzeit" ohne Vorliegen besonderer Gründe zu kündigen; dem Unternehmer steht ein Kündigungsrecht in den Fällen zu, in denen der Besteller die ihm obliegende Mitwirkung unterlässt (§ 643 S. 1 BGB) oder die nach § 650 f I 1 BGB geforderte Sicherheit nicht leistet (§ 650 f Abs. 5 Satz 1 BGB).[73] In all diesen Fällen besteht die Möglichkeit zur Kündigung, ohne deren Zulässigkeit vom Merkmal der längeren Dauer der Zusammenarbeit abhängig zu machen. Es ist jedoch davon auszugehen, dass bei „kleineren", schneller abzuwickelnden Werkverträgen häufig die Unzumutbarkeit der Fortsetzung des Vertrags bis zur Fertigstellung des Werks nicht gegeben sein wird.[74]

b) Voraussetzungen für eine außerordentliche Kündigung

Für die Beantwortung der Frage, wann ein wichtiger Grund zur Kündigung vorliegt, wird man auf die zu § 314 entwickelten Grundsätze zurückgreifen können. Stets ist eine Abwägung im Einzelfall erforderlich, wobei in der Regel die Kündigungsgründe im Risikobereich des Kündigungsgegners liegen müssen.[75] **79**

Nach § 648a Abs. 3 BGB n. F. sind die für Dauerschuldverhältnisse geltenden Abs. 2 und 3 des § 314 BGB entsprechend anzuwenden. Besteht demnach der wichtige Grund in der Verletzung einer Pflicht aus dem Vertrag, ist die Kündigung erst nach erfolglosem Ablauf einer zur Abhilfe bestimmten Frist oder nach erfolgloser Abmahnung zulässig (§ 314 Abs. 2 S. 1 BGB). **80**

Entbehrlich ist die Setzung einer Frist zur Abhilfe oder eine Abmahnung grundsätzlich nur unter den Voraussetzungen des § 323 Abs. 2 Nr. 1 und 2 BGB (§ 314 Abs. 2 S. 2 BGB). Angesprochen sind damit insbesondere die Fälle der ernsthaften und endgültigen Erfüllungsverweigerung (§ 323 Abs. 2 Nr. 1 BGB) und das sogenannte Fixgeschäft (§ 323 Abs. 2 Nr. 2 BGB). **81**

An das Vorliegen einer ernsthaften und endgültigen Erfüllungsverweigerung im Sinne des § 323 Abs. 2 Nr. 1 BGB sind strenge Anforderungen zu stellen. Eine Erfüllungsverweigerung in diesem Sinne liegt nur vor, wenn der Schuldner unmissverständlich und eindeutig zum Ausdruck bringt, er werde seinen Vertragspflichten unter keinen Umständen nachkommen.[76] Schlichte Meinungsverschiedenheiten über den Vertragsinhalt oder die Anmeldung einer Behinderung reichen nicht aus. **82**

---

[73] Pioch, JA 2016, 414.
[74] BT-Drs. 18/8486, S. 51.
[75] *Grüneberg* in Palandt, BGB, 76. Aufl. 2017, § 314, Rn. 7.
[76] BGH Urt. v. 18.1.2017, Az. VIII ZR 234/15, Rn. 31, NJW 2017, 1666.

83   Ein Fixgeschäft (§ 323 Abs. 2 Nr. 2 BGB) wird im Werkvertragsrecht eher die Ausnahme sein. Ein Fixgeschäft liegt vor, wenn nach dem Parteiwillen die Einhaltung der Leistungszeit so wesentlich sein soll, dass mit einer zeitgerechten Leistung das Geschäft „stehen und fallen" soll.[77] Auch bei Vereinbarung eines festen Fertigstellungstermins wird die Interessenlage im Werkvertragsrecht aber häufig eine andere sein: Der Besteller verliert an der Fertigstellung des Werkes bzw. des Bauvorhabens in der Regel nicht gänzlich das Interesse, wenn der Fertigstellungstermin überschritten wird. Selbst wenn dies ausnahmsweise der Fall ist, muss dies in den vertraglichen Vereinbarungen hinreichend deutlich zum Ausdruck kommen (so genannte Fixabrede). Alleine die Vereinbarung eines Fertigstellungstermins genügt hierfür nicht. Liegen die Voraussetzungen eines Fixgeschäfts ausnahmsweise vor, kann der Besteller den Werkvertrag bei Nichteinhaltung der fix vereinbarten Leistungszeit nach §§ 648a Abs. 3 n. F., 314 Abs. 2 S. 2, 323 Abs. 2 Nr. 2 BGB ohne Fristsetzung oder Abmahnung kündigen. In diesem Fall kann der Besteller allerdings nach § 323 Abs. 2 Nr. 2 BGB vom Vertrag auch zurücktreten, was für ihn in der Regel vorteilhafter sein wird, da er im Falle der Kündigung die bis zur Kündigung erbrachten Leistungen zu vergüten hat (§ 648a Abs. 5 BGB n. F.), während eine solche Vergütungspflicht im Falle des Rücktritts nicht besteht. Denn nach § 323 Abs. 5 S. 1 BGB kommt der Rücktritt vom gesamten Vertrag (mit der Folge, dass der Werklohn insgesamt nicht zu zahlen bzw. gezahlter Werklohn zurückzuerstatten ist) auch dann in Betracht, wenn der Schuldner eine Teilleistung bereits bewirkt hat. Voraussetzung ist, dass der Gläubiger an der erbrachten Teilleistung kein Interesse hat. Dieser Fall wird gerade beim Fixgeschäft gegeben sein.

84   Gerät der Werkunternehmer in Insolvenz, stellt das für sich betrachtet noch keinen wichtigen Grund zur Kündigung dar. Hier ist zu prüfen, ob die Fortführung des Vertrages für den Besteller trotz der Insolvenz noch zumutbar ist. Dabei wird insbesondere zu berücksichtigen sein, ob der Verwalter zeitnah erklärt, die Bauleistungen ohne wesentliche Unterbrechungen fortzuführen und durch geeignete Unterlagen, etwa ein Sanierungsgutachten, dokumentiert wird, dass er hierzu auch in der Lage ist.[78] Stellt der Unternehmer seine Leistungen freilich ein, weil er seine Arbeitskräfte nicht mehr bezahlen kann oder wegen der Insolvenz nicht mehr mit Material beliefert wird, wird die Fortsetzung des Vertrages für den Besteller in der Regel nicht mehr zumutbar sein. Grund für die Kündigung ist dann allerdings nicht die Insolvenz als solche, sondern der insolvenzbedingte Verzugseintritt. Eine Kündigung setzt in diesem Fall in aller Regel

---

[77] BGH Urt. v. 17.1.1990, Az. VIII ZR 292/88, BGHZ 110, 88.
[78] BT-Drs. 18/8486, S. 51.

eine Fristsetzung zur Arbeitsaufnahme nach §§ 648 a Abs. 3 n. F., 314 Abs. 2 S. 1 BGB voraus.

Unabhängig davon können die Parteien vertraglich vereinbaren, dass 85 der Besteller im Falle der Beantragung eines Insolvenzverfahrens durch den Werkunternehmer selbst (sog. Eigenantrag) zur außerordentlichen Kündigung berechtigt ist.[79] In diesem Fall ergibt sich die Möglichkeit zur außerordentlichen Kündigung aber nicht aus § 648 a BGB n. F., sondern aus der vertraglichen Vereinbarung. Eine entsprechende Regelung ist in § 8 Abs. 2 Nr. 1 VOB/B[80] enthalten.

Soll ein Werkvertrag außerordentlich gekündigt werden, der zugleich 86 ein Bauvertrag im Sinne des § 650 a BGB n. F. ist, bedarf die Kündigung – ebenso wie die ordentliche Auftraggeberkündigung nach § 648 BGB n. F. – gemäß § 650h BGB n. F. der „schriftlichen Form". Gemeint ist damit Schriftform im Sinne des § 126 BGB[81]; das heißt das Kündigungsschreiben muss durch den Kündigenden eigenhändig durch Namensunterschrift oder mittels notariell beglaubigten Handzeichens unterzeichnet werden. Damit sind Kündigungen, die (nur) per Telefax oder per E-Mail (auch als eingescannte PDF-Datei) erklärt werden, nach § 125 BGB nichtig.

Erfolgt die außerordentliche Kündigung wegen einer Verletzung einer 87 Pflicht des Kündigungsgegners aus dem Vertrag (vgl. §§ 648a Abs. 3 n. F., 314 Abs. 2 BGB), kommt neben der außerordentlichen Kündigung allerdings auch der Rücktritt vom Vertrag nach § 323 BGB in Betracht. Der Rücktritt führt nach § 346 BGB zu einer Rückabwicklung des Vertragsverhältnisses, während die Kündigung den Vertrag nur mit Wirkung für die Zukunft beendet. Allerdings sind durchaus Fälle denkbar, in denen Rücktritt und außerordentliche Kündigung beide zu gleichermaßen sachgerechten Ergebnissen führen (beispielsweise in dem Fall, dass der Unternehmer entgegen der vertraglichen Vereinbarung seine Arbeiten nicht aufnimmt). Vor diesem Hintergrund ist es mE inkonsequent, für die außerordentliche Kündigung ein Schriftformerfordernis vorzusehen, während der Rücktritt formfrei möglich ist, also sogar mündlich erklärt werden kann.

c) Außerordentliche Teilkündigung

Nach § 648a Abs. 2 BGB n. F. ist eine Teilkündigung möglich, sofern sie 88 sich auf einen abgrenzbaren Teil des geschuldeten Werks bezieht. Das Abgrenzungskriterium soll sich nach Auffassung des Gesetzgebers von dem Abgrenzungskriterium der Teilkündigung in § 8 Abs. 3 VOB/B un-

---

[79] BGH Urt. v. 7.4.2016, Az. VII ZR 56/15, BGHZ 210, 1 ff.
[80] Siehe zu Rechtsnatur und Bedeutung der VOB/B unten Rn. 111.
[81] BT-Drs. 18/8486, S. 61.

terscheiden, wonach eine Teilkündigung nur bezogen auf einen „in sich abgeschlossenen Teil der Leistung" möglich ist. Nach der Rechtsprechung des BGH stellen Leistungsteile innerhalb eines Gewerks grundsätzlich keinen in sich abgeschlossenen Teil der Leistung dar, auf den die Entziehung des Auftrags nach § 8 Abs. 3 Nr. 1 Satz 2 VOB/B beschränkt werden kann.[82] Auch einzelne Teile eines Rohbaus, z. B. eine Betondecke oder ein Stockwerk sind nach Auffassung des BGH keine in sich abgeschlossenen Teile der Bauleistung.[83] Ihnen mangele es an der Selbständigkeit, die eine eigenständige Beurteilung der Teilleistung ermöglichte. Dies kann bei klarer räumlicher oder zeitlicher Trennung der Leistungsteile eines Gewerks anders zu beurteilen sein, wobei eine ausreichende räumliche Trennung etwa dann angenommen werden kann, wenn die Leistungsteile an verschiedenen Bauwerken, etwa an mehreren zu errichtenden Häusern zu erbringen sind.[84]

89   Nach Auffassung des Gesetzgebers stellt diese in der VOB/B enthaltene Regelung eine unnötig hohe Hürde für die Vertragspartner dar. Entscheidend soll nach der gesetzlichen Regelung allein sein, dass die Vertragspartner eine klare Abgrenzung der von der Teilkündigung erfassten und der danach noch von einem anderen Werkunternehmer zu erbringenden Leistungen vornehmen können und der von der Kündigung betroffene Unternehmer in der Lage ist, die von ihm noch geschuldeten Leistungen ohne Beeinträchtigung zu erbringen.[85] Ob sich hieraus wirklich eine grundlegende Änderung im Vergleich zu dem sich aus der VOB/B ergebenden Rechtszustand ergibt, darf zumindest bezweifelt werden. Eine Teilkündigung hinsichtlich einzelner Teile eines Rohbaus dürfte auch nach § 648a Abs. 2 BGB n. F. ausgeschlossen sein, sofern nicht zwei getrennte Gebäude vorliegen. Denn bei Teilleistungen, die unmittelbar ineinander greifen, wird eine klare Abgrenzung der teilgekündigten von den noch zu erbringenden Leistungen schwer möglich sein. Bei bestimmten Ausbaugewerken (z. B. Bodenbelagsarbeiten), die für mehrere Stockwerke eines Gebäudes gemeinsam vergeben wurden, wird eine auf ein Stockwerk beschränkte Teilkündigung in Betracht kommen; dies dürfte aber auch nach § 8 Abs. 3 Nr. 1 Satz 2 VOB/B möglich sein.

90   Ungeachtet dessen dürfte eine außerordentliche Teilkündigung nach § 648 a Abs. 1 BGB n. F. die Ausnahme bleiben. Die außerordentliche Kündigung setzt voraus, dass dem kündigenden Teil unter Berücksichtigung aller Umstände des Einzelfalls und unter Abwägung der beiderseiti-

[82] BGH Urt. v. 20.8.2009, Az. VII ZR 212/07, NZBau 2010, 47.
[83] BGH Urt. v. 6.5.1968, Az. VII ZR 33/66, BGHZ 50, 160, 163.
[84] BGH Urt. v. 20.8.2009, Az. VII ZR 212/07, NZBau 2010, 47.
[85] BT-Drs. 18/8486, S. 51.

gen Interessen die Fortsetzung des Vertragsverhältnisses bis zur Fertigstellung des Werks nicht **zugemutet** werden kann. Beschränkt der Besteller die Kündigung aber auf einen Teil der Leistung, bestehen erhebliche Zweifel, ob eine Fortführung des Vertrages für ihn wirklich unzumutbar wäre. Will der Besteller den Vertrag im Hinblick auf eine Teilleistung fortführen, kann in der Regel auch nicht angenommen werden, dass er das Vertrauensverhältnis schon als so zerstört ansieht, dass ihm eine Fortsetzung des Vertrages nicht mehr zugemutet werden kann. [86]

d) *Leistungsstandfeststellung nach erfolgter außerordentlicher Kündigung*

§ 648a Abs. 4 BGB n. F. bestimmt Folgendes: 91

> *Nach der Kündigung kann jede Vertragspartei von der anderen verlangen, dass sie an einer gemeinsamen Feststellung des Leistungsstandes mitwirkt. Verweigert eine Vertragspartei die Mitwirkung oder bleibt sie einem vereinbarten oder einem von der anderen Vertragspartei innerhalb einer angemessenen Frist bestimmten Termin zur Leistungsstandfeststellung fern, trifft sie die Beweislast für den Leistungsstand zum Zeitpunkt der Kündigung. Dies gilt nicht, wenn die Vertragspartei infolge eines Umstands fernbleibt, den sie nicht zu vertreten hat und den sie der anderen Vertragspartei unverzüglich mitgeteilt hat.*

Die Feststellung des Leistungsstandes dient nach Auffassung des Gesetz- 92 gebers der quantitativen Bewertung der bis zur Kündigung erbrachten Leistung und soll späterem Streit über den Umfang der erbrachten Leistungen vorbeugen. Sie hat keine der Abnahme vergleichbaren Rechtsfolgen.[87]

Lehnt indes eine der Vertragsparteien die Mitwirkung an der Feststel- 93 lung des Leistungsstandes ab oder bleibt sie einem vereinbarten oder innerhalb angemessener Frist bestimmten Termin zur Feststellung des Leistungsstandes fern, trifft sie die Beweislast hinsichtlich des Leistungsstandes zum Zeitpunkt der Kündigung. Bleibt der Unternehmer einer vom Besteller geforderten Leistungsstandfeststellung fern, verschlechtert sich seine Rechtsposition somit nicht, da er ohnehin die Beweislast hinsichtlich des bis zur Kündigung erreichten Leistungsstandes trägt.

Dagegen kann ein Fernbleiben des Bestellers von einer vom Unterneh- 94 mer geforderten oder von den Parteien vereinbarten Leistungsstandfeststellung weitreichende Konsequenzen haben. Nach Auffassung des Gesetzgebers orientiert sich die Regelung an § 8 Abs. 6 VOB/B, wonach der Besteller alsbald nach der Kündigung „Aufmaß und Abnahme" der von

---

[86] vgl. OLG Stuttgart Beschl. v. 9.2.2016, Az. 10 U 143/15, NZBau 2016, 289.
[87] BT-Drs. 18/8486, S. 51.

ihm ausgeführten Leistungen verlangen kann bzw. der hierzu ergangenen Rechtsprechung des BGH.[88]

95   Die Tragweite der Neuregelung geht indes über den Inhalt des § 8 Abs. 6 VOB/B und die dazu ergangene Rechtsprechung des BGH hinaus. Nach dieser Rechtsprechung rechtfertigt das bloße Fernbleiben am Aufmaßtermin allein noch keine prozessualen Konsequenzen zu Lasten des Bestellers; er kann nach wie vor den vom Unternehmer behaupteten Leistungsstand bestreiten. Die Beweislast für den erreichten Leistungsstand verbleibt beim Unternehmer. Erst wenn eine Leistungsstandfeststellung unter zumutbaren Bedingungen nicht mehr durchgeführt werden kann bzw. eine Überprüfung des vom Unternehmer behaupteten Leistungsstands nicht mehr möglich ist, etwa weil das Werk durch Drittunternehmer fertiggestellt oder durch nachfolgende Arbeiten verdeckt worden ist, trifft nach der zitierten Rechtsprechung des BGH den Besteller die Beweislast, dass ein hinter den Behauptungen des Unternehmers zurückbleibender Leistungsstand vorliegt.

96   Hierüber geht die gesetzliche Neuregelung hinaus, indem sie allgemein bestimmt, dass den Besteller die Beweislast für den erreichten Leistungsstand bzw. für das Nichterreichen eines bestimmten Leistungsstandes trifft, wenn er einer vom Unternehmer verlangten oder von beiden Parteien vereinbarten Leistungsstandfeststellung fernbleibt. Nach der Neuregelung führt also allein das Fernbleiben des Bestellers von einer vom Unternehmer verlangten oder von beiden Parteien vereinbarten Leistungsstandfeststellung dazu, dass sich der Grundsatz, dass der Unternehmer die Erbringung seiner Leistung (bis zur Abnahme) zu beweisen hat, umkehrt. Darauf, ob durch das Unterbleiben einer Leistungsstandfeststellung eine spätere Leistungsstandfeststellung vereitelt oder erschwert wird, kommt es nach dem Wortlaut des Gesetzes nicht an.

II. Das neue Bauvertragsrecht

97 Ein wesentlicher Teil der gesetzlichen Neuregelung befasst sich ausschließlich mit dem Bauvertrag.

Für den Bauvertrag gelten ergänzend zu den allgemeinen, das Werkvertragsrecht betreffenden Regelungen die Vorschriften des zweiten Kapitels des Werkvertragsrechts, also die §§ 650a bis 650h BGB n. F. (§ 650a Abs. 1 S. 2 BGB n. F.).

---

[88] Urt. v. 22.5.2003, VII ZR 143/02, BauR 2003, 1207.

1. Der Begriff des Bauvertrags

§ 650a BGB definiert den Bauvertrag wie folgt: 98

> *(1) Ein Bauvertrag ist ein Vertrag über die Herstellung, die Wiederherstellung, die Beseitigung oder den Umbau eines Bauwerks, einer Außenanlage oder eines Teils davon.*
>
> *(2) Ein Vertrag über die Instandhaltung eines Bauwerks ist ein Bauvertrag, wenn das Werk für die Konstruktion, den Bestand oder den bestimmungsgemäßen Gebrauch von wesentlicher Bedeutung ist.*

Damit schafft das Gesetz erstmals eine umfassende Spezialregelung für   99
den Bauvertrag als besondere Erscheinungsform des Werkvertrags, die in
ihrer praktischen und volkswirtschaftlichen Bedeutung alle anderen Erscheinungsformen des Werkvertrags marginalisiert.[89]

Schon das bis zum 31.12.2017 geltende Recht kannte allerdings Vor-   100
schriften, die nur für den „Unternehmer eines Bauwerks, einer Außenanlage oder eines Teils davon" gelten sollten. Angesprochen ist damit insbesondere die Vorschrift über den Anspruch des Bauunternehmers auf
Einräumung einer Bauhandwerkersicherung nach § 648a BGB a. F. Die
sich jetzt in § 650a BGB findende Definition des Begriffs des Bauvertrags
lehnt sich eng an den Wortlaut an, der den Anwendungsbereich des § 648a
BGB a. F. bestimmte. Der Begriff des Bauwerks findet sich darüber hinaus
auch in § 634a Abs. 1 Nr. 2 BGB im Zusammenhang mit der Regelung der
Verjährung von Mängelansprüchen „bei einem Bauwerk".

Das Bauvertragsrecht findet Anwendung auf Verträge „über die Her-   101
stellung, die Wiederherstellung, die Beseitigung oder den Umbau eines
Bauwerks, einer Außenanlage oder eines Teils davon". Für die Bestimmung des Anwendungsbereichs des Bauvertragsrechts ist somit der Begriff
des Bauwerks nach wie vor zentral.

Ein Bauwerk ist eine unbewegliche, durch Verwendung von Arbeit und   102
Material in Verbindung mit dem Erdboden hergestellte Sache.[90] Der Begriff umfasst Hoch- und Tiefbauarbeiten.

Dabei liegt ein Bauwerk jedenfalls dann vor, wenn das errichtete Werk   103
wesentlicher Bestandteil eines Grundstücks im Sinne des § 94 BGB ist.[91]
Zu den wesentlichen Bestandteilen eines Grundstücks gehören die mit dem
Grund und Boden fest verbundenen Sachen, insbesondere Gebäude. Die

---

[89] Vgl. *Voit* in Messerschmidt/Voit, Privates Baurecht, 2. Aufl. 2012, I. Teil,
Rn. 1; *Peters/Jacoby* in Staudinger, Privates Baurecht, 2014, vor §§ 631 ff.,
Rn. 12.

[90] *Sprau* in Palandt, BGB, 76. Aufl. 2017, BGB, § 634a, Rn. 10.

[91] *Drossart* in Messerschmidt/Voit, Privates Baurecht, 2. Aufl. 2012, § 634a
BGB, Rn. 11.

zur Herstellung des Gebäudes eingefügten Sachen sind wiederum wesentlicher Bestandteil des Gebäudes und damit zugleich wesentliche Bestandteile des Grundstücks.

104   Allerdings ist der Begriff des Bauwerks weiter und kann auch erfüllt sein, wenn das errichtete Werk nicht wesentlicher Teil eines Grundstücks ist. Von Bedeutung ist das insbesondere für technische Anlagen. Diese können als Bauwerk angesehen werden, wenn sie mit dem Erdboden unmittelbar oder mittelbar über ein Gebäude fest verbunden sind, ohne dass es sich um wesentliche Bestandteile (§§ 93, 94 BGB) handeln muss. Es genügt eine Verbindung der Anlage mit dem Erdboden oder dem Gebäude allein durch ihr Gewicht, so dass eine Trennung nur mit einem größeren Aufwand möglich ist. Schließlich muss eine dauernde Nutzung der technischen Anlage beabsichtigt sein. Für die Beurteilung dieser Voraussetzungen ist entscheidend darauf abzustellen, ob Vertragszweck die Erstellung einer größeren ortsfesten Anlage mit den spezifischen Bauwerksrisiken ist, die für den Gesetzgeber maßgeblich für die Verlängerung der Verjährungsfrist auf fünf Jahre waren.[92] Grund für die längere Gewährleistungsfrist bei Bauwerken ist der Umstand, dass Mängel an Bauwerken oft erst später und schwerer erkennbar und gleichzeitig für die Substanz besonders nachteilig sind.[93]

105   Ein Bauwerk im Sinne des § 650a BGB ist demnach z. B. auch eine Windenergieanlage[94] oder eine Müllpresse, die fest mit dem Fundament des Gebäudes, in das sie eingebaut ist, verbunden wird, wenn geplant ist, dass diese Verbindung für 17 Jahre bestehen bleiben soll.[95]

106   Ein Bauwerk ist auch eine Photovoltaikanlage, die auf ein bestehendes Gebäude nachträglich aufmontiert wird – und zwar unabhängig davon, ob die Photovoltaikanlage das Gebäude mit Strom versorgt oder nicht. Durch die Vielzahl der verbauten Komponenten ist die Photovoltaikanlage in der Regel so mit dem Gebäude verbunden, dass eine Trennung von dem Gebäude nur mit einem erheblichen Aufwand möglich ist.[96] Voraussetzung für die Bauwerkseigenschaft nachträglich eingebauter technischer Anlagen ist zwar, dass die technische Anlage nicht nur in dem Gebäude untergebracht ist, sondern für dieses eine Funktion erfüllt. Durch das nachträgliche Aufbringen der Photovoltaikanlage wird das diese tragende Gebäude aber in seiner Funktion erweitert – es soll nunmehr auch dem Tragen der Photovoltaikanlage dienen. Dieser Zweck kann aber ohne die

---

[92] BGH Urt. v. 2.6.2016, Az. VII ZR 348/13, NZBau 2016, 558, Rn. 29.
[93] *Sprau* in Palandt, BGB, 76. Aufl. 2017, BGB, § 634a, Rn. 10.
[94] LG Hannover Urt. v. 22.1.2010, Az. 2 O 302/07, IBR 2011, 209 mit Anmerkung Grabe.
[95] BGH Urt. v. 23.1.2002, Az. X ZR 184/99, NJW-RR 2002, 664.
[96] BGH Urt. v. 2.6.2016, Az. VII ZR 348/13, NZBau 2016, 558, Rn. 22.

Photovoltaikanlage nicht erreicht werden. Daher erfüllt auch die Photovoltaikanlage eine Funktion für das sie tragende Gebäude.[97]

Unter den Bauwerksbegriff fällt darüber hinaus auch die Außenanlage. **107** Auch grundstücksbezogene Arbeiten wie Erd-, Pflanz-, Rasenarbeiten sowie landschaftsgärtnerischen Entwässerung- und vegetationstechnische Arbeiten durch Unternehmer des Garten-, Landschafts- und Sportplatzbaus unterfallen daher dem Begriff des Bauvertrags.[98]

§ 650a Abs. 2 BGB n. F. regelt, wann ein Vertrag über die Instandhal- **108** tung eines Bauwerks als Bauvertrag anzusehen ist. Dies soll nach Auffassung des Gesetzgebers nur dann der Fall sein, wenn das Werk für die Konstruktion, den Bestand oder den bestimmungsgemäßen Gebrauch des Bauwerks von wesentlicher Bedeutung ist. Nur unter diesen Voraussetzungen könne davon ausgegangen werden, dass es sich nach Vertragsdauer und -umfang um einen auf längerfristige Zusammenarbeit angelegten Vertrag handelt, bei dem die Anwendung der bauvertragsrechtlichen Vorschriften gerechtfertigt ist. Unter Instandhaltung sind Arbeiten zu verstehen, die zur Erhaltung des Soll-Zustandes des Bauwerks dienen (s. auch § 2 Abs. 9 HOAI; § 1 VOB/A). Instandhaltungsarbeiten, die für Konstruktion, den Bestand oder den bestimmungsgemäßen Gebrauch des Bauwerks von wesentlicher Bedeutung sind, können etwa Pflege-, Wartungs- und Inspektionsleistungen sein, die der Erhaltung und/oder der Funktionsfähigkeit des Bauwerks dienen. Erfasst werden etwa Verträge zur Inspektion von Brücken oder zur Pflege- und Wartung von tragenden oder sonst für den Bestand eines Bauwerks wichtigen Teilen.[99]

2. Die Änderung des Bauvertrags durch Anordnungen des Bestellers

§ 650 b BGB n. F. enthält eine dem Werkvertragsrecht des BGB bisher **109** unbekannte Rechtsfigur, nämlich das Anordnungsrecht des Bestellers. Begehrt der Besteller eine Änderung des vereinbarten Werkerfolgs oder eine Änderung, die zur Erreichung des vereinbarten Werkerfolgs notwendig ist, verpflichtet § 650b Abs. 1 BGB n. F. die Vertragsparteien „Einvernehmen über die Änderung und die infolge der Änderung zu leistende Mehr- oder Mindervergütung" anzustreben. Gelingt dies nicht, kann der Besteller die Änderungen in Textform anordnen (§ 650b Abs. 2 BGB n. F.).

---

[97] A.A. der für das Kaufrecht zuständige 8. Senat des BGH Urt. v. 9.10.2013, Az. VIII ZR 318/12, NZBau 2014, 558.
[98] *Sprau* in Palandt, BGB, 76. Aufl. 2017, BGB, § 634a, Rn. 6.
[99] BT-Drs. 18/8486, S. 53.

110   Diese Regelung ist freilich nicht ohne Vorbild, sondern orientiert sich offensichtlich an den Anordnungsrechten des Auftraggebers nach § 1 Abs. 3 und 4 VOB/B. Daher soll hier zunächst ein grober Überblick über die Rechtsnatur der VOB/B und über den Inhalt der dort geregelten Anordnungsrechte des Auftraggebers gegeben werden.

     a) Exkurs: Die Anordnungsrechte nach der Vergabe- und Vertragsordnung für Bauleistungen, Teil B – VOB/B

     (aa) Rechtsnatur der VOB/B

111   Der Deutsche Vergabe- und Vertragsausschuss für Bauleistungen (DVA) ist ein nicht rechtsfähiger Verein, der nach § 2 seiner Satzung die Aufgabe hat, Grundsätze für die fachgerechte Vergabe und Abwicklung von Bauaufträgen zu erarbeiten und weiterzuentwickeln. Ordentliches Mitglied im DVA können auf Auftraggeberseite Institutionen werden, die als oberste Bundes – oder Landesbehörden, bzw. in sonstiger diesen vergleichbarer Organisationsform oder als bundesweit tätige Spitzenverbände unmittelbar an der Vergabe von öffentlichen Bauleistungen beteiligt sind (Bundes-, Landesministerien und kommunale Spitzenverbände); auf Auftragnehmerseite können bundesweit tätige Institutionen Mitglied werden, die als Spitzenorganisation die Interessen der Auftragnehmer im Bereich des öffentlichen Bauauftragswesens vertreten.[100]

112   Den Zweck, Grundsätze für die fachgerechte Vergabe und Abwicklung von Bauaufträgen zu erarbeiten und weiterzuentwickeln, verfolgt der DVA insbesondere durch die Erarbeitung und Fortschreibung der Vergabe- und Vertragsordnung für Bauleistungen (VOB). Die Teile A und B der VOB werden nach § 17 der Satzung jeweils im amtlichen Teil des Bundesanzeigers veröffentlicht. Der Teil A der VOB (VOB/A) ist in zwei Abschnitte aufgeteilt und enthält Regelungen über die Vergabe von Bauaufträgen durch öffentliche Auftraggeber. Der zweite Abschnitt der VOB/A ist bei der Vergabe von Bauaufträgen durch öffentliche Auftraggeber im Sinne des § 99 GWB bei Überschreitung des Schwellenwerts des § 106 Abs. 2 Nr. 1 GWB in Verbindung mit der Richtlinie 2014/24/EU[101] zwingend zu beachten, § 2 VgV. Im Übrigen sind öffentliche Auftraggeber in der Regel durch verwaltungsinterne Anweisungen oder kommunalrechtliche Regelungen verpflichtet, bei der Vergabe von Bauleistungen den ersten Teil der VOB/A zuwenden.

---

[100] vgl. § 3 der Satzung des DVA, http://www.bmub.bund.de/fileadmin/Daten_BMU/Download_PDF/Bauwesen/dva_satzung_bf.pdf, zuletzt abgerufen am 30.7.2017.

[101] Für Bauleistungen ab dem 1.1.2018 5.548.000 EUR zzgl. USt.

§ 8 Abs. 3 VOB/A bzw. § 8 a EU Abs. 1 VOB/A verpflichtet den öffent- **113** lichen Auftraggeber, in den Vergabeunterlagen vorzuschreiben, dass die Allgemeinen Vertragsbedingungen für die Ausführung von Bauleistungen (VOB/B) Vertragsbestandteil werden Die Regelungen der VOB/A haben indes ausschließlich vergaberechtliche Bedeutung. Für die Vertragsdurchführung nach erfolgter Beauftragung sind die Regelungen der VOB/A grundsätzlich irrelevant.[102]

Der Teil B der VOB regelt die Rechte und Pflichten der Parteien eines **114** Bauvertrags nach erfolgtem Zuschlag bzw. nach erfolgtem Vertragsschluss.

Obwohl öffentliche Auftraggeber somit – teilweise aufgrund gesetzli- **115** cher Regelungen – verpflichtet sind, in den Vergabeunterlagen die Anwendung der VOB/B vorzuschreiben, ist die VOB/B selbst kein Gesetz, sondern es handelt sich dabei um standardisierte Vertragsbedingungen, die für die Vertragsparteien verbindlich werden, wenn ihre Geltung vertraglich vereinbart wird.[103] Legt also ein öffentlicher Auftraggeber entgegen § 8 a EU Abs. 1 VOB/A seinen Vergabeunterlagen die VOB/B nicht zu Grunde, verhält er sich zwar rechtswidrig, die VOB/B wird aber gleichwohl nicht vereinbart.

Da das BGB bis zum Inkrafttreten des Gesetzes zur Reform des Bau- **116** vertragsrechts kein eigenständiges, auf das Bauvertragsrecht zugeschnittenes Regelwerk kannte, geht die Praxis aber eher den umgekehrten Weg: Die Vertragsparteien vereinbaren in großem Umfang die Geltung der VOB/B, auch wenn die fraglichen Vertragsabschlüsse nicht dem Vergaberecht unterliegen und demzufolge eine Verpflichtung zur Vereinbarung der VOB/B nicht besteht.

Enthält die VOB/B standardisierte Vertragsbedingungen, besteht sie **117** somit aus Allgemeinen Geschäftsbedingungen im Sinne des § 305 Abs. 1 BGB. Allgemeine Geschäftsbedingungen sind alle für eine Vielzahl von Verträgen vorformulierten Vertragsbedingungen, die eine Vertragspartei (Verwender) der anderen Vertragspartei bei Abschluss eines Vertrags stellt (§ 305 Abs. 1 S. 1 BGB). Die einzelnen Regelungen der VOB/B müssen sich demnach grundsätzlich an den Anforderungen der §§ 305c, 307-309 BGB messen lassen.

Die §§ 308 Nr. 1, 2-8 und 309 BGB finden nach § 310 Abs. 1 S. 1 BGB **118** aber auf allgemeine Geschäftsbedingungen, die gegenüber einem Unternehmer, einer juristische Person des öffentlichen Rechts oder einem öffentlich-rechtlichen Sondervermögen verwendet werden, keine Anwen-

---

[102] BGH Urt. v. 1.6.2017, Az. VII ZR 49/16.
[103] *von Rintelen* in Kapellmann/Messerschmidt, VOB Teile A und B, 5. Aufl. 2015, VOB/B Einleitung, Rn. 38.

dung. Im Bereich des gewerblichen Bauens und der Bauvorhaben öffentlicher Auftraggeber ist Prüfungsmaßstab allgemeiner Geschäftsbedingungen daher nur § 307 BGB. Danach sind Bestimmungen in Allgemeinen Geschäftsbedingungen unwirksam, wenn sie den Vertragspartner des Verwenders der Allgemeinen Geschäftsbedingungen entgegen den Geboten von Treu und Glauben unangemessen benachteiligen. Nach § 307 Abs. 2 BGB ist eine unangemessene Benachteiligung im Zweifel anzunehmen, (Nr. 1) wenn eine Bestimmung mit wesentlichen Grundgedanken der gesetzlichen Regelung, von der abgewichen wird, nicht zu vereinbaren ist oder (Nr. 2) wesentliche Rechte oder Pflichten, die sich aus der Natur des Vertrags ergeben, so einschränkt, dass die Erreichung des Vertragszwecks gefährdet ist. Von dieser Generalklausel macht die Rechtsprechung in erheblichem Umfang Gebrauch und hat in der Vergangenheit eine Vielzahl von Regelungen der VOB/B wegen eines Verstoßes gegen § 307 BGB für unwirksam erklärt.

119   Diese Unwirksamkeit gilt freilich nicht generell in dem Sinn, dass die Regelung insgesamt und für alle Vertragsverhältnisse als unwirksam zu betrachten wäre.

120   Zum einen ist eine Klausel nur dann unwirksam, wenn sie den **Vertragspartner des Verwenders** entgegen den Geboten von Treu und Glauben unangemessen benachteiligt. Das bedeutet, dass die Unwirksamkeitsfolge davon abhängt, wer Verwender der VOB/B ist. Ist Verwender der Auftraggeber, benachteiligt eine Klausel der VOB/B aber ausschließlich den Auftraggeber unangemessen, führt sie nicht zu einer unangemessenen Benachteiligung des Vertragspartners des Verwenders und ist daher wirksam.

121   Verwender einer als Allgemeine Geschäftsbedingung zu qualifizierenden, vorformulierten Vertragsbedingungen ist die Vertragspartei, die die vorformulierten Vertragsbedingungen der anderen Vertragspartei bei Abschluss des Vertrages stellt, § 305 Abs. 1 S. 1 BGB. Im Hinblick auf die Frage, wer die VOB/B in diesem Sinne „stellt", ist entscheidend, von welcher Partei der Impuls zur Verwendung der VOB/B ausging.[104] Die Verwenderrolle wechselt auch während Vertragsverhandlungen nicht allein dadurch, dass die andere Vertragsseite bei ihren Gegenangeboten die VOB/B als Vertragsgrundlage – sowie vom Verwender ursprünglich gewünscht – beibehält.[105]

---

[104] *von Rintelen* in Kapellmann/Messerschmidt, VOB Teile A und B, 5. Aufl. 2015, VOB/B, Einleitung, Rn. 104.

[105] *von Rintelen* in Kapellmann/Messerschmidt, VOB Teile A und B, 5. Aufl. 2015, VOB/B, Einleitung, Rn. 105.

Zum anderen findet eine Wirksamkeitskontrolle einzelner Klauseln der **122** VOB/B nicht in jedem Fall statt. Wird die VOB/B gegenüber einem Unternehmer, einer juristischen Person des öffentlichen Rechts oder einem öffentlich-rechtlichen Sondervermögen verwendet, findet eine Inhaltskontrolle **einzelner Bestimmungen** der VOB/B nicht statt, wenn die zum Zeitpunkt des Vertragsschlusses geltende Fassung der VOB/B ohne inhaltliche Abweichung insgesamt in den Vertrag einbezogen worden ist, § 310 Abs. 1 S. 3 BGB.

Hintergrund dieser Regelung ist die vom BGH vertretene Auffassung, **123** die sich der Gesetzgeber zu eigen gemacht hat, dass die VOB/B einen auf die Besonderheiten des Bauvertragsrechts abgestimmten, im Ganzen ausgewogenen Ausgleich der beiderseitigen Interessen enthalte und somit nicht mit allgemeinen Geschäftsbedingungen gleichgestellt werden könne, mit der eine Vertragspartei einseitig ihre Interessen durchzusetzen versucht. Daher wäre es bei Vereinbarung der VOB/B als Ganzes verfehlt, einzelne Bestimmungen einer Inhaltskontrolle zu unterziehen, weil ansonsten der durch das Zusammenwirken sämtlicher Vorschriften erstrebte Interessenausgleich gestört werde.[106] Weichen die Vertragsparteien allerdings aufgrund individualvertraglicher Regelungen von der VOB/B ab, folgt hieraus eine Störung des von ihr beabsichtigten Interessenausgleichs, mit der Folge, dass auch einzelne Vorschriften der VOB/B auf ihre Transparenz und Angemessenheit hin überprüft werden.

Da die Parteien jedenfalls außerhalb des öffentlichen Vergaberechts im **124** Verhandlungsprotokoll und ergänzenden vertraglichen Regelungen in den allermeisten Fällen Abweichungen von der VOB/B vereinbaren, ist in der gerichtlichen Praxis die Inhaltskontrolle einzelner Klauseln der VOB/B eher die Regel denn die Ausnahme.

(bb) Die Anordnungsrechte nach § 1 Abs. 3 und Abs. 4 VOB/B
Die VOB/B gesteht dem Besteller (der in der VOB/B Auftraggeber ge- **125** nannt wird) das Recht zu, die Leistungspflicht des Unternehmers (der in der VOB/B Auftragnehmer genannt wird) nachträglich durch eine einseitige Erklärung zu modifizieren. Dieses Recht wird dem Auftraggeber für zwei unterschiedliche Fallkonstellationen eingeräumt, wobei sich allerdings die Rechtsfolgen nur im Detail voneinander unterscheiden. Nach § 1 Abs. 3 VOB/B bleibt es dem Auftraggeber „vorbehalten", den Bauentwurf zu ändern. Nach § 2 Abs. 5 VOB/B ist in diesem Fall ein neuer Preis unter Berücksichtigung der Mehr- und Minderkosten zu vereinbaren.

---

[106] BGH Urt. v. 22.1.2004, Az. VII ZR 419/02, BGHZ 157, 346; *von Rintelen* in Kapellmann/Messerschmidt, VOB Teile A und B, 5. Aufl. 2015, VOB/B Einleitung, Rn. 47.

Weitere Voraussetzungen für die Ausübung des Rechts zur Änderung des Bauentwurfes nennt § 1 Abs. 3 VOB/B nicht.

126 Nach § 1 Abs. 4 VOB/B hat der Auftragnehmer auf Verlangen des Auftraggebers „nicht vereinbarte Leistungen, die zur Ausführung der vertraglichen Leistung erforderlich werden" mit auszuführen. Im Falle eines solchen Verlangens hat der Auftragnehmer nach § 2 Abs. 6 Nr. 1 VOB/B einen Anspruch auf besondere Vergütung; dieser bestimmt sich gemäß § 2 Abs. 6 Nr. 2 VOB/B nach den Grundlagen der Preisermittlung für die vertragliche Leistung und den besonderen Kosten der geforderten Leistung.

127 Anders als § 1 Abs. 3 VOB/B gewährt § 1 Abs. 4 VOB/B dem Auftraggeber aber kein voraussetzungsloses Recht, die Ausführung einer nicht vereinbarten Leistung zu verlangen. Zum einen kommt ein Änderungsverlangen von vornherein nur in Betracht bei nicht vereinbarten Leistungen, die zur Ausführung der vertraglichen Leistung erforderlich werden; zum anderen muss der Auftraggeber derartige Leistung nicht ausführen, wenn sein Betrieb auf diese Leistungen nicht eingerichtet ist.

128 Diese zuletzt genannte, in § 1 Abs. 4 VOB/B ausdrücklich geregelte Einschränkung des Anordnungsrechts soll nach ganz überwiegender Auffassung auch für das in § 1 Abs. 3 VOB/B geregelte Anordnungsrecht gelten.[107]

129 Das einseitige Recht zur Änderung des Bauentwurfes bezieht sich nur auf den Bauinhalt, nicht aber auf eine Änderung der Baumstände oder auf eine Änderung der Bauzeit.[108] Seine Rechtfertigung findet das Änderungsrecht in dem Umstand, dass allein der Bauherr ein Interesse an der konkreten Ausgestaltung des Bauwerks hat, weil er das Bauwerk nach dessen Fertigstellung nutzen bzw. damit leben muss, während sich das Interesse des Bauunternehmers im Vergütungsinteresse erschöpft. Dieses Vergütungsinteresse wird aber auch bei einer Änderung des Bauentwurfes durch den Preisanpassungsmechanismus des § 2 Abs. 5 VOB/B gewahrt. Die Dinge liegen hier ähnlich wie im Fall der auftraggeberseitigen ordentlichen Kündigung nach § 648 BGB n. F. Diese Vorschrift gibt dem Auftraggeber (Besteller) das Recht, den Werkvertrag jederzeit zu kündigen; das Gesetz gewährt dem Auftragnehmer also auch hier kein Recht auf Fertigstellung des Werkes, auf das sich die Parteien geeinigt haben. Das Gesetz schützt in diesem Fall nur das Vergütungsinteresse des Unterneh-

---

[107] *Schoofs* in Leinemann, VOB/B, 6. Aufl. 2016, § 1, Rn. 71; *Jansen* in Beck'scher VOB-Kommentar, VOB Teil B, 3. Auflage 2013, § 1 Abs. 3, Rdn. 88.

[108] Kapellmann/Schiffers, Vergütung Nachträge und Behinderungsfolgen beim Bauvertrag, Bd. 1: Einheitspreisvertrag, 6. Aufl., 2011, Rn. 786; *von Rintelen* in Kapellmann/Messerschmidt, VOB Teile A und B, 5. Aufl. 2015, § 1 VOB/B, Rn. 53.

mers und gewährt ihm im Fall einer ordentlichen Auftraggeberkündigung einen Anspruch auf Zahlung der vereinbarten Vergütung abzüglich ersparter Aufwendungen.[109]

Gleichwohl bestehen gegen die Angemessenheit der Regelung Bedenken. In der Literatur wird die Auffassung vertreten, dass die Vorschrift einer isolierten Inhaltskontrolle nach § 307 BGB nicht standhalte und unwirksam sei, weil es an jeder inhaltlichen Beschränkung der Änderungsbefugnis fehlt.[110] Dieser Kritik ist zuzustimmen. Sie lässt sich auch nicht dadurch aus dem Weg räumen, dass man die in § 1 Abs. 4 VOB/B enthaltene Beschränkung des Anordnungsrechts für den Fall, dass der Geschäftsbetrieb des Auftragnehmers auf die Ausführung der geänderten Leistung nicht eingerichtet ist, in § 1 Abs. 3 VOB/B hineinliest.[111] Für die Frage, ob eine auslegungsfähige Allgemeine Geschäftsbedingung der Angemessenheitsprüfung des § 307 BGB standhält, ist nach dem Grundsatz der so genannten „verwendungsgegnerfeindlichsten Auslegung"[112] von den möglichen Auslegungen diejenige heranzuziehen, die zur Unwirksamkeit der Klausel führt.[113] Im Recht der Allgemeinen Geschäftsbedingungen ist es daher nicht möglich, eine nach ihrem Wortlaut mit § 307 BGB nicht vereinbare Klausel durch eine analoge Anwendung von Regelungen zu retten, die nach dem Wortlaut der Allgemeinen Geschäftsbedingungen für die konkrete Klausel nicht anwendbar sein sollen. Entsprechendes gilt auch für alle anderen Versuche, den grenzenlosen Wortlaut des § 1 Abs. 3 VOB/B durch Rückgriff auf Sinn und Zweck des Änderungsrechts oder die in §§ 242, 315 BGB enthaltenen Grundsätze einzuschränken.[114]   **130**

Demgegenüber dient das Anordnungsrecht des § 1 Abs. 4 VOB/B nicht allein der Durchsetzung des Gestaltungsinteresses des Bauherrn. Zusätzliche Leistungen im Sinne des § 1 Abs. 4 VOB/B kann der Auftraggeber vielmehr nur anordnen, wenn sie zur Ausführung der vertraglichen Leistung erforderlich sind. Was ist hier aber mit „vertragliche Leistung" gemeint? Offensichtlich nicht die Leistung, zu deren Erbringung sich der   **131**

---

[109] *von Rintelen* in Kapellmann/Messerschmidt, VOB Teile A und B, 5. Aufl. 2015, § 1 VOB/B, Rn. 49a.

[110] *Markus* in Markus/Kaiser/Kapellmann, AGB-Handbuch Bauvertragsklauseln, 4. Aufl. 2014, Rn. 69; *Funke* in Nicklisch/Weick/Jansen/Seibel, VOB/B, 4. Aufl. 2016, § 1, Rn. 114.

[111] so aber *Schoofs* in Leinemann, VOB/B, 6. Aufl. 2016, § 1, Rn. 71; *Jansen* in Beck'scher VOB-Kommentar, VOB Teil B, 3. Auflage 2013, § 1 Abs. 3, Rdn. 88.

[112] siehe dazu zuletzt BGH Beschl. v. 4.11.2015, Az. VII ZR 282/14, NJW-RR 2016, 29, Rn. 25.

[113] BGH Teilurt. v. 29.4.2008, KZR 2/07, BGHZ 176, 244, Rn. 19.

[114] So aber *von Rintelen* in Kapellmann/Messerschmidt, VOB Teile A und B, 5. Aufl. 2015, § 1 VOB/B, Rn. 83 f.

Unternehmer verpflichtet hat, denn zur Erbringung dieser Leistung bedürfte es nicht der Anordnung einer weiteren, zusätzlichen Leistung; diese Leistung ist bereits Vertragsinhalt. Die Regelung setzt also voraus, dass es außerhalb der vertraglich vereinbarten Leistung des Unternehmers eine Soll-Beschaffenheit des Bauwerks gibt, die nicht notwendigerweise mit dem vertraglich vereinbarten Leistungsinhalt identisch ist; vielmehr dient dieser vertraglich vereinbarte Leistungsinhalt nur der **Herbeiführung** der „vertraglichen Leistung". Wo die mit dem Unternehmer vereinbarte Leistung die „vertragliche Leistung" nicht herbeiführen kann, kann der Auftraggeber eine zusätzliche Leistung anordnen. Seine Grundlage hat dies in dem in § 2 Abs. 1 VOB/B geregelten Abgeltungsbereich des vereinbarten Preises: Dieser Preis gilt die Leistung ab, die vertraglich vereinbart wurde. Diese Leistung ist nicht notwendigerweise identisch mit der, die für die Erreichung des vom Auftraggeber angestrebten Erfolgs notwendig ist. Ermöglicht die durch die vereinbarte Vergütung abgegoltene und demzufolge vom Unternehmer zu erbringende Leistung die Herbeiführung des Erfolgs nicht, kann der Auftraggeber durch eine Anordnung nach § 1 Abs. 4 VOB/B die Leistungspflicht des Auftragnehmers erweitern, um eine Herbeiführung des – unverändert gebliebenen – Erfolgs der Werkleistung herbeizuführen (Erfolgssoll).[115] Die Vorschrift hat somit insbesondere Bedeutung für Leistungen, deren Beschreibung im Leistungsverzeichnis vergessen wurde und die daher auch nicht bepreist wurden, die aber zur Ausführung des ursprünglich gewollten Erfolgs (der „vertraglichen Leistung") erforderlich sind.[116] Die Regelung dient also der Anpassung eines defizitären Leistungssolls an das Erfolgssoll.[117]

(cc) Vergütungsfolgen einer Anordnung des Auftraggebers

132 Ordnet der Auftraggeber eine Änderung der Leistung nach § 1 Abs. 3 oder Abs. 4 VOB/B an, ist der Auftragnehmer nach dem Wortlaut der Regelung grundsätzlich verpflichtet, diese Leistung auszuführen. Er erhält dafür aber im Fall der Anordnung nach § 1 Abs. 3 VOB/B eine zusätzliche Vergütung nach § 2 Abs. 5 VOB/B und im Fall einer Anordnung nach § 1 Abs. 4 VOB/B eine zusätzliche Vergütung nach § 2 Abs. 6 VOB/B.

133 Die Ermittlung der Vergütung erfolgt nach dem Prinzip der „vorkalkulatorischen Preisfortschreibung". Zur Ermittlung der Vergütung ist also die zusätzliche Vergütung unter Fortschreibung der Vertragspreise und ihrer einzelnen Bestandteile zu ermitteln, wie sich diese aus der ursprüng-

---

[115] Motzke, NZBau 2002, 641, 642.

[116] BGH Urt. v. 14.3.2013, AZ: VII ZR 116 / 12, NZBau 2013, 369; Urt. v. 7.3.2013, AZ: VII ZR 68/10, NZBau 2013, 366.

[117] Vgl. Göbel, DZWIR 2017, 10, 16/17 zu § 650b BGB.

lichen Kalkulation des Auftragnehmers ergeben.[118] Damit sollen die Parteien trotz der geänderten oder zusätzlichen Leistung an die vertraglichen Vereinbarungen und ihre bei Vertragsschluss vorgenommenen, preislichen Bewertungen von Leistung und Gegenleistung gebunden sein. Es soll somit trotz geänderter Ausführung das dem ursprünglich geschlossenen Vertrag zu Grunde liegende Äquivalenzverhältnis bestehen bleiben. Insbesondere sollen die kalkulierten Gewinne durch die Anordnung des Auftraggebers weder geschmälert noch vergrößert werden.[119] Es gilt daher die schon geradezu sprichwörtliche Faustformel „guter Preis bleibt guter Preis und schlechter Preis bleibt schlechter Preis".

b) Das Anordnungsrecht des Bestellers nach § 650b BGB n. F.

Fall 2:   134

a) *Der Bauherr B beauftragt den Dachdeckermeister D damit, das Dach seines Neubauvorhabens mit roten Dachziegeln zu decken. Nach Vertragsschluss reut B diese Entscheidung; er meint, grüne Dachziegel seien viel schöner. Kann er von D die Ausführung grüner Dachziegel verlangen?*

b) *Die Planung des Architekten des Bauherrn sieht ein Dach mit einer Neigung von 7° vor. Der Zimmermann einigt sich mit dem Bauherrn auf eine Ausführung des Dachstuhls, die diesen planerischen Vorgaben entspricht. Nach drei Wochen weist der Zimmermann den Bauherrn darauf hin, dass wegen der geringen Dachneigung Regenwasser nicht schnell genug abfließe und demzufolge Undichtigkeiten am Dach eintreten könnten. Der Bauherr fordert den Zimmermann daher auf, das Dach abweichend von der Planung mit einer Neigung von 12° auszuführen. Muss der Zimmermann dieser Forderung nachkommen?*

(aa) Wortlaut der Regelung

Eine der grundlegendsten Änderungen, die das Gesetz zur Reform des   135
Bauvertragsrechts mit sich bringt, ist die Schaffung eines Anordnungsrechts des Bestellers, für das das Anordnungsrecht des Auftraggebers nach § 1 Abs. 3 und Abs. 4 VOB/B offensichtlich Pate gestanden hat.

§ 650 b BGB regelt unter der Überschrift „Änderungen des Vertrags;   136
Anordnungsrecht des Bestellers" Folgendes:

(1) Begehrt der Besteller

1. eine Änderung des vereinbarten Werkerfolgs (§ 631 Absatz 2) oder

---

[118] *Kues* in Nicklisch/Weick/Jansen/Seibel, VOB/B, 4. Aufl. 2016, § 2, Rn. 212.
[119] *Leinemann* in Leinemann, VOB/B, 6. Aufl. 2016, § 2, Rn. 322.

2. eine Änderung, die zur Erreichung des vereinbarten Werkerfolgs notwendig ist,

streben die Vertragsparteien Einvernehmen über die Änderung und die infolge der Änderung zu leistende Mehr- oder Mindervergütung an. Der Unternehmer ist verpflichtet, ein Angebot über die Mehr- oder Mindervergütung zu erstellen, im Falle einer Änderung nach Satz 1 Nummer 1 jedoch nur, wenn ihm die Ausführung der Änderung zumutbar ist. Macht der Unternehmer betriebsinterne Vorgänge für die Unzumutbarkeit einer Anordnung nach Absatz 1 Satz 1 Nummer 1 geltend, trifft ihn die Beweislast hierfür. Trägt der Besteller die Verantwortung für die Planung des Bauwerks oder der Außenanlage, ist der Unternehmer nur dann zur Erstellung eines Angebots über die Mehr- oder Mindervergütung verpflichtet, wenn der Besteller die für die Änderung erforderliche Planung vorgenommen und dem Unternehmer zur Verfügung gestellt hat. Begehrt der Besteller eine Änderung, für die dem Unternehmer nach § 650c Absatz 1 Satz 2 kein Anspruch auf Vergütung für vermehrten Aufwand zusteht, streben die Parteien nur Einvernehmen über die Änderung an; Satz 2 findet in diesem Fall keine Anwendung.

(3) Erzielen die Parteien binnen 30 Tagen nach Zugang des Änderungsbegehrens beim Unternehmer keine Einigung nach Absatz 1, kann der Besteller die Änderung in Textform anordnen. Der Unternehmer ist verpflichtet, der Anordnung des Bestellers nachzukommen, einer Anordnung nach Absatz 1 Satz 1 Nummer 1 jedoch nur, wenn ihm die Ausführung zumutbar ist. Absatz 1 Satz 3 gilt entsprechend.

(bb) Strukturelle Unterschiede zur Regelung des Anordnungsrechts in der VOB/B

137 Anders als die VOB/B gibt § 650 b BGB dem Besteller kein unmittelbares Anordnungsrecht. § 650 b Abs. 1 BGB regelt vielmehr zunächst, dass die Parteien Einvernehmen über eine Änderung des Vertrags und die infolge der Änderung zu leistende Mehr- oder Mindervergütung anstreben, wenn der Besteller eine Änderung des vereinbarten Werkerfolgs oder eine Änderung, die zur Erreichung des vereinbarten Werkerfolgs notwendig ist, begehrt.

138 Die Regelung stellt sich als konsequente Umsetzung des das Bauvertragsrecht prägenden Kooperationsprinzips dar, indem sie die Parteien dazu verpflichtet, zunächst eine einvernehmliche Lösung über die begehrte Änderung und die damit verbundenen Vergütungsfolgen zu finden.

139 Gleichsam zur Vorbereitung dieser Einigung verpflichtet § 650 b Abs. 1 S. 2 BGB den Unternehmer, im Falle eines Änderungsbegehrens des Bestellers ein Angebot über die Mehr- oder Mindervergütung zu erstellen. Hier hat sich der Gesetzgeber offensichtlich an die bei VOB-Verträgen entwickelte Praxis angelehnt, wonach der Besteller im Falle einer Änderungsanordnung des Auftraggebers zunächst ein so genanntes Nachtragsangebot erstellt.

Ein Anordnungsrecht des Bestellers entsteht nach § 650 b Abs. 2 BGB **140** erst dann, wenn die Parteien 30 Tage nach Zugang des Änderungsbegehrens des Bestellers beim Unternehmer keine Einigung über den Inhalt der Änderung und die damit verbundenen Vergütungsfolgen erzielen. Die Anordnung des Bestellers erscheint somit als Ultima Ratio im Falle des Scheiterns einer Verhandlungslösung.

(cc) Voraussetzung eines Änderungsbegehrens

Grundsätzlich steht es jeder Partei frei, ihren Vertragspartner um eine **141** Änderung des Vertrages zu bitten. Geht der Vertragspartner auf diesen Wunsch ein und einigen sich die Parteien, bedarf es keiner gesetzlichen Regelung. Nach dem das BGB grundsätzlich beherrschenden Konsensualprinzip bleibt es aber bei dem ursprünglich geschlossenen Vertrag, wenn eine solche Einigung nicht zustande kommt.

Die Besonderheit des § 650 b BGB n. F. liegt darin, dass der Besteller **142** über den in §§ 650 b ff. BGB n. F. geregelten Mechanismus eine Änderung des Vertrages erzwingen kann. Diese Möglichkeit räumt das Gesetz dem Besteller aber nicht bei jedem nur erdenklichen Änderungsbegehren ein, sondern nur unter den in § 650 b Abs. 1 Nr. 1 und 2 BGB n. F. geregelten Voraussetzungen: Um den Mechanismus der §§ 650 b ff. BGB n. F. in Gang setzen zu können, muss der Besteller entweder (Nr. 1) eine Änderung des vereinbarten Werkerfolgs im Sinne des § 631 Abs. 2 BGB oder (Nr. 2) eine Änderung, die zur Erreichung des vereinbarten Werkerfolgs notwendig ist, „begehren".

Der Gesetzgeber ist der Ansicht, dass das Änderungsbegehren nach **143** § 650b Abs. 1 Nr. 1 BGB n. F. dem Zweck dient, den vereinbarten Werkerfolg zu ändern, während eine Änderung nach Nr. 2 das Ziel verfolge, den vereinbarten Werkerfolg zu erreichen.[120] Dieser Aussage liegt ersichtlich die Vorstellung zugrunde, § 650 b Abs. 1 BGB n. F. entspreche in seiner Struktur den in § 1 Abs. 3 und Abs. 4 VOB/B enthaltenen Anordnungsrechten, erlauben doch auch diese (in § 1 Abs. 3 VOB/B) eine Änderung des Bauinhalts und (in § 1 Abs. 4 VOB/B) eine Änderung des Erfolgs, dessen Erreichung die Werkleistung des Unternehmers dienen soll.

Indes: eine Änderung, die zur Erreichung des vereinbarten Werkerfolgs **144** notwendig ist, dürfte es nach der Rechtsprechung des BGH[121] nicht geben. Denn nach dieser Rechtsprechung gehören zur vereinbarten Beschaffen-

---

[120] BT-Drs. 18/8486, S. 53.
[121] Urt. v. 8.11.2007, Az. VII ZR 183/05, NJW 2008, 511.

heit im Sinne des § 633 Abs. 2 S. 1 BGB alle Eigenschaften des Werks, die nach der Vereinbarung der Parteien den vertraglich geschuldeten Erfolg herbeiführen sollen. Der vertraglich geschuldete Werkerfolg bestimmt sich nach dieser Rechtsprechung aber nicht allein nach der zu seiner Erreichung vereinbarten Leistung oder Ausführungsart, sondern auch danach, welche Funktion das Werk nach dem Willen der Parteien erfüllen solle. Daher schulde der Unternehmer stets ein funktionstaugliches Werk. Wenn dem aber so ist, kann es eine **Änderung**, die zur Erreichung des vereinbarten Werkerfolgs notwendig ist, nicht geben. Denn der vereinbarte Werkerfolg und das funktionstaugliche Werk sind nach dieser Rechtsprechung identisch.[122]

145   Wenn nunmehr das Gesetz in § 650b Abs. 1 Nr. 2 BGB n. F. ausdrücklich anerkennt, dass eine Änderung der vertraglich vereinbarten Leistung erforderlich sein kann, um den „vereinbarten Werkerfolg" zu erreichen, kann hieraus nur der Schluss gezogen werden, dass es Fälle geben kann, in denen die vertraglich vereinbarte Leistung kein funktionstaugliches Werk herbeiführen kann, mithin also eine Anpassung der vertraglich vereinbarten Leistung erforderlich wird, um das vom Besteller erstrebte funktionstaugliche Werk zu realisieren.[123] Damit stellt sich die Regelung des § 650 b Abs. 1 Nr. 2 BGB n. F. als Abkehr von der Rechtsprechung des BGH zum funktionalen Mangelbegriff dar. Wenn in der Gesetzesbegründung die Auffassung vertreten wird, das Änderungsbegehren nach § 650 b Abs.1 Nr. 2 BGB n. F. verfolge das Ziel, den vereinbarten Werkerfolg zu erreichen,[124] kann mit dem „vereinbarten Werkerfolg" in diesem Sinn nur die außerhalb der vertraglich vereinbarten Leistungspflicht des Unternehmers liegende Soll-Beschaffenheit des Bauwerks gemeint sein, deren Erreichung die vertragliche Leistung des Unternehmers dient.

146   Im Fall 2 a) haben sich die Parteien vertraglich auf die Ausführung roter Dachziegel geeinigt. Die vereinbarte Leistung zielt somit auf die Herstellung eines rot gedeckten Daches ab. Begehrt der Bauherr eine Änderung der Farbe der Ziegel, liegt ein Fall des § 650 b Abs. 1 Nr. 1 BGB n. F. vor. Es geht nicht um eine Änderung, die erforderlich ist, um den vereinbarten Werkerfolg zu erreichen (§ 650 b Abs. 1 Nr. 2 BGB n. F.); denn mit dem Begehren, grüne Dachziegel zu verwenden, kann kein rotes Dach hergestellt werden. Es liegt aber ein Änderungsbegehren im Sinne des § 650 b Abs. 1 Nr. 1 BGB n. F. vor. Das Änderungsbegehren dient der

---

[122] Ebenso Markus, NZBau 2016, 601.

[123] Ebenso Göbel, DZWIR 2017, 10, 16/17: § 650 b BGB dient der Anpassung eines defizitären Leistungssolls an das Erfolgssoll.

[124] BT-Drs. 18/8486, S. 53.

Änderung des vereinbarten Werkerfolgs: Statt eines roten, soll ein grünes Dach hergestellt werden.

Im Fall 2 b) darf angenommen werden, dass die Leistung des Zimmer- **147** manns nach der Intention beider Parteien dem Zweck diente, ein regen- dichtes Dach zu errichten. Dieses Ziel kann mit der vereinbarten Dach- neigung von 7° nicht erreicht werden. Das Änderungsbegehren des Bauherrn, stattdessen eine Dachneigung mit 10° auszuführen, dient somit dem Zweck, den vereinbarten Werkerfolg eines regendichten Daches zu erreichen. Es liegt somit ein Fall des § 650 b Abs. 1 Nr. 2 BGB n. F. vor.

Nach der oben beschriebenen Rechtsprechung des BGH zum funktio- **148** nalen Mangelbegriff wäre die Ausführung des Dachstuhls mit einer Nei- gung von 7° mangelhaft, da sie nicht zu einem funktionstauglichen Werk führen kann, obwohl die Leistung des Zimmermanns exakt der vertrag- lichen Vereinbarung und den vom Bauherrn zur Verfügung gestellten Plänen entspräche. Nach Auffassung des BGH bestünde der vertraglich vereinbarte Werkerfolg von vornherein in der Errichtung eines Dachstuhls mit einer Neigung von 10°. Auf der Grundlage dieser Rechtsprechung bestünde dann aber kein Bedarf nach der durch § 650 b Abs. 1 Nr. 2 BGB n. F. geschaffenen Regelung. Denn wenn der Zimmermann ohnehin zur Ausführung eines Dachstuhls mit einer Neigung von 10° verpflichtet ist, bedarf es keines entsprechenden Änderungsbegehrens des Bestellers.

(dd) Das Nachtragsangebot des Unternehmers

Liegen die Voraussetzungen eines Änderungsbegehrens vor, ist der Unter- **149** nehmer nach § 650 b Abs. 1 S. 2 BGB n. F. verpflichtet, ein Angebot über die Mehr- oder Mindervergütung zu erstellen, die mit der Durchführung der Änderung verbunden ist. Anders als § 2 Abs. 5 und Abs. 6 VOB/B enthält das Gesetz keine Vorgaben dazu, wie dieses Änderungsangebot zu kalkulieren ist. Der Unternehmer ist in dessen Kalkulation frei. § 650c BGB n. F. enthält zwar Regelungen über die Ermittlung der angepassten Vergütung. Die Anwendung dieser Vorschrift ist aber beschränkt auf den Vergütungsanspruch, der sich infolge einer Anordnung ergibt. Zum Zeit- punkt der Erstellung des Angebots des Unternehmers gibt es aber noch keine Anordnung. Das Anordnungsrecht des Bestellers entsteht nach § 650 b Abs. 3 BGB erst, wenn sich die Parteien 30 Tage nach Zugang des Änderungsbegehrens des Bestellers beim Unternehmer nicht über die vom Besteller begehrte Änderung und die daraus resultierende Vergütungs- änderung geeinigt haben (siehe dazu sogleich).

Einigen sich die Parteien auf der Grundlage des vom Unternehmer **150** unterbreiteten Angebots, ist die geänderte Leistung nach Maßgabe dieser Einigung durchzuführen.

151   Kommt auf dieser Grundlage binnen 30 Tagen nach Zugang des Änderungsbegehrens beim Unternehmer keine Einigung zu Stande, kann der Besteller die Änderung nach § 650 b Abs. 2 BGB n. F. anordnen. Aufgrund dieser Anordnung wird der zwischen den Parteien geschlossene Vertrag inhaltlich geändert und der Unternehmer ist grundsätzlich zur Umsetzung der Anordnung verpflichtet, § 650b Abs. 2 S. 2 BGB n. F.

152   Diese Regelung verleiht dem Unternehmer bei Dringlichkeit der Änderung eine erhebliche Verhandlungsmacht. Denn das Anordnungsrecht des Bestellers entsteht erst 30 Tage nach Zugang des Änderungsbegehrens des Bestellers beim Unternehmer. Vorher gibt es keine Verpflichtung des Unternehmers, dem Änderungsbegehren des Bestellers Folge zu leisten. Ist die begehrte Änderung dringlich, wird der Besteller daher gezwungen sein, auch ein wirtschaftlich ungünstiges „Nachtragsangebot" des Unternehmers zu akzeptieren, um die Änderung noch vor Ablauf der 30-Tages-Frist umsetzen zu können.

153   Der Unternehmer ist grundsätzlich verpflichtet, im Falle eines Änderungsbegehrens ein Angebot zu unterbreiten. Das Gesetz sagt indes nicht, welche Rechtsfolge eintritt, wenn der Unternehmer ein Angebot nicht vorlegt. Obgleich das Gesetz dem Besteller einen einklagbaren Anspruch auf die Erstellung des Angebots einräumt, dürfte die Durchsetzung dieses Anspruchs praktisch ausgeschlossen sein. Weigert sich der Unternehmer daher, das Angebot vorzulegen, bleibt dem Besteller keine andere Möglichkeit, als den Ablauf der 30-Tage-Frist des § 650 b Abs. 2 BGB n. F. abzuwarten und die Änderung dann anzuordnen. In der Praxis wird der Besteller sich in der Regel aber nicht weigern, an Nachtragsangebot zu erstellen, weil er andernfalls nicht in den Genuss der 80 %-Regelung des § 650 c Abs. 3 BGB n. F. kommt, der die Erstellung eines Angebots nach § 650 b Abs. 1 S. 2 BGB n. F. voraussetzt.

(ee) Zumutbarkeit des Änderungsbegehren

154 Im Falle eines Änderungsbegehrens nach § 650 b Abs. 1 Nr. 1 BGB n. F. (Änderung des vereinbarten Werkerfolgs) ist der Unternehmer nur zur Ausarbeitung eines Angebots über die Mehr- und Mindervergütung verpflichtet, wenn ihm die Ausführung der Änderung zumutbar ist. Das Gesetz enthält keine Anhaltspunkte dafür, in welchen Fällen die Ausführung der Änderung für den Unternehmer unzumutbar sein soll. Die Gesetzesbegründung nennt die technischen Möglichkeiten, die Ausstattung und die Qualifikation des Bauunternehmers, aber auch betriebsinterne Vorgänge als Zumutbarkeitskriterien.[125] Die Grenze der Unzumutbarkeit dürfte somit früher erreicht sein als im Fall des Anordnungsrechts nach § 1

---

[125] BT-Drs. 18/8486, S. 53.

Abs. 4 VOB/B; nach dieser Vorschrift darf der Auftragnehmer ein Änderungsbegehren des Auftraggebers nur ablehnen, wenn sein Betrieb auf die Leistungen, die zur Umsetzung der Änderung notwendig sind, nicht eingerichtet ist. Demgegenüber lässt der Hinweis auf betriebsinterne Vorgänge als Zumutbarkeitskriterien darauf schließen, dass nach Auffassung des Gesetzgebers auch Kapazitätsengpässe des Unternehmers zur Unzumutbarkeit des Änderungsbegehrens führen können.

Begehrt der Besteller eine Änderung, muss er grundsätzlich beweisen, **155** dass diese Änderung dem Unternehmer zumutbar ist. Lediglich in Fällen, in denen der Unternehmer betriebsinterne Vorgänge als Grund für die Unzumutbarkeit der Änderung ins Feld führt, trägt er die Beweislast für das Vorliegen dieser betriebsinternen Gründe.

Liegt ein Fall der Unzumutbarkeit vor, entfällt selbstverständlich nicht **156** nur die Verpflichtung des Unternehmers, ein Angebot über die Mehr- und Mindervergütung zu erstellen, sondern nach § 650b Abs. 2 BGB n. F. auch die Verpflichtung, eine Änderungsanordnung des Bestellers umzusetzen.

Der Einwand der Unzumutbarkeit ist indes auf Änderungsbegehren **157** nach § 650b Abs. 1 Nr. 1 BGB n. F. beschränkt. Begehrt der Besteller eine Änderung, die zur Erreichung des vereinbarten Werkerfolg erforderlich ist (§ 650b Abs. 1 Nr. 2 BGB n. F.), steht dem Unternehmer der Einwand der Unzumutbarkeit nicht zu.

(ff) Kein Nachtragsangebot bei fehlender Planung
Nach § 650b Abs. 1 S. 4 BGB n. F. ist der Unternehmer in Fällen, in denen **158** der Besteller die Verantwortung für die Planung des Bauwerks oder der Außenanlage trägt, nur dann zur Erstellung eines Angebots über die Mehr- oder Mindervergütung verpflichtet, wenn der Besteller die für die Änderung erforderliche Planung vorgenommen und dem Unternehmer zur Verfügung gestellt hat.

Durch die Regelung soll die schon bei Vertragsschluss zwischen den **159** Parteien vereinbarte Aufteilung zwischen Planung und Ausführung aufrechterhalten werden. Der Unternehmer kann ein Angebot über die geänderten Leistungen nur erstellen, wenn ihm hierfür eine Ausführungsplanung vorliegt.[126] Trägt der Besteller die Verantwortung für die Planung, soll er nicht im Falle einer Änderungsanordnung die Planungsverantwortung auf den Ausführenden abwälzen können, indem er von diesem ein Angebot über die Vergütungsänderung verlangt und ihn dadurch zwingt, selbst eine Ausführungsplanung zu erstellen. Der Unternehmer kann daher die Vorlage eines Angebots nach § 650b Abs. 1 S. 2 BGB n. F. verweigern, solange der Besteller ihm nicht die hierfür notwendige Planung vorlegt.

---

[126] Kapellmann, Jahrbuch Baurecht 2008, 139, 149.

Das bedeutet im Fall 2 b), dass D nicht zur Erstellung eines Angebots verpflichtet ist, bis ihm B eine neue Planung für das Dach übergeben hat.

c) Vergütungsanpassung nach § 650 c BGB n. F.

(aa) Allgemeines

160 § 650 c Abs. 1 BGB n. F. lautet:

> *Die Höhe des Vergütungsanspruchs für den infolge einer Anordnung des Bestellers nach § 650b Absatz 2 vermehrten oder verminderten Aufwand ist nach den tatsächlich erforderlichen Kosten mit angemessenen Zuschlägen für allgemeine Geschäftskosten, Wagnis und Gewinn zu ermitteln. Umfasst die Leistungspflicht des Unternehmers auch die Planung des Bauwerks oder der Außenanlage, steht diesem im Fall des § 650b Absatz 1 Satz 1 Nummer 2 kein Anspruch auf Vergütung für vermehrten Aufwand zu.*

Die Anwendbarkeit der Regelung setzt voraus, dass eine Anordnung nach § 650 b Abs. 2 BGB n. F. erfolgt ist. Eine Anordnung nach dieser Vorschrift kann wiederum nur ergehen, wenn eine Einigung über die Änderung und über die damit verbundene Mehr- bzw. Mindervergütung nicht erzielt werden konnte.

(bb) Kostenbegriff

161 Nach der Vorschrift ist der Vergütungsanspruch des Unternehmers im Falle einer Anordnung nur für den infolge der Anordnung „vermehrten oder verminderten Aufwand" anzupassen. Die Vergütungsanpassung richtet sich nach den für diesen Aufwand „erforderlichen Kosten".

162 Der Begriff der Kosten darf hier nicht in einem betriebswirtschaftlichen Sinn verstanden werden. Das BGB verwendet den Begriff der Kosten an mehreren Stellen, so z.B. in §§ 102, 559 Abs. 1 und 641 Abs. 3 BGB sowie in § 439 Abs. 2 und Abs. 4 BGB n. F. Zu den Kosten in diesem Sinn gehören alle Leistungen, denen ein unmittelbarer Vermögenswert zukommt. Am häufigsten werden Kosten zur Bezahlung fremder Arbeitskraft aufgewendet. Jedoch auch die Leistung eigener Arbeit den Kosten zuzurechnen.[127] In dieser Auslegung stellt sich der Begriff der Kosten als Unterfall der Aufwendungen dar; in diesem Sinn wird der Begriff der Kosten auch in § 439 Abs. 2 BGB n. F. verwendet. Der Begriff der Kosten beschreibt somit geldwerte Aufwendungen.

163 Im Gegensatz zu den Regelungen der § 2 Abs. 5 und 6 VOB/B stellen die tatsächlichen Kosten die Grundlage für die Ermittlung der Vergütungsänderung dar. Es kommt also grundsätzlich nicht auf die in der Ur-

---

[127] *Jickelei/Stieper* in Staudinger, BGB, Stand: Juli 2004, § 102, Rn. 4; BGH Urt. v. 4.4.1962, Az. V ZR 170/60, MDR 1962, 556.

kalkulation kalkulierten Kosten an. Maßgeblich sind die zusätzlichen Kosten, die tatsächlich angefallen sind.

(cc) Ermittlung der Mehr- oder Mindervergütung
Bei der Ermittlung des veränderten Aufwandes nach den tatsächlichen **164** Kosten ist die Differenz zwischen den hypothetischen Kosten, die ohne die Anordnung des Bestellers entstanden wären, und den Ist-Kosten, die aufgrund der Anordnung tatsächlich entstanden sind, zu bilden. Diese Differenz ist die Grundlage für die Vergütung für den geänderten Aufwand.[128]

Zur Ermittlung der Vergütungsänderung muss der Unternehmer also **165** die hypothetischen Kosten bestimmen, die angefallen wären, wenn der Besteller keine Änderung der Leistung angeordnet hätte. In einem zweiten Schritt muss er dann die tatsächlichen Kosten ermitteln, die durch die geänderte Leistung entstanden sind. Die Differenz aus beidem ist Grundlage für die Ermittlung der Vergütungsänderungen.

Im Hinblick auf die Lohnkosten kommt es darauf an, welche gewerb- **166** lichen Mitarbeiter eingesetzt wurden und welche tatsächlichen Kosten je Stunde dem Auftragnehmer als Arbeitgeber der gewerblichen Mitarbeiter entstehen. Abzurechnen ist insofern nach dem tatsächlichen Stundenauf- wand. Hierüber muss eine prüfbare, personenbezogene Stundenerfassung vorliegen, wie sie üblicherweise bei Regieleistungen erstellt wird.[129] Da die Differenz zwischen den tatsächlichen Kosten, die ohne die Anordnung entstanden wären und der tatsächlich aufgrund der Änderung angefallenen Kosten darzustellen ist, muss diese personenbezogene Stundenerfassung zweimal erstellt werden, einmal mit Blick auf die hypothetischen Kosten, die sich ergeben hätten, wenn die Anordnung unterblieben wäre und ein zweites Mal mit Blick auf die tatsächlich aufgrund der Anordnung ent- standenen Kosten.

Bei den Gerätekosten ist zu fragen, welche Geräte ohne die Änderung **167** für die ursprünglich vereinbarte Leistung für welche Dauer eingesetzt worden wären und welche tatsächlichen Kosten dadurch entstanden wären. In einem zweiten Schritt muss dann wiederum dargestellt werden, welche Geräte für welche Dauer aufgrund der geänderten Leistung eingesetzt wurden und welche Kosten dadurch entstanden sind. Dazu muss ein de- taillierter Nachweis vorgelegt werden, wie lange welches Gerät auf der Baustelle tatsächlich im Einsatz war. Weiter müssen die tatsächlich ver- wendete Betriebsstoffe, z. B. Diesel und Strom nachgewiesen und der

---

[128] BT-Drs. 18/8486, S. 56.
[129] Bötzkes, ibr-online 2017, 1039.

Menge der Betriebsstoffe gegenübergestellt werden, die verbraucht worden wären, wenn die Änderung nicht angeordnet worden wäre.[130]

168   Für Eigengeräte muss der Anteil der Abschreibung, der handels- oder steuerrechtlich anzusetzen wäre, auf den Zeitraum der Nutzung aufgeteilt werden. Dabei muss wiederum ein Vergleich angestellt werden zwischen der Abschreibung, die anzusetzen gewesen wäre, wenn die geänderte Leistung nicht angeordnet worden wäre und der Abschreibung, die auf den aufgrund der Anordnung entstandenen Nutzungszeitraum entfällt. Werden aufgrund der Änderung Geräte notwendig, die ohne die Änderung nicht eingesetzt worden wären, entspricht die auf den Zeitraum der Nutzung entfallende Abschreibung dieser Geräte in voller Höhe den durch die Änderung tatsächlich entstandenen Mehrkosten. Wenn das Gerät allerdings bereits vollständig abgeschrieben war, fallen insoweit keine tatsächlichen Kosten mehr an.[131]

169   Bei den Stoffkosten muss ein konkreter Mengennachweis geführt und den Kosten gegenübergestellt werden, die ohne die Änderung angefallen wären. Zudem müssen die tatsächlich hierfür gezahlten Preise nachgewiesen und mit denen verglichen werden, die ohne die Änderung hätten gezahlt werden müssen.[132]

170   Fraglich ist, ob der gleiche Kostenermittlungsaufwand auch auf der Ebene der Nachunternehmerleistungen erbracht werden muss. Für den Nachweis, welche Kosten für die Nachunternehmerleistungen tatsächlich angefallen sind, reicht letztlich die Vorlage der Rechnung des Nachunternehmers für die geänderte Leistung. Denn das sind die Kosten, die dem Unternehmer für die Erbringung der Leistung entstanden sind.[133] Ob diese Nachunternehmerkosten überhöht sind, ist für die Frage, ob die Kosten tatsächlich angefallen sind, ohne Bedeutung.

171   Hinsichtlich der Baustellengemeinkosten muss der Unternehmer nachweisen, welchen Mehraufwand zum Beispiel der Bauleiter für die geänderte Leistung gehabt hat. Dieser Mehraufwand müsste dann wie Lohnkosten nachgewiesen werden.

172   Der Aufwand und die Methode für die Ermittlung der tatsächlichen Kosten ähnelt damit der Methode, die nach der Rechtsprechung des BGH für die Ermittlung des Mehrvergütungsanspruchs wegen einer verzögerten Zuschlagserteilung[134] anzuwenden ist.

---

[130] Bötzkes, ibr-online 2017, 1039.
[131] Bötzkes, ibr-online 2017, 1039.
[132] Bötzkes, ibr-online 2017, 1039.
[133] A.A. Bötzkes, ibr-online 2017, 1039.
[134] BGH Urt. v. 10.9. 2009. Az. VII ZR 152/08, NZBau 2009, 771; Urt. v. 8.3 2012, Az. VII ZR 202/09, NZBau 2012, 287.

Ein Nachweis der „tatsächlichen Allgemeinen Geschäftskosten" für die   **173**
geänderte Leistung ist dagegen nicht erforderlich und auch nicht möglich.[135] Denn die Allgemeinen Geschäftskosten können einer konkreten
Leistung nicht zugeordnet werden. Eine zusätzliche Deckung für die
Allgemeinen Geschäftskosten erzielt der Unternehmer vielmehr dadurch,
dass die für den zusätzlichen Aufwand aufgewendeten Kosten mit Zuschlägen für allgemeine Geschäftskosten belegt werden (siehe dazu unten).

Die Berechnung der Mehr- oder Mindervergütung wird nicht um ei-   **174**
nen sogenannten Vertragspreisniveaufaktor ergänzt. Die Anwendung
dieses Faktors würde dazu führen, dass die ursprünglich einkalkulierte
Gewinn- oder Verlustspanne auch bei der Berechnung der Vergütung für
die Nachträge zugrunde zu legen wäre, was im Ergebnis zu einer Poten-
zierung der Gewinne oder Verluste der Ausgangskalkulation führen würde. Die im Wettbewerb für die Ausgangsleistungen zustande gekommene
anteilige Gewinn- oder Verlustspanne soll für die jeweilige Bezugsposition nur in ihrer ursprünglichen Höhe erhalten bleiben und dadurch das
Preisrisiko für die Vertragsparteien begrenzt werden.[136] Das stellt einen
gewichtigen Unterschied zum System der Preisfortschreibung nach der
VOB/B und letztlich eine Abkehr von dem dort herrschenden Grundsatz
„guter Preis bleibt guter Preis und schlechter Preis bleibt schlechter Preis"
dar. Dadurch soll nach dem Willen des Gesetzgebers – anders als nach der
VOB/B – verhindert werden, dass der Unternehmer auch nach Vertragsschluss angeordnete Mehrleistungen noch zu Preisen erbringen muss, die
etwa mit Blick auf den Wettbewerb knapp oder unauskömmlich kalkuliert
wurden oder inzwischen eingetretene Preissteigerungen nicht berücksichtigen.[137] Die Regelungen § 2 Abs. 5 und 6 VOB/B, die die Ermittlung für
geänderte oder zusätzliche Leistungen nach den Grundsätzen der Fortschreibung der Angebotskalkulation vorsehen, entsprechen damit nicht
dem gesetzlichen Leitbild des § 650c BGB n. F.[138]

(dd) Erforderlichkeit der Kosten
Der Vergütungsanspruch des Unternehmers wird indes nur im Hinblick   **175**
auf „erforderliche" Kosten angepasst. Unnötige, unzweckmäßige oder
überhöhte Aufwendungen bleiben daher unberücksichtigt.[139] Das bedeutet, dass die nach den vorstehend beschriebenen Grundsätzen ermittelten

---

[135] A.A. Bötzkes, ibr-online 2017, 1039.
[136] BT-Drs. 18/8486, S. 56.
[137] BT-Drs. 18/8486, S. 55.
[138] So ausdrücklich BT-Drs. 18/8486, S. 56.
[139] BGH Urt. v. 17.12.2008, Az. VIII ZR 41/08, NJW 2009, 839, Rn. 19 zu
    § 559 BGB.

Kosten nochmals einer Prüfung zu unterziehen sind, ob sie auch erforderlich waren.

176   Anders als bei der ähnlich formulierten, das Mietrecht betreffenden Vorschrift des § 559 BGB muss im Bereich des Bauvertragsrechts dem Unternehmer ein gewisser Beurteilungsspielraum hinsichtlich der von ihm eingesetzten Kosten zugestanden werden. Dabei ist zu berücksichtigen, dass der Unternehmer aufgrund der Änderungsanordnung das volle Gewährleistungsrisiko für Leistungen übernimmt, zu deren Erbringung er sich zunächst gerade nicht verpflichtet hatte. Es muss ihm vor diesem Hintergrund ein gewisser Spielraum für die Durchführung der Arbeiten eingeräumt werden, ohne dass er dabei Gefahr läuft, auf den aufgewendeten Kosten sitzen zu bleiben.

Keinesfalls darf der Begriff der tatsächlich erforderlichen Kosten mit dem der angemessenen und ortsüblichen Vergütung im Sinne des § 632 Abs. 2 BGB gleichgesetzt werden.[140] Denn das liefe im Ergebnis darauf hinaus, dass dem Unternehmer für die geänderte Leistung ein Anspruch auf Zahlung der angemessenen ortsüblichen Vergütung zusteht. Wäre das gewollt, hätte der Gesetzgeber zur Ermittlung der aufgrund der Anordnung anzupassenden Vergütung schlicht auf § 632 Abs. 2 BGB verweisen können. Da er das nicht getan hat, ist anzunehmen, dass die erforderlichen tatsächlichen Kosten nicht mit der ortsüblichen Vergütung gleichzusetzen sind. Hinzu kommt, dass der Gesetzgeber in den Materialien einer Anwendung des § 632 Abs. 2 BGB eine ausdrückliche Absage erteilt hat.[141]

(ee) Angemessene Zuschläge für allgemeine Geschäftskosten und Wagnis und Gewinn

177   Werden auf diesem Weg **Mehrkosten** für die geänderte Leistung ermittelt, sind diese mit angemessenen Zuschlägen für allgemeine Geschäftskosten und Wagnis und Gewinn zu versehen. Angemessen sind dabei nicht generell die Zuschläge, die der Unternehmer bei der Erstellung seines Angebots für die ursprüngliche Leistung kalkuliert hatte. Auf die Urkalkulation ist in dieser Phase der Ermittlung der Mehrvergütung (vorbehaltlich der Regelung des § 650 c Abs. 2 BGB n. F.) nicht zurückzugreifen.[142] Angemessen sind die üblicherweise in der Bauindustrie bei vergleichbaren Maßnahmen zur Anwendung kommenden Zuschläge.

---

[140] so aber Bötzkes, ibr-online 2017, 1039.

[141] BT-Drs. 18/8486, S. 55.

[142] BT-Drs. 18/8486, S. 56; unzutreffend daher Bötzkes, ibr-online 2017, 1039, der zur Ermittlung der angemessenen Zuschläge Einsicht in die Urkalkulation nehmen will.

Diese angemessenen Zuschläge sind **auf die Mehrkosten** zu beziehen, 178
nicht etwa auf die gesamte vertragliche Leistung. Dies soll durch folgenden
einfachen Fall verdeutlicht werden:

Der Bauherr beauftragt den Unternehmer mit der Errichtung eines
Rohbaus für ein dreistöckiges Gebäude. Die diesbezüglichen Selbstkosten des Unternehmers belaufen sich auf 100.000 €, die dieser mit einem
Zuschlag für Wagnis und Gewinn von 15 % versieht. Die vereinbarte
Vergütung beträgt demnach 115.000 €. Nachträglich ordnet der Besteller die Ausführung eines vierten Stockwerks an. Hierdurch entstehen
weitere Selbstkosten von 20.000 €. Ein Sachverständiger für Baubetrieb
gelangt zu dem Ergebnis, dass angemessen nur ein Zuschlag für Wagnis
und Gewinn i. H. v. 5 % sei. Das bedeutet, die Mehrkosten von 20.000 €
sind mit einem Zuschlag für Wagnis und Gewinn von 5 % zu versehen,
so dass sich die Mehrvergütung auf 21.000 € beläuft. Der Zuschlag für
Wagnis und Gewinn für die ursprünglich vereinbarte Leistung von 15 %
bleibt unverändert, so dass sich insgesamt eine Vergütung von 136.000 €
ergibt. Dagegen kommt der (unterstellt) nicht angemessene Zuschlagssatz
von 15 % für Wagnis und Gewinn im Hinblick auf die Mehrkosten nicht
zur Anwendung.

In der Gesetzesbegründung[143] heißt es, durch die Regelung solle die im 179
Wettbewerb für die Ausgangsleistungen zustande gekommene anteilige
Gewinn- oder Verlustspanne für die jeweilige Bezugsposition in ihrer
ursprünglichen Höhe als **Absolutbetrag** erhalten bleiben. Nimmt man dies
beim Wort, bedeutete das, dass die Mehrkosten nicht mit einem Zuschlag
für Wagnis und Gewinn zu versehen wären und dem Unternehmer lediglich der für die ursprüngliche vertragliche Leistung kalkulierte Gewinn
erhalten bleiben solle.[144] Für das vorstehend beschriebene Beispiel hätte
das zur Folge, dass dem Unternehmer zwar ein Anspruch auf Erstattung
der Mehrkosten von 20.000 € zusteht, dieser Betrag aber nicht mit einem
angemessenen Zuschlag für Wagnis und Gewinn versehen werden müsste.
Diese Auffassung findet im Gesetz aber keine Stütze. § 650 c Abs. 1 BGB
n. F. bestimmt, dass die Höhe des Vergütungsanspruchs für den infolge
einer Anordnung des Bestellers nach § 650b Abs. 2 vermehrten oder verminderten **Aufwand** nach den tatsächlich erforderlichen Kosten mit angemessenen Zuschlägen für allgemeine Geschäftskosten, Wagnis und Gewinn zu ermitteln ist. Die Regelung befasst sich somit mit der Vergütung
für den aufgrund der Anordnung veränderten Aufwand für die Leistungs-

---

[143] BT-Drs. 18/8486, S. 56.
[144] So noch Abschlussbericht der Arbeitsgruppe Bauvertragsrecht vom 18.6.2013,
S. 26/27, abrufbar unter https://www.bmjv.de/SharedDocs/Gesetzgebungs-
verfahren/Dokumente/ Abschlussbericht_AG_ Bauvertragsrecht.html.

erbringung. Nach dem klaren Wortlaut der Regelung sind die dadurch entstehenden Mehrkosten mit angemessenen Zuschlägen für allgemeine Geschäftskosten, Wagnis und Gewinn zu versehen. Damit lässt sich eine Lösung, die den Unternehmer lediglich auf den Absolutbetrag verweist, der sich aus dem kalkulierten Zuschlag für Wagnis und Gewinn für die ursprünglich vereinbarte Leistung ergibt, nicht vereinbaren.

(ff) Ermittlung der Mehrvergütung nach einer hinterlegten Urkalkulation

180   § 650 c Abs. 2 BGB n. F. bestimmt, dass der Unternehmer zur Berechnung der Vergütung für „den Nachtrag" auf die Ansätze in einer vereinbarungsgemäß hinterlegten Urkalkulation zurückgreifen kann. In diesem Fall wird vermutet, dass die auf Basis der Urkalkulation fortgeschriebene Vergütung der Vergütung nach § 650 c Abs. 1 BGB n. F. entspricht.

181   Die Regelung räumt dem Unternehmer die Möglichkeit ein, wie nach § 2 Abs. 5 und Abs. 6 VOB/B zur Ermittlung der Vergütungsänderung auf seine Urkalkulation zurückzugreifen. Der Unternehmer hat dabei ein Wahlrecht, ob er seinen Mehrvergütungsanspruch unter Heranziehung der Urkalkulation nach § 650 c Abs. 2 BGB n. F. ermittelt oder ob er stattdessen die tatsächlich erforderlichen Kosten nach § 650 c Abs. 1 BGB n. F. darlegt. Kurios ist, dass das Gesetz in diesem Zusammenhang von der Vergütung „für den Nachtrag" spricht und damit einen in der Baupraxis gebräuchlichen, im Übrigen aber weder in der VOB/B noch im BGB näher bestimmten Begriff verwendet. Zum Ausdruck gebracht werden soll dadurch, dass sich die Wahl des Unternehmers, nach welchen Grundsätzen er die Mehrvergütung für die geänderte Leistung bestimmt, auf den „Nachtrag" als Ganzes beziehen muss. Der Unternehmer kann also nicht für eine Teilleistung, die im Zuge der Änderung notwendig geworden ist, die Mehrvergütung aufgrund der tatsächlich erforderlichen Mehrkosten nach § 650 c Abs. 1 BGB n. F. bestimmen und für Ermittlung der Mehrvergütung für eine andere Teilleistung auf die Urkalkulation zurückgreifen.[145]

182   Aufgrund der Regelung wird vermutet, dass die in der Urkalkulation niedergelegten Kostenansätze den tatsächlichen Kosten der geänderten Leistung entsprechen und die darin enthaltenen Zuschlagssätze für allgemeine Geschäftskosten und Wagnis und Gewinn angemessen sind.

183   Damit ist keine vollständige Rückkehr zum Regelungsprinzip der VOB/B verbunden. Ein wichtiger Unterschied zur VOB/B besteht darin, dass § 650 c Abs. 2 BGB n. F. lediglich eine widerlegliche Vermutung begründet, dass die auf der Basis der Urkalkulation fortgeschriebene Vergütung der entspricht, die sich bei Ermittlung der Mehrvergütung auf der

---

[145] BT-Drs. 18/8486, S. 56.

Grundlage der tatsächlich erforderlichen Kosten und angemessenen Zuschlägen für allgemeine Geschäftskosten Wagnis und Gewinn ergibt. Diese Vermutung kann der Besteller widerlegen, indem er beweist, dass die in der Urkalkulation enthaltenen Kostenansätze nicht den erforderlichen tatsächlichen Kosten entsprechen bzw. dass die in der Urkalkulation hinterlegten Zuschlagssätze nicht angemessen sind. Von dieser Möglichkeit wird er insbesondere dann Gebrauch machen, wenn einzelne in der Urkalkulation enthaltene Kostenansätze sehr großzügig kalkuliert wurden oder zu erheblichen Spekulationsgewinnen des Unternehmers führen. Daher räumt das Gesetz dem Besteller letztlich auch kein Wahlrecht hinsichtlich der endgültigen Ermittlung der Vergütung ein. Durch die Vermutungswirkung lässt das Gesetz dem Unternehmer lediglich die Chance, die Vergütungsänderungen anhand der Urkalkulation zu ermitteln, wenn es dem Besteller nicht gelingt, die Vermutungswirkung des § 650 c Abs. 2 BGB zu durchbrechen. Faktisch kommt die Regelung einem Wahlrecht des Unternehmers allerdings sehr nahe, da der Besteller mit seiner beschränkten Marktkenntnis die Vermutung des § 650 c Abs. 2 BGB n. F. nicht ohne weiteres widerlegen können wird.[146]

Will der Besteller die Vermutung des § 650 c Abs. 2 BGB n. F. widerlegen, wird man wohl die Auffassung vertreten müssen, dass der Besteller die Urkalkulation als Grundlage für die Ermittlung der Mehrvergütung nur in vollem Umfang akzeptieren oder ablehnen kann. Der Wortlaut der Regelung lässt es zwar zu, die Vermutungswirkung der Urkalkulation nur in Bezug auf einzelne Teilleistungen zu widerlegen und es im Übrigen bei der Ermittlung der Mehrvergütung nach den Grundsätzen der Urkalkulation zu belassen. Eine sachgerechte Auslegung der Vorschrift gebietet es aber, dem Besteller eine Rosinenpickerei ebenso zu verwehren wie dem Unternehmer. Genauso wie der Unternehmer seine Nachtragsvergütung entweder nur vollständig auf Grundlage der Urkalkulation oder nach § 650 c Abs. 1 BGB n. F. ermitteln darf, ist vom Besteller zu fordern, dass er bei Widerlegung der Vermutungswirkung der Urkalkulation im Hinblick auf einzelne Teilleistungen eine Ermittlung der Mehrvergütung auf der Grundlage tatsächlich erforderlicher Kosten akzeptiert. Umgekehrt bedeutet das, dass dem Besteller die Widerlegung der Vermutung bereits dann gelingt, wenn er nur bei einer Position des „Nachtrags" nachweist, dass die darin enthaltenen Kostenansätze nicht den tatsächlichen Kosten entsprechen.

184

---

[146] Für die Einräumung eines Wahlrechts des Unternehmers zwischen Ermittlung der geänderten Vergütung nach Urkalkulation und tatsächlichen Kosten durch Änderung der VOB/B Markus, Jahrbuch Baurecht 2007, 215.

185   Die Vermutungswirkung des § 650 c Abs. 2 BGB n. F. besteht nur hinsichtlich einer **vereinbarungsgemäß hinterlegten** Urkalkulation. Das erfordert zum einen, dass der zwischen den Parteien geschlossene Vertrag überhaupt die Hinterlegung einer Urkalkulation vorsieht und zum anderen, dass die Urkalkulation auch tatsächlich hinterlegt wurde. An einer Vereinbarung über die Hinterlegung einer Urkalkulation fehlt es beispielsweise, wenn im Rahmen öffentlicher Ausschreibungen (nur) in den Bewerbungsbedingungen die Vorlage einer Urkalkulation gefordert wird, eine solche Verpflichtung zur Hinterlegung aber nicht auch Gegenstand der im Zuschlagsfall zustande kommenden vertraglichen Vereinbarung ist. Denn die Bewerbungsbedingungen regeln nur die Bedingungen für die Teilnahme am Vergabeverfahren, bestimmen aber nicht den Inhalt des abzuschließenden Vertrages.

186   Darüber hinaus soll nach Auffassung des Gesetzgebers die Vermutungswirkung nur greifen, wenn die vom Unternehmer hinterlegte Urkalkulation ausreichend aufgeschlüsselt ist.[147] Demgegenüber ist für den Bereich der VOB/B anerkannt, dass eine Ermittlung der Nachtragsvergütung auf der Grundlage der Urkalkulation auch dann nicht ausgeschlossen ist, wenn eine solche nicht hinterlegt oder sie nicht hinreichend aufgegliedert wurde; in diesem Fall hat der Auftragnehmer im VOB-Vertrag immer noch die Möglichkeit, gleichsam aus der Erinnerung heraus vorzutragen, wie er zum Zeitpunkt der Erstellung des Angebots die Preise kalkuliert hat, um auf dieser Grundlage die Höhe seiner Nachtragsforderung darzustellen.[148]

187   Die Regelung soll nach Auffassung des Gesetzgebers dem Unternehmer den Aufwand, der mit der Ermittlung der Mehrvergütung nach § 650 c Abs. 1 BGB n. F. verbunden ist, ersparen; stattdessen soll er wie nach § 2 Abs. 5 und Abs. 6 VOB/B auf seine Urkalkulation zurückgreifen können.[149] Indem sie dem Bauherr gleichwohl die Möglichkeit einräumt, die Vermutungswirkung der Urkalkulation zu widerlegen, schützt sie diesen davor, dass der Unternehmer aufgrund spekulativer Angebotsgestaltung Preisvorteile erzielt, die sich aus der Herleitung der Vergütungsänderungen aus der Urkalkulation ergeben.

(gg) Keine Mehrvergütung bei Planungsfehlern des Unternehmers

188   § 650c Abs. 1 S. 2 BGB n. F. bestimmt, dass dem Unternehmer im Falle von Änderungen nach § 650b Abs. 1 S. 1 Nr. 2 BGB n. F. kein Anspruch auf Vergütung für vermehrten Aufwand zusteht, wenn seine Leistungspflicht

---

[147] BT-Drs. 18/8486, S. 56.
[148] Kapellmann/Schiffers, Vergütung Nachträge und Behinderungsfolgen beim Bauvertrag, Bd. 1: Einheitspreisvertrag, 6. Aufl. 2011, Rn. 621.
[149] BT-Drs. 18/8486, S. 56.

auch die Planung des Bauwerks oder der Außenanlage umfasste. Dem liegt die Überlegung zugrunde, dass Änderungen nach § 650 b Abs. 1 S. 1 Nr. 2 BGB n. F. nur notwendig werden, wenn mit der vom Unternehmer übernommenen Leistungsverpflichtung die Soll-Beschaffenheit des Bauwerks, deren Erreichung die vertragliche Leistung des Unternehmers dient, nicht herbeigeführt werden kann. Wurde indes die Ausführungsplanung für die Leistung vom Unternehmer selbst erstellt, trägt er die Verantwortung dafür, dass mit dem vertraglich vereinbarten Leistungssoll der vertraglich vereinbarte Werkerfolg im Sinne des § 650 b Abs. 1 S. 1 Nr. 2 BGB erreicht werden kann. Ist dies nicht möglich, weil das Leistungssoll defizitär ist, soll dem Unternehmer aus einer Anpassung dieses Leistungssolls kein Mehrvergütungsanspruch erwachsen. Die Regelung wurde auf Empfehlung des Bundesrats, der sich der Ausschuss für Recht und Verbraucherschutz angeschlossen hatte, ins Gesetz aufgenommen. Obliege dem Unternehmer nicht nur die Ausführung der vom Besteller erstellten Planung, sondern auch die Erstellung der Planung selbst, so sei er zu einer mangelfreien Gesamtleistung von Planung und Ausführung verpflichtet. Falls der Besteller einen Mangel der Planung aufdecke und den Unternehmer auffordere, zum Zweck der Erreichung eines mangelfreien Werkerfolgs seine Planung und Ausführung zu ändern, könne dem Unternehmer daraus kein Mehrvergütungsanspruch erwachsen, da die Planung und Ausführung eines mangelfreien Werks ohnehin bereits Gegenstand seiner vertraglichen Leistungspflichten sei.[150]

Diese Überlegungen sind indes nur scheinbar zwingend. Ist die Ausführung eines mangelfreien Werks ohnehin bereits Gegenstand der vertraglichen Leistungspflichten des Unternehmers, weil sich dieser auf der Grundlage einer von ihm erstellten Ausführungsplanung zur schlüsselfertigen Errichtung eines Bauwerks verpflichtet hat, bedarf es zur Herbeiführung des vertraglich vereinbarten Werkerfolgs keiner Änderungsanordnung des Bestellers. War die vom Unternehmer erstellte Planung defizitär, schuldet er unabhängig davon die schlüsselfertige und mangelfreie Errichtung des Bauvorhabens. Er muss daher Leistungen, die in seiner Planung nicht vorgesehen waren, auch ohne Änderungsanordnung ausführen. Hierfür erhält er auch keine Mehrvergütung, weil die vertraglich vereinbarte Vergütung ja von Anfang an das Äquivalent für die schlüsselfertige, mangelfreie Errichtung eines funktionstauglichen Werks darstellte. **189**

Lediglich in den (wohl seltenen) Fällen, in denen der Unternehmer die Planung erstellt hat, sich aber dennoch nicht zur schlüsselfertigen Errichtung verpflichtet hat, sondern die Parteien eine Abrechnung nach Ein- **190**

---

[150] BT-Drs. 18/11437, S. 48; BR-Drs. 123/16 (Beschluss), S. 14.

heitspreisen auf der Grundlage der vom Unternehmer erstellten Leistungsbeschreibung vereinbart haben, kann eine defizitäre, vom Unternehmer
erstellte Planung dazu führen, dass eine in der Leistungsbeschreibung
fehlende Leistung vom Besteller nachträglich angeordnet werden muss,
um den vertraglich vereinbarten Werkerfolg im Sinne des § 650 b Abs. 1
S. 1 Nr. 2 BGB n. F. sicherzustellen. Hat der Unternehmer im Rahmen
seiner Ausführungsplanung allerdings Leistungen vergessen, die für die
Erstellung eines mangelfreien Werks erforderlich sind und ordnet der
Besteller die Ausführung dieser vergessenen Leistungen nachträglich an,
ist nicht ohne weiteres einsichtig, warum die daraus resultierenden Mehrkosten ausschließlich zulasten des Unternehmers gehen sollen. Denn hätte
der Unternehmer von Anfang an ordnungsgemäß geplant, wären die
Mehrkosten ebenso entstanden und vom Besteller zu tragen gewesen
(Sowieso-Kosten).

191   Für diese Fälle ist die Regelung teleologisch dahingehend zu reduzieren, dass sie den Mehrvergütungsanspruch des Unternehmers trotz des
entgegenstehenden Wortlauts nicht ausschließt.

(hh) Abschlagszahlungen für geänderte Leistungen

192 Die vorstehend beschriebenen Regelungen befassen sich mit der Ermittlung der vom Besteller für die geänderte Leistung endgültig zu zahlenden
Vergütung. In der Praxis der VOB-Verträge wird Einigkeit über die Höhe
der zu zahlenden Nachtragsvergütung häufig erst im Zusammenhang mit
der Schlussrechnungsprüfung erzielt oder auch erst Jahre später aufgrund
gerichtlicher Auseinandersetzungen. In Abschlagsrechnungen, die während der Dauer dieser Auseinandersetzung gestellt werden, verlangt der
Unternehmer in der Regel die von ihm geltend gemachte Nachtragsvergütung in voller Höhe, während der Besteller die Abschlagsrechnung im
Hinblick auf die Nachtragsvergütung in jeder Abschlagsrechnung kürzt.
Erweist sich nach jahrelangem Rechtsstreit die vom Unternehmer geltend
gemachte Nachtragsforderung letzten Endes als berechtigt, sieht sich der
Besteller verzugsbedingten Ansprüchen des Unternehmers wegen der –
wie sich jetzt herausgestellt hat – unvollständigen Bezahlung von Abschlagsrechnungen ausgesetzt.[151]

193   Um einerseits die Liquidität des Unternehmers während der Bauausführung zu sichern, andererseits aber dem Besteller das vorstehend beschriebene Verzugsrisiko abzunehmen, bestimmt § 650 c Abs. 3 BGB n. F.,
dass der Unternehmer bei der Berechnung von vereinbarten oder gemäß
§ 632 a geschuldeten Abschlagszahlungen 80 Prozent einer in einem Angebot nach § 650b Abs. 1 S. 2 BGB n. F. genannten Mehrvergütung anset-

---

[151] Vgl. BGH Beschl. v. 24.5.2012, Az. VII ZR 34/11, NZBau 2012, 493.

zen **kann**, wenn sich die Parteien nicht über die Höhe geeinigt haben und keine anderslautende gerichtliche Entscheidung ergeht.

Voraussetzung für die Anwendung der Vorschrift ist, dass sich die **194** Parteien nicht über die Änderung der Vergütung einigen konnten, die sich aus einer Änderungsanordnung nach § 650 b Abs. 2 BGB ergibt. Ist eine solche Einigung erfolgt, besteht kein Anlass, die Abschlagszahlungen nach § 650 c Abs. 3 BGB n. F. festzusetzen; maßgeblich ist dann die erfolgte Einigung. Auf dieser Grundlage kann der Unternehmer Abschlagszahlungen nach § 632 a BGB verlangen.

Das Gesetz sagt nicht, wann von einem endgültigen Fehlschlagen der **195** Einigungsbemühungen auszugehen ist. Maßgeblich dürfte die Dreißigtagesfrist des § 650 b Abs. 2 S. 1 BGB n. F. sein.

Nicht völlig eindeutig ist der Gesetzeswortlaut im Hinblick auf die **196** Frage, ob die Vorschrift auch dann anwendbar ist, wenn der Mehrvergütungsanspruch nicht nur der Höhe nach, sondern schon dem Grunde nach streitig ist. Dies wird der Fall sein, wenn der Besteller vom Unternehmer die Ausführung einer Leistung verlangt und zwischen den Parteien Uneinigkeit darüber besteht, ob diese Leistung von den ursprünglich vereinbarten Leistungspflichten des Unternehmers umfasst ist. Der Zweck der Regelung, der darin besteht, die Liquidität des Unternehmers zu sichern, dürfte es gebieten, die Regelung auch dann anzuwenden, wenn zwischen den Parteien das Bestehen eines Mehrvergütungsanspruchs schon dem Grunde nach streitig ist, da es für die Liquidität des Unternehmers keinen Unterschied macht, ob der Besteller Abschlagsrechnungen nicht bezahlt, weil er diese für überhöht oder schon dem Grunde nach nicht für gerechtfertigt hält.[152]

Ist eine Einigung nicht erfolgt, räumt das Gesetz dem Unternehmer **197** hinsichtlich der Stellung der Abschlagsrechnungen ein Wahlrecht ein. Er kann entweder Abschlagsrechnungen nach § 632 a BGB „nach Baufortschritt" geltend machen und dabei die Vergütung für die geänderte Leistung in der vollen sich seiner Meinung nach aus § 650 c Abs. 1 und Abs. 2 BGB n. F. ergebenden Höhe in Rechnung stellen; dabei läuft er allerdings Gefahr, dass der Unternehmer die änderungsbedingte Mehrvergütung entweder dem Grunde oder der Höhe nach nicht anerkennt und die Abschlagsrechnung kürzt. Diese Gefahr wird gerade dann bestehen, wenn sich die Parteien nicht über die Höhe der Mehrvergütung geeinigt haben. Für diesen zuletzt genannten Fall räumt § 650 c Abs. 3 BGB n. F. dem Unternehmer die Möglichkeit ein, Abschlagszahlungen statt nach § 632 a BGB hinsichtlich der geänderten Leistungen nach § 650 c Abs. 3 BGB n. F.

---

[152] Orlowski, ZfBR 2016, 419, 427.

i. H. v. 80 % einer in einem Angebot nach § 650 b Abs. 1 S. 2 BGB n. F. genannten Mehrvergütung geltend zu machen.

198   Sind die Einigungsversuche (über Grund und/oder Höhe des Mehrvergütungsanspruchs) gescheitert und wählt der Unternehmer die Erstellung von Abschlagsrechnungen nach § 650 c Abs. 3 BGB n. F., beläuft sich die Höhe der Abschlagsrechnungen auf 80 % des Angebots nach § 650 b Abs. 1 S. 2 BGB n. F. Das ist das Angebot, das der Unternehmer nach Zugang eines Änderungsbegehrens erstellen muss. Weitere Voraussetzung für die Anwendung der Vorschrift ist somit, dass der Unternehmer überhaupt ein Angebot nach § 650 b Abs. 1 S. 2 BGB n. F. erstellt hat. Hierzu ist er zwar verpflichtet; der Besteller wird diese Verpflichtung praktisch aber nicht durchsetzen können. Indem § 650 c Abs. 3 BGB n. F. die Anwendung der 80 %-Regelung von der Erstellung des Angebots nach § 650 b Abs. 1 S. 2 BGB n. F. abhängig macht, wird der Unternehmer in der Regel aber schon im Eigeninteresse der Verpflichtung zur Erstellung des Angebots nachkommen. Hat er ein Angebot nach § 650 b Abs. 1 S. 2 BGB n. F. dennoch nicht erstellt und hat der Besteller daraufhin die geänderte Leistung angeordnet, kann der Unternehmer das Angebot nach § 650 b Abs. 1 S. 2 BGB n. F. nicht etwa nachreichen; denn das Angebot nach § 650 b Abs. 1 S. 2 BGB n. F. hat der Anordnung nach dem klaren Wortlaut des Gesetzes zwingend vorauszugehen. Ist die Anordnung einmal erfolgt, kann das Angebot daher nicht nachgeholt werden.

199   Hinsichtlich des Inhalts und der Höhe dieses Angebots macht das Gesetz keinerlei Vorgaben, insbesondere beziehen sich die Regelungen zur Ermittlung der Mehrvergütung nach § 650 c Abs. 1 und 2 BGB n. F. auf das Angebot nach § 650 b Abs. 1 S. 2 BGB n. F. nicht. Bei der Ausarbeitung dieses Angebots ist der Unternehmer vielmehr völlig frei. Vor diesem Hintergrund ist es durchaus bemerkenswert, dass sich die Höhe der Abschlagsrechnungen hinsichtlich der geänderten Leistung pauschal auf 80 % des Angebots des Unternehmers beläuft, für dessen Ausarbeitung es keinerlei gesetzliche Vorgaben gibt. Dies wird den Unternehmer häufig dazu verleiten, das Angebot nach § 650 b Abs. 1 S. 2 BGB n. F. sehr auskömmlich zu kalkulieren, weil er dadurch über die 80 %-Regelung des § 650 c Abs. 3 BGB n. F. einen erheblichen Liquiditätsvorteil erhalten könnte.

200   Die so ermittelte Nachtragsvergütung tritt indes nicht endgültig an die Stelle der nach § 650 c Abs. 1 und Abs. 2 BGB n. F. ermittelten Vergütung, sondern ist nur maßgeblich für die Höhe der Abschlagszahlungen, die der Unternehmer verlangen kann. Jedenfalls im Rahmen der Prüfung der Schlussrechnung hat sich die Ermittlung der Nachtragsvergütung an der Vorschrift des § 650 c Abs. 1 und Abs. 2 BGB n. F. zu orientieren. Die nach diesen Vorschriften ermittelte endgültige Vergütung des Unternehmers wird, wie § 650 c Abs. 3 S. 2 BGB n. F. bestimmt, indes erst nach Abnahme fällig. Ein Besteller, der Abschlagsrechnungen in der sich aufgrund der 80 %-Regelung ergebenden Höhe bezahlt, kann somit nicht in Verzug geraten. Auch wenn die Abschlagszahlungen, die aufgrund der 80 %-Regelung erbracht wurden, der Höhe nach hinter dem Betrag zurückbleiben, den der Unternehmer nach § 650 c Abs. 1 und Abs. 2 BGB n. F. verlangen kann, ist der Besteller nicht verpflichtet, an den Unternehmer Verzugszinsen zu zahlen. Will der Unternehmer diese Rechtsfolge vermeiden, darf er Abschlagsrechnungen nicht nach § 650 c Abs. 3 BGB n. F. erstellen, sondern muss den Weg über § 632 a BGB gehen; dann kann er die sich seiner Meinung nach aufgrund der Änderung ergebende Mehrvergütung (entsprechend dem Baufortschritt) in voller Höhe mit den Abschlagsrechnungen geltend machen und den Besteller für den Fall, dass dieser die Abschlagsrechnungen nicht in voller Höhe bezahlt, nach § 286 BGB in Verzug setzen, mit der Folge, dass die zu Unrecht nicht bezahlten Abschlagsrechnungen nach § 288 Abs. 1 und Abs. 3 BGB zu verzinsen sind. Freilich verliert er dann die Möglichkeit, in jedem Fall Abschlagszahlungen i. H. v. 80 % des Angebots nach § 650 b Abs. 1 S. 2 BGB n. F. verlangen zu können.

Für den Fall, dass der Unternehmer aufgrund der 80 %-Regelung über- **201** zahlt wird, hat er zu viel erhaltene Zahlungen nicht nur zurückzuerstatten, sondern diese dem Besteller ab ihrem Eingang zu verzinsen, § 650 c Abs. 3 S. 3 BGB n. F. Der Zinssatz beträgt fünf Prozentpunkte über dem Basiszinssatz. Dies ergibt sich aus dem Verweis in § 650 c Abs. 3 S. 4 BGB n. F. auf die §§ 288 Abs. 1 S. 2 und Abs. 2, 289 S. 1 BGB. Dabei geht allerdings der Verweis auf § 288 Abs. 2 BGB ins Leere. Dieser sieht für Entgeltforderungen eine Verzinsung i. H. v. neun Prozentpunkten über dem Basiszinssatz vor. Der Begriff der Entgeltforderung stammt aus der Zahlungsverzugsrichtlinie und ist genauso auszulegen wie in § 286 Abs. 3 BGB.[153] Entgeltforderungen im Sinne des § 286 Abs. 3 BGB (und somit auch Entgeltforderungen im Sinne des § 288 Abs. 2 BGB) sind Forderungen, die auf Zahlungen als Gegenleistung für die Lieferung von Gütern oder für die Erbringung von Dienstleistungen gerichtet sind. Erstattungsansprüche (zu denen auch der Anspruch nach § 650 c Abs. 3 S. 3 BGB n. F. gehört), sind daher keine Entgeltforderungen im Sinne des § 286 Abs. 3 bzw. § 288 Abs. 2 BGB.[154]

Die Zinspflicht entsteht nach Auffassung des Gesetzgebers „mit der **202** ersten die tatsächlich geschuldete Mehrvergütung" übersteigenden Zah-

---

[153] *Grüneberg* in Palandt, BGB, 76. Aufl. 2017, § 288, Rdnr. 8.

[154] Unzutreffend daher BT-Drs. 18/11437, S. 48, wo die Auffassung vertreten wird, dass die Verzinsung bei Rechtsgeschäften, an denen ein Verbraucher nicht beteiligt ist, neun Prozentpunkte über dem Basiszinssatz betrage.

lung.[155] Diese Sichtweise wird freilich den in der Baubranche geltenden Abrechnungsmodalitäten nicht gerecht. In der Regel wird ein Unternehmer den Mehrvergütungsanspruch nicht isoliert mit Abschlagsrechnungen geltend machen, sondern zusammen mit den Abschlagsrechnungen für die unverändert gebliebenen Hauptvertragsleistungen. Damit kann ein Rückforderungsanspruch frühestens dann entstehen, wenn eine Überzahlung hinsichtlich der geschuldeten Mehrvergütung **und** der geschuldeten Vergütung für die Hauptvertragsleistungen eingetreten ist. Da aber in der Regel selbst nach Abnahme der Leistungen noch immer ein Schlussrechnungssaldo zu Gunsten des Unternehmers offensteht, dürfte die praktische Bedeutung des § 650 c Abs. 3 S. 4 BGB n. F. begrenzt sein.

d) Die einstweilige Verfügung bei Streitigkeiten über das Anordnungsrecht und die Anpassung der Vergütung

(aa) Ausgangslage

203 In der Baupraxis entstehen häufig Streitigkeiten darüber, ob Änderungsanordnungen des Bauherrn (§ 1 Abs. 3 oder Abs. 4 VOB/B) befolgt werden müssen bzw. ob und in welcher Höhe hieraus Mehrvergütungsansprüche resultieren. Verweigert ein Unternehmer die Befolgung einer auftraggeberseitigen Anordnung (beispielsweise weil er meint, dazu nach § 1 Abs. 4 S. 2 VOB/B nicht verpflichtet zu sein), hat dies immer wieder zur Folge, dass ein Bauherr, dessen Anordnung vom Unternehmer nicht befolgt wird, gezwungen ist, den Unternehmer wegen einer Leistungsverweigerung außerordentlich zu kündigen. In ähnlicher Weise führt die Weigerung des Bestellers, Abschlagsrechnungen des Unternehmers zu bezahlen, mit denen dieser Mehrvergütungsansprüche wegen geänderter Leistungen geltend macht, häufig zu einer Leistungseinstellung des Unternehmers und nachfolgend zu einer außerordentlichen Kündigung des Bauvertrags durch den Besteller, weil dieser meint, Mehrvergütungsansprüche würden nicht bestehen, so dass er die Abschlagsrechnungen des Unternehmers zu Recht gekürzt habe. Ob ein Anordnungsrecht des Bestellers bestand bzw. ob die Abschlagsrechnungen des Unternehmers überhöht waren oder nicht, wird dann in dem nachfolgenden Zivilprozess geklärt, in dem über die finanziellen Folgen der außerordentlichen Kündigung entschieden wird. Einer zügigen Realisierung von Bauvorhaben ist eine derartige Eskalation aber sicherlich nicht förderlich. Diesem Missstand soll in Zukunft begegnet werden, indem Streitigkeiten über das Bestehen eines Anordnungsrechts bzw. den daraus resultierenden Mehrvergütungsanspruch im Wege der einstweiligen Verfügung vorläufig geregelt werden.

---

[155] BT-Drs. 18/11437, S. 48.

§ 650 d BGB n. F. hat folgenden Wortlaut: 204

„Zum Erlass einer einstweiligen Verfügung in Streitigkeiten über das Anord-
nungsrecht gemäß § 650b oder die Vergütungsanpassung gem. § 650c ist es nach
Beginn der Bauausführung nicht erforderlich, dass der Verfügungsgrund glaubhaft
gemacht wird.“

Die vom Bundesministerium für Justiz eingesetzte Arbeitsgruppe Bauver-   205
tragsrecht hat in ihrem Abschlussbericht vom 18.6.2013 die Auffassung
vertreten, dass die Etablierung eines schnellen und effizienten Streitbeile-
gungsmechanismus neben klaren Vorgaben zur Berechnung der Mehr-
oder Mindervergütung unverzichtbarer Bestandteil einer praxisgerechten
gesetzlichen Regelung von Anordnungsrechten des Auftraggebers sei.[156]
Vorgeschlagen wurde daher, in der Zivilprozessordnung (ZPO) eine besondere Form eines beschleunigten Erkenntnisverfahrens („Bauverfügung") zu schaffen, das sich überwiegend am Verfahren der einstweiligen
Verfügung orientiere und mit dem Streitigkeiten über das Anordnungsrecht und die daraus resultierenden Vergütungsfolgen zumindest vorläufig
beigelegt werden sollten.

In dem Gesetz zur Reform des Bauvertragsrechts ist der Gesetzgeber   206
diesen Vorschlägen nur teilweise gefolgt. Nach Auffassung des Gesetzgebers soll es möglich sein, Streitigkeiten über das Anordnungsrecht und die
daraus resultierenden Vergütungsfolgen vorläufig durch das bewährte
Institut der einstweiligen Verfügung beizulegen.

Im einstweiligen Verfügungsverfahren wird zwischen der Sicherungs-   207
verfügung gemäß § 935 ZPO und der Regelungsverfügung gemäß § 940
ZPO unterschieden.[157] Daneben lässt die Rechtsprechung eine auf Zahlung von Geld oder die Erbringung einer anderweitigen Leistung – und
damit auf vorläufige Befriedigung – gerichteten einstweilige (Leistungs-)
Verfügung zu.

Nach der Vorstellung des Gesetzgebers sollen durch die einstweilige   208
Verfügung Streitigkeiten über das Anordnungsrecht des Bestellers und
über die Vergütungsanpassung nach § 650 c BGB vorläufig beigelegt werden. So soll nach dem ausdrücklichen Willen des Gesetzgebers der Erlass
einstweiliger Verfügungen zur Durchsetzung von Forderungen des Unternehmers auf Abschlagszahlungen oder Sicherheitsleistungen, die sich
wegen Anordnungen des Bestellers geändert haben, erleichtert werden.[158]

---

[156] Abschlussbericht der Arbeitsgruppe Bauvertragsrecht vom 18.6.2013, S. 29,
abrufbar unter https://www.bmjv.de/SharedDocs/Gesetzgebungsverfahren/
Dokumente/Abschlussbericht_AG_Bauvertragsrecht.html.
[157] *Zöller* in Vollkommer, ZPO, 31. Auflage, 2016, § 935 Rn. 2.
[158] BT-Drs. 18/8486, S. 57.

209   Streitigkeiten über Ansprüche des Unternehmers auf Erbringung von Abschlagszahlungen durch den Besteller können im Wege der einstweiligen Verfügung nur durch Erlass einer Leistungsverfügung geregelt werden. Entsprechendes gilt, wenn der Unternehmer im Wege der einstweilen Verfügung verpflichtet werden soll, einer Anordnung des Bestellers nach § 650 b Abs. 2 BGB n. F. Folge zu leisten, weil er sich weigert, dieser nachzukommen, da er deren Ausführung für unzumutbar hält: Dem Besteller ist aufzugeben, erhöhte Abschlagszahlungen nach § 650 c Abs. 3 BGB zu leisten, der Unternehmer es zu verpflichten, einer Anordnung des Bestellers nachzukommen.

210   Nach allgemeinen Grundsätzen ist für den Erlass einer einstweiligen Verfügung ein Verfügungsanspruch und ein Verfügungsgrund glaubhaft zu machen.

211   Der Verfügungsanspruch ist dabei gleichbedeutend mit dem subjektiven Recht des Antragstellers, das auch im Wege eines Hauptsacheprozesses durchgesetzt werden könnte.[159] Dementsprechend bedarf es bei einer nach § 650 d BGB begehrten Leistungsverfügung eines materiell-rechtlichen Anspruchs des Antragstellers, dessen Erfüllung durch die Leistungsverfügung vorläufig geregelt werden soll. Das Bestehen dieses Anspruchs ist glaubhaft zu machen. Die Glaubhaftmachung beschreibt die reduzierte Prüfungsdichte und die nur eine überwiegende Wahrscheinlichkeit erfordernde Überzeugungsgewissheit des Gerichts für die tatsächlichen Voraussetzungen des geltend gemachten Anspruchs in summarischen Verfahren.[160] Das angerufene Gericht muss mit überwiegender Wahrscheinlichkeit vom Bestehen des entsprechenden Anspruchs ausgehen.[161]

212   Will der Antragsteller somit im Wege der einstweiligen Verfügung eine vorläufige Klärung von Streitigkeiten über das Bestehen des Anordnungsrechts oder die daraus resultierenden Vergütungsfolgen herbeiführen, muss er seinen Anspruch und damit die von ihm erhobene Rechtsbehauptung glaubhaft machen.

213   Der Besteller, der im Wege der einstweilen Verfügung die Befolgung einer Anordnung durchsetzen will, muss das Bestehen eines entsprechenden Anordnungsrechts nach § 650 b Abs. 2 BGB n. F. glaubhaft machen. Will der Unternehmer die Zahlung seiner nach § 650 c Abs. 3 BGB n. F. aufgestellten Abschlagsrechnungen durchsetzen, muss er das Bestehen eines entsprechenden Zahlungsanspruchs glaubhaft machen.

---

[159] *Zöller* in Vollkommer, ZPO, 31. Auflage, 2016, § 935 Rn. 2.
[160] Landessozialgericht für das Land Nordrhein-Westfalen, Beschl. v. 1.8.2017, Az. L 6 AS 860/17 B ER, Rn. 15.
[161] *Zöller* in Vollkommer, ZPO, 31. Auflage, 2016, § 935 Rn. 2.

Neben der Glaubhaftmachung des Verfügungsanspruchs erfordert der 214
Erlass der einstweiligen Verfügung grundsätzlich auch die Glaubhaftma-
chung eines Verfügungsgrundes. Entscheidend für das Vorliegen eines
Verfügungsgrundes ist, ob es dem Antragsteller nicht zugemutet werden
kann, ein Hauptsacheverfahren durchzuführen und in diesem auf den
Erlass eines Vollstreckungstitels zu warten. Dies ist zu bejahen, wenn sein
Begehren dringlich ist und die Abwägung der (übrigen) schutzwürdigen
Interessen der Parteien unter Berücksichtigung aller Umstände zugunsten
des Antragstellers ausfällt. [162]

Für den Erlass der in § 650 d BGB n. F. angesprochenen Leistungsver- 215
fügung gelten grundsätzlich besonders hohe Anforderungen hinsichtlich
des Vorliegens eines Verfügungsgrundes. Eine solche Leistungsverfügung
ist grundsätzlich nur zulässig, wenn dem Antragsteller ohne deren Erlass konkrete wesentliche und nicht wiedergutzumachende Nachteile entstehen.[163] Erforderlich ist, dass der Antragsteller dringend auf die sofortige
Erfüllung seines Anspruchs angewiesen ist bzw. dass die geschuldete
Handlung, soll sie nicht ihren Sinn verlieren, so kurzfristig zu erbringen
ist, dass die Erwirkung eines Titels im ordentlichen Verfahren nicht mehr
möglich erscheint.[164] Diese Voraussetzungen dürften trotz der großen
Bedeutung, die die rechtzeitige Bezahlung von Abschlagsrechnungen für
die Liquidität von Bauunternehmern hat, nach geltendem Recht in Bezug
auf Abschlagsforderungen zumeist nicht gegeben sein. Entsprechendes
dürfte für die Erfüllung von Anordnungen des Auftraggebers gelten.
Deren Befolgung hat für diesen zwar erhebliche Bedeutung; ihre Durchsetzung dürfte aber in den seltensten Fällen so dringlich sein, dass nach den
vorstehend beschriebenen Grundsätzen eine Durchsetzung der Anordnung
im Wege der einstweiligen Verfügung möglich ist.

Um dennoch eine vorläufige Regelung von Streitigkeiten über das 216
Anordnungsrecht und die damit verbundenen Vergütungsfolgen zu ermöglichen, bestimmt § 650 d BGB n. F., dass bei solchen Streitigkeiten für
den Erlass einer einstweiligen Verfügung die **Glaubhaftmachung** eines
Verfügungsgrundes nicht notwendig ist.

Ziel der Regelung ist es demnach, den Erlass einer Leistungsverfügung 217
zu erleichtern. Dabei ist allerdings zu beachten, dass die Regelung nicht
dazu führt, dass für den Erlass einer einstweiligen Verfügung ein Verfügungsgrund entbehrlich wäre. Entbehrlich ist nach der Regelung nur
dessen Glaubhaftmachung. Das bedeutet insbesondere, dass der **Antrags-**

---

[162] OLG Düsseldorf Urt. v. 29.6.2017, Az. I-15 U 4/17, Rn. 33, juris.
[163] Thüringer Oberlandesgericht Urt. v. 24.8.2016, Az. 2 U 168/16, NJW-
RR 2017, 233, Rn. 34.
[164] BT-Drs. 18/8486, S. 58.

gegner im einstweiligen Verfügungsverfahren das Vorliegen eines Verfügungsgrundes widerlegen kann.

(bb) Gegenstand der Leistungsverfügung

(1) Streitigkeiten über das Bestehen eines Anordnungsrechts

218   Die Vorschrift des § 650 d BGB n. F. bezieht sich zunächst auf Streitigkeiten über das Anordnungsrecht nach „§ 650 b BGB".[165] Ordnet der Besteller eine Änderung nach § 650 b Abs. 2 BGB n. F. an und kommt der Unternehmer dieser Anordnung nicht nach, kann der Besteller somit im Wege der einstweiligen Verfügung beantragen, dass dem Unternehmer aufgegeben wird, der Anordnung nachzukommen.

219   Der Unternehmer kann sich gegen die Anordnung beispielsweise mit dem Argument verteidigen, die Anordnung eines Änderungsbegehrens nach § 650 b Abs. 1 S. 1 Nr. 1 BGB n. F. sei für ihn unzumutbar. In Fällen, in denen der Besteller die Verantwortung für die Planung des Bauwerks oder der Außenanlage trägt (§ 650 b Abs. 1 S. 4 BGB n. F.), kann der Unternehmer gegen eine Änderungsanordnung ins Feld führen, er sei bisher nicht in der Lage gewesen, ein Angebot über die mit der Änderung verbundene Mehr- oder Mindervergütung zu erstellen, weil der Besteller seiner Verpflichtung, eine geänderte Planung zur Verfügung zu stellen, noch nicht nachgekommen sei. Demzufolge könne der Unternehmer die Leistungsänderung (noch nicht) anordnen.

220   Fraglich ist, ob im Falle der Anordnung einer Änderung der Unternehmer einen Antrag auf Erlass einer einstweiligen Verfügung mit dem Ziel stellen kann, feststellen zu lassen, ein Anordnungsrecht des Bestellers bestehe nicht. Die Feststellungsverfügung als Unterfall der Leistungsverfügung (§ 940 ZPO) ist im Recht des einstweiligen Rechtsschutzes grundsätzlich unzulässig. Über den Verfügungsanspruch wird im Eilverfahren nicht mit Rechtskraftwirkung für das spätere Hauptsacheverfahren entschieden. Eine im Eilverfahren getroffene Feststellung bleibt daher in der Regel wirkungslos, weshalb sie zur Regelung eines einstweiligen Zustandes (§ 940 ZPO) nicht notwendig ist[166] – es fehlt also grundsätzlich an dem für den Erlass der einstweiligen Verfügung notwendigen Verfügungsgrund. Gerade dieser Verfügungsgrund ist indes nach § 650 d BGB n. F. im Streit über das Bestehen eines Anordnungsrechts nicht glaubhaft zu machen, weshalb die Feststellungsverfügung im Bereich des § 650 d BGB n. F. nicht grundsätzlich ausgeschlossen sein dürfte. Hinzu kommt, dass § 650 d BGB n. F. – anders als die ähnlich strukturierten Vorschriften der

---

[165] Richtigerweise müsste es heißen „Anordnungsrecht nach § 650 b Abs. 2 BGB".

[166] OLG Frankfurt Urt. v. 15.11.1996, Az. 24 W 37/96, OLGR 1997, 23, Rn. 15.

§§ 885 BGB, 12 Abs. 2 UWG – keine Aussage zum Inhalt der zu beantragenden einstweiligen Verfügung macht.

In der Praxis dürfte diese Frage allerdings keine allzu große Rolle **221** spielen. Denn weigert sich der Unternehmer eine Anordnung des Bestellers umzusetzen, wird der Besteller in der Regel versucht sein, Rechtsfolgen an diese Weigerung anzuknüpfen, beispielsweise, indem er dem Unternehmer die außerordentliche Kündigung des Vertrags angedroht. In diesem Fall wäre es nicht sachgerecht, lediglich den Erlass einer Feststellungsverfügung zu beantragen; vielmehr müsste der Unternehmer dem Besteller im Wege der einstweiligen Verfügung aufgeben lassen, von einer außerordentlichen Kündigung abzusehen.

(2) Streitigkeiten über die änderungsbedingte Mehr- oder Mindervergütung

Den Gesetzesmaterialien ist zu entnehmen, dass der Gesetzgeber bei der **222** Schaffung des § 650 d BGB n. F. in erster Linie das Interesse des Unternehmers an der Durchsetzung seiner Abschlagszahlungsforderungen im Blick hatte. In der Gesetzesbegründung wurde zur Rechtfertigung der jetzt in § 650 d BGB n. F. umgesetzten Regelung praktisch ausschließlich auf das Liquiditätsinteresse des Unternehmers abgestellt.[167] Auch rein tatsächlich dürfte in Zukunft die Vorschrift des § 650 d BGB in erster Linie herangezogen werden, um die Ansprüche des Unternehmers auf Bezahlung seiner auf der Grundlage der 80 %-Regelung des § 650 c Abs. 3 BGB n. F. ermittelten Abschlagsrechnungen durchzusetzen.

Wie selbstverständlich wird in der Literatur aber auch in der Gesetzes- **223** begründung selbst als weiteres Anwendungsbeispiel des § 650 d BGB n. F. der Fall genannt, in dem die nach der 80 %-Regelung ermittelte Höhe der Abschlagsrechnungen den Betrag übersteigt, der dem Unternehmer nach § 650 c Abs. 1 und Abs. 2 BGB n. F. tatsächlich zusteht. So führt die Regierungsbegründung ausdrücklich aus, der Besteller, dem die nach § 650 c Abs. 3 BGB n. F. aufgrund der 80 %-Regelung ermittelte Abschlagsrechnung zu hoch sei, müsse hiergegen gerichtlichen Rechtsschutz in Anspruch nehmen,[168] womit nur die einstweilige Verfügung nach § 650 c BGB gemeint sein kann.[169]

Diese Auffassung findet im Gesetz allerdings keine Stütze. Der Gesetz- **224** geber hat der Schaffung einer Bauverfügung, mit der Streitigkeiten generell baubegleitend bereinigt werden, eine Absage erteilt. Abgesehen von der Ausnahmeregelung des § 650 d BGB n. F. gelten uneingeschränkt die

---

[167] Vgl. BT-Drs. 18/8486, S. 58.
[168] BT-Drs. 18/8486, S. 57.
[169] Ebenso wohl Orlowski, ZfBR 2016, 419, 427.

Regelungen des einstweiligen Rechtsschutzes nach §§ 935 ff. ZPO. Diese setzen – und daran hat sich durch § 650 d BGB n. F. nichts geändert – für den Erlass einer einstweiligen Verfügung einen Verfügungsanspruch voraus. Der Besteller kann sich gegen die Geltendmachung einer Abschlagsrechnung demnach im Wege der einstweiligen Verfügung nur dann zur Wehr setzen, wenn er einen materiell-rechtlichen Anspruch auf Unterlassung der Geltendmachung der Forderung in der sich aus der Abschlagsrechnung ergebenden Höhe hat.

225   § 650 c Abs. 3 BGB n. F. verleiht dem Unternehmer jedoch das Recht, für den Fall, dass eine Einigung über die anordnungsbedingte Vergütungsänderung nicht zustande kommt, in seiner Abschlagsrechnung 80 % des sich aus dem Angebot nach § 650b Abs. 1 S. 2 BGB n. F. ergebenden Betrages geltend zu machen. Bei Abfassung jenes Angebots ist der Unternehmer an die Regelung des § 650 c Abs. 1 und Abs. 2 BGB n. F. in keiner Weise gebunden. Denn diese Vorschrift setzt nach ihrem klaren Wortlaut eine Anordnung des Bestellers voraus, die es im Zeitpunkt der Erstellung des Angebots nach § 650b Abs. 1 S. 2 BGB n. F. noch nicht gibt.

226   Gegen diese Sichtweise spricht allerdings der Umstand, dass § 650 c Abs. 3 S. 1 BGB die Anwendung der 80 %-Regelung ausdrücklich davon abhängig macht, dass „keine anderweitige gerichtliche Entscheidung" ergeht. Dies scheint es in der Tat nahe zu legen, dass die Übereinstimmung der sich nach der 80 %-Regelung ergebenden Abschlagszahlungsforderung mit den Vorgaben des § 650 c Abs. 1 und 2 BGB n. F. gerichtlich überprüft werden können soll.

227   Allerdings kann auch die in § 650 c Abs. 3 BGB angesprochene gerichtliche Entscheidung nur nach Maßgabe der materiell-rechtlichen Regelungen ergehen. Materiell-rechtlich steht dem Besteller indes der Anspruch auf die nach der 80 %-Regelung errechnete Abschlagszahlungsforderung (vorläufig) zu. Der Anspruch nach § 650 c Abs. 3 BGB n. F. ist gerade nicht davon abhängig, ob sich bei Heranziehung der für die geänderte Leistung erforderlichen tatsächlichen Kosten bzw. der Urkalkulation nach § 650 c Abs. 1 oder Abs. 2 BGB ein anderer Betrag ergibt. Denn Bezugsgröße für die 80 %-Regelung ist allein das Angebot des Unternehmers nach § 650b Abs. 1 S. 2 BGB n. F., bei dessen Kalkulation – wie ausgeführt – § 650 c Abs. 1 und Abs. 2 BGB nicht herangezogen werden muss. Dass es auf die Ermittlung der Mehrvergütung nach § 650 c Abs. 1 und Abs. 2 BGB n. F. nicht ankommen kann, zeigt auch der Umstand, dass § 650 c Abs. 3 S. 2 BGB n. F. ausdrücklich bestimmt, dass für den Fall, dass der Unternehmer von der 80 %-Regelung Gebrauch macht, die nach den tatsächlich erforderlichen Kosten errechnete Mehrvergütung erst mit Abnahme fällig wird. Hieraus wird deutlich, dass es auf die Höhe der so ermittelten Mehr-

vergütung für die Höhe der Abschlagszahlungsforderung nach § 650 c Abs. 3 S. 1 BGB n. F. nicht ankommt.

Im Ergebnis bedeutet das, dass der Besteller gegen die Höhe der nach der 80 %-Regelung ermittelten Abschlagszahlungsforderung nur den Einwand der Sittenwidrigkeit ins Feld führen und die sittenwidrige Überhöhung des Angebots nach § 650 b Abs. 1 S. 2 BGB n. F. im Wege der einstweiligen Verfügung gerichtlich feststellen lassen kann (Feststellungsverfügung). **228**

(cc) Mittel der Glaubhaftmachung im Verfahren der einstweiligen Verfügung
Wie ausgeführt, muss der Antragsteller im Wege des einstweiligen Verfügungsverfahrens jedenfalls die Tatsachen glaubhaft machen, die die von ihm aufgestellte Rechtsbehauptung, den Verfügungsanspruch, stützen. **229**

Nach § 294 ZPO kann sich der Antragsteller zum Zwecke der Glaubhaftmachung aller Beweismittel, auch der eidesstattlichen Versicherung bedienen. Nach § 294 Abs. 2 ZPO ist aber eine Beweisaufnahme, die nicht sofort stattfinden kann, ausgeschlossen. **230**

Als Mittel der Glaubhaftmachung kommen eidesstattliche Versicherungen von Projektbeteiligten in Betracht. In der Praxis werden insbesondere im Auftrage einer Partei erstellte Privatgutachten eine Rolle spielen. Die Einschaltung gerichtlich bestellter Sachverständiger wird dagegen regelmäßig ausscheiden, da § 294 Abs. 2 ZPO nur präsente Beweismittel zulässt. **231**

Nach § 937 Abs. 2 ZPO kann das Gericht einem Antrag auf Erlass einer einstweiligen Verfügung bei besonderer Dringlichkeit ohne mündliche Verhandlung entsprechen. In der Regel werden Streitigkeiten über das Bestehen eines Anordnungsrechts bzw. der daraus resultierenden Vergütungsfolgen aber nicht so dringlich sein, dass nicht die Anberaumung einer mündlichen Verhandlung möglich ist. In diesem Fall kommen als Mittel der Glaubhaftmachung Zeugenaussagen Projektbeteiligter sowie die Anhörung von Privatsachverständigen in Betracht. **232**

e) Auswirkungen der gesetzlichen Regelung zum Anordnungsrecht auf die VOB/B

(aa) Ausgangslage
Wie oben dargestellt, enthalten die Regelungen in § 1 Abs. 3 und Abs. 4 VOB/B Regelungen zum Anordnungsrecht des Auftraggebers, die in weiten Teilen bei der Ausgestaltung des § 650 b BGB Pate gestanden haben. Die Vereinbarkeit der Regelungen über das Anordnungsrecht in § 1 Abs. 3 und Abs. 4 VOB/B mit den Regelungen über das Recht der Allgemeinen Geschäftsbedingungen wird in der Literatur aber immer wieder in Zweifel gezogen. Insbesondere wird geltend gemacht, dass – für den Fall, dass **233**

die VOB/B nicht als Ganzes vereinbart wurde – § 1 Abs. 3 VOB/B unwirksam sei, weil es an jeder inhaltlichen Beschränkung der Änderungsbefugnis fehlt.[170]

234   Auch die Regelungen über die Vergütungsfolgen einer Änderungsanordnung in § 2 Abs. 5 und Abs. 6 VOB/B sollen nach einer in der Literatur vertretenen Auffassung einer Prüfung am Maßstab des § 307 Abs. 1 BGB nicht standhalten. Die sich aus § 2 Abs. 5 und Abs. 6 VOB/B ergebende Pflicht zur Fortschreibung der Urkalkulation zum Zweck der Ermittlung der änderungsbedingten Mehrvergütung entspreche nicht dem gesetzlichen Leitbild vom frei verhandelten Preis.[171] Auch sei es mit dem gesetzlichen Leitbild schwer zu vereinbaren, dass ein Unternehmer seinen Mehrvergütungsanspruch völlig verliert, nur weil er nicht in der Lage ist, eine Nachtragskalkulation darzulegen.[172]

235   In der Rechtsprechung hat diese Kritik bisher freilich wenig Anklang gefunden. Es gibt bis heute keine einzige dokumentierte gerichtliche Entscheidung, die das Anordnungsrecht nach § 1 Abs. 3 VOB/B oder die Pflicht zur Fortschreibung der Urkalkulation bei der Ermittlung der sich aus einer Änderungsanordnung ergebenden Mehrvergütung in Zweifel gezogen hätte.[173]

    Die durch das Gesetz zur Reform des Bauvertragsrechts neu geschaffenen §§ 650b und 650c BGB dürften hier allerdings eine neue Bewertung erforderlich werden lassen.

(bb) AGB-rechtliche Unwirksamkeit des § 1 Abs. 3 VOB/B

236   Zunächst stellt sich die Frage der Wirksamkeit des in § 1 Abs. 3 VOB/B vorgesehenen Anordnungsrechts. Nach dieser Vorschrift bleibt es dem Auftraggeber „vorbehalten", Änderungen des Bauentwurfs anzuordnen. Überprüfungsmaßstab einer in Allgemeinen Geschäftsbedingungen enthaltene Klausel ist bei Allgemeinen Geschäftsbedingungen, die gegenüber einem Unternehmer, einer juristischen Person des öffentlichen Rechts oder

---

[170] *Markus* in Markus/Kaiser/Kapellmann, AGB-Handbuch Bauvertragsklauseln, 4. Aufl. 2014, Rn. 69; *Funke* in Nicklisch/Weick/Jansen/Seibel, VOB/B, 4. Aufl. 2016, § 1, Rn. 114; Reichert, BauR 2015, 1549, 1553.

[171] Reichert, BauR 2015, 1549, 1553; Franz/Kues, BauR 2010, 678.

[172] Reichert, BauR 2015, 1549, 1556.

[173] Allerdings hat der BGH im Urt. v. 14.3.2013, Az. VII ZR 142/12, BGHZ 197, 52, die Frage offengelassen, ob § 2 Abs. 5 VOB/B wirklich eine Ermittlung der Mehrvergütung anhand der Urkalkulation vorgibt und sich damit begnügt, darauf hinzuweisen, dass die Parteien im entschiedenen Fall übereinstimmend davon ausgegangen seien, dass § 2 Abs. 5 VOB/B eine Fortschreibung der dem Vertrag zu Grunde liegenden Kalkulation gebiete; hieran sei das Gericht gebunden. Kritisch dazu Fuchs, JR 2014, 479.

einem öffentlich-rechtlichen Sondervermögen verwendet werden, insbesondere § 307 Abs. 1 S. 1 und Abs. 2 BGB (vgl. § 310 Abs. 1 S. 1 BGB). Eine unangemessene Benachteiligung ist im Zweifel anzunehmen, wenn eine Bestimmung mit wesentlichen Grundgedanken der gesetzlichen Regelung, von der abgewichen wird, nicht zu vereinbaren ist, § 307 Abs. 2 Nr. 1 BGB.

Eine solche Abweichung von einem wesentlichen Grundgedanken liegt **237** vor, wenn die gesetzliche Regelung, von der abgewichen wird, nicht nur auf Zweckmäßigkeitserwägungen beruht, sondern eine Ausprägung des Gerechtigkeitsgebots darstellt.[174] In der juristischen Literatur wird diese Abgrenzung kritisiert und darauf hingewiesen, dass die Unterscheidung zwischen Erwägungen mit Gerechtigkeitsgebotscharakter und allein auf Zweckmäßigkeit beruhenden Vorgaben im Vergleich zur Unterscheidung zwischen einem wesentlichen und einem unwesentlichen Grundgedanken wenig zusätzliche Klarheit verschafft. In der Literatur wird daher häufig danach abgegrenzt, ob die Regelung, von der abgewichen werden soll, Interessen des Vertragspartners schützen soll oder nicht und ob das geschützte Interesse von solchem Gewicht ist, dass es gegenüber dem Interesse des Verwenders Vorrang haben soll.[175]

Misst man § 1 Abs. 3 VOB/B an diesen Maßstäben, erweist sich dieser **238** jedenfalls nach der Einführung des § 650 b Abs. 3 S. 2 BGB n. F. bei Verwendung durch den Auftraggeber als unwirksam.

Scheitert im BGB-Bauvertrag eine Einigung zwischen Besteller und **239** Unternehmer hinsichtlich eines Änderungsbegehrens des Bestellers nach § 650 b Abs. 1 S. 1 Nr. 1 BGB n. F., kann der Besteller die Änderung gemäß § 650 b Abs. 2 S. 1 BGB n. F. anordnen. Nach § 650 b Abs. 2 S. 2 BGB n. F. ist ein Unternehmer nur verpflichtet, einer Anordnung zur Umsetzung eines Änderungsbegehrens nach § 650 b Abs. 1 S. 1 Nr. 1 BGB n. F. nachzukommen, wenn ihm die Ausführung einer Anordnung nach § 650 b Abs. 1 S. 1 Nr. 1 BGB n. F. zumutbar ist.

Das in § 650 b Abs. 2 BGB n. F. enthaltene Anordnungsrecht zur Um- **240** setzung eines Änderungsbegehrens nach § 650 b Abs. 1 S. 1 Nr. 1 BGB n. F. und das Anordnungsrecht nach § 1 Abs. 3 VOB/B zeichnen sich beide dadurch aus, dass sie allein dem Gestaltungsinteresse des Bauherrn dienen. Voraussetzung für die Ausübung des Änderungsrechts ist grundsätzlich (im BGB-Bauvertrag: vorbehaltlich der Zumutbarkeit) allein der Wunsch des Bauherrn nach einer Änderung der Planung bzw., wie sich die VOB/B ausdrückt, nach einer Änderung des Bauentwurfs. Ein Begehren nach einer

---

[174] BGH Urt. v. 20.8.2009, Az. VII ZR 212/07, NZBau 2010, 47, Rn. 50; BGH Urt. v. 23.4.1991, Az. XI ZR 128/90, BGHZ 114, 238.

[175] *H. Schmidt* in Bamberger/Roth, BGB, 3. Aufl. 2012, § 307, Rn. 55.

Änderung des Werkerfolgs nach § 650 b Abs. 1 S. 1 Nr. 1 BGB n. F. ist nicht an bestimmte Ziele gebunden. Es kann auch darauf zurückzuführen sein, dass sich die Vorstellungen des Bestellers geändert haben oder er bei der Planung Umstände, etwa unterzubringende Möbel oder sonstige Gegenstände, nicht berücksichtigt hat.[176]

241   Diese Weite des Anordnungsrechts wird völlig zu Recht eingeschränkt durch das Erfordernis, dass die Ausführung der Anordnung für den Unternehmer zumutbar sein muss. Das Anordnungsrecht stellt eine Abweichung von dem das BGB beherrschenden Konsensualprinzip dar, weil dadurch das mit dem Werkvertrag vereinbarte Leistungsziel geändert wird und damit die essentialia negotii des Vertrages berührt sind;[177] eine solche Ausnahmeregelung darf nicht ohne sachlichen Grund voraussetzungslos ausgestaltet werden. Das zeigt auch ein Vergleich mit dem Anordnungsrecht, das das Gesetz dem Besteller im Hinblick auf Änderungsbegehren nach § 650 b Abs. 1 S. 1 Nr. 2 BGB n. F. einräumt. Dieses Anordnungsrecht besteht unabhängig davon, ob die Änderung dem Unternehmer zumutbar ist. Grund hierfür ist der Umstand, dass solche Änderungen nicht allein dem Gestaltungsinteresse des Bauherrn dienen, sondern der Sicherstellung des Erfolgssoll, das für beide Parteien maßgeblich für den Abschluss des Vertrages war. Dies rechtfertigt es, das Änderungsinteresse des Bestellers höher zu bewerten als im Falle eines Änderungsbegehrens nach § 650 b BGB Abs. 1 Nr. 1 BGB n. F.

242   Die unterschiedlichen Anforderungen an das Anordnungsrecht des Bestellers, je nach dem ob es um eine Änderung nach § 650 b Abs. 1 S. 1 Nr. 1 oder Nr. 2 BGB n. F. geht, zeigt, dass der gesetzlichen Regelung eine umfassende Interessenabwägung zugrunde liegt, die ihren Ausdruck auch in der Gesetzesbegründung gefunden hat.[178] Das Zumutbarkeitserfordernis stellt sich somit als eine den Gerechtigkeitsgehalt des § 650 b Abs. 3 S. 2 BGB n. F. tragende Regelung dar und ist gerade nicht eine auf reine Zweckmäßigkeitsüberlegungen ausgerichtete Anforderung. Sie dient ausdrücklich dem Schutz der Interessen des Bauunternehmers und bewertet dessen Interesse bei fehlender Zumutbarkeit der Änderung höher als das Gestaltungsinteresse des Bauherrn. Daher weicht eine in AGB enthaltene Klausel, die es dem Besteller gestattet, allein seinem Gestaltungsinteresse dienende Änderungen anzuordnen, ohne dass dieses Anordnungsrecht von weiteren Voraussetzungen abhängig ist, von dem wesentlichen Grundgedanken des § 650 b Abs. 2 S. 2 BGB n. F. ab. Sie berücksichtigt die Interessen des Unternehmers unzureichend und ist somit, bei Verwendung der

---

[176] So BT-Drs. 18/8486, S. 53.
[177] Göbel, DZWIR 2017, 10, 13.
[178] Vgl. BT-Drs. 18/8486, S. 54.

VOB/B[179] durch den Auftraggeber, nach § 307 Abs. 1, Abs. 2 Nr. 1 BGB unwirksam.

Diese Bedenken lassen sich nicht dadurch aus dem Weg räumen, dass **243** man die in § 1 Abs. 4 VOB/B enthaltene Beschränkung des Anordnungsrechts für den Fall, dass der Geschäftsbetrieb des Auftragnehmers auf die Ausführung der geänderten Leistung nicht eingerichtet ist, in § 1 Abs. 3 VOB/B hineinliest.[180] Dies widerspräche dem Grundsatz der „verwendungsgegnerfeindlichsten Auslegung" allgemeiner Geschäftsbedingungen.[181] Wollen Auftraggeber die Regelung des § 1 Abs. 3 VOB/B weiterhin wirksam vereinbaren, müssen sie dafür Sorge tragen, dass die VOB/B ohne inhaltliche Abweichung „als Ganzes" vereinbart wird, da dann eine AGB-Kontrolle einzelner Klauseln nicht stattfindet. In der Praxis dürfte das aber bedeuten, dass § 1 Abs. 3 VOB/B nur noch im Rahmen öffentlicher Auftragsvergaben wirksam vereinbart wird, weil üblicherweise nur dort die VOB/B unverändert zur Anwendung kommt.

Wenn man – wie hier vertreten – die Regelung des § 1 Abs. 3 VOB/B **244** schon unabhängig von der neu geschaffenen Vorschrift des § 650 b Abs. 2 S. 2 BGB n. F. für unvereinbar mit § 307 Abs. 1, Abs. 2 Nr. 1 BGB hält, gilt dies unabhängig davon, ob der maßgebliche VOB-Bauvertrag vor oder nach Inkrafttreten des Gesetzes zur Reform des Bauvertragsrechts abgeschlossen wurde.

Hält man § 1 Abs. 3 VOB/B dagegen für unwirksam, weil er von dem **245** wesentlichen Grundgedanken des neu geschaffenen § 650 b Abs. 2 S. 2 BGB n. F. abweicht, tritt diese Unwirksamkeitsfolge nur für Verträge ein, die nach dem Inkrafttreten des Gesetzes zur Reform des Bauvertragsrechts am 1.1.2018 geschlossen wurden. Denn mangels Geltung der Vorschrift vor dem 1.1.2018 können vor diesem Datum abgeschlossene Verträge von dieser Vorschrift auch nicht abweichen.

(cc) AGB-rechtliche Unwirksamkeit des in § 2 Abs. 5 und Abs. 6 VOB/B vorgesehenen Grundsatzes der Preisfortschreibung

Das neue Bauvertragsrecht begründet für die Ermittlung der aus einer **246** Änderungsanordnung resultierenden Vergütungsanpassung erstmals rechtliche Vorgaben. Diese weichen von dem in § 2 Abs. 5 und Abs. 6 VOB/B niedergelegten Prinzip der Fortschreibung der Angebotskalkulation grundlegend ab: Anstelle auf fortgeschriebene Vertragspreise wird in

---

[179] Siehe zur Bedeutung der Verwendereigenschaft bei der AGB-Kontrolle oben Rn. 120 f.

[180] So aber *Schoofs* in Leinemann, VOB/B, 6. Aufl. 2016, § 1, Rn. 71; *Jansen* in Beck'scher VOB-Kommentar, VOB Teil B, 3. Auflage 2013, § 1 Abs. 3, Rdn. 88.

[181] Siehe dazu oben Rn. 130.

§ 650 c BGB n. F. auf die tatsächlichen Kosten der geänderten Leistung abgestellt.[182]

247 Es stellt sich die Frage, ob das Prinzip der Preisfortschreibung eine Abweichung von einem gesetzlichen Leitbild darstellt. § 650 c Abs. 1 BGB n. F. bestimmt, dass die Vergütungsanpassung „nach den tatsächlich erforderlichen Kosten mit angemessenen Zuschlägen für allgemeine Geschäftskosten, Wagnis und Gewinn zu ermitteln" ist. Ist diese Regelung zugleich aber im Sinne der Rechtsfolgen des BGH eine solche, die „nicht nur auf Zweckmäßigkeitserwägungen beruht, sondern eine Ausprägung des Gerechtigkeitsgebots darstellt"[183]?

248 Betrachtet man § 650 c Abs. 2 BGB n. F., könnten sich hieran Zweifel ergeben, wird danach doch jedenfalls vermutet, dass die nach dem Prinzip der Preisfortschreibung ermittelte Vergütung zugleich der sich nach den tatsächlichen Mehrkosten richtenden Mehrvergütung im Sinne des § 650 c Abs. 1 BGB n. F. entspricht. Das legt auf den ersten Blick die Vermutung nahe, dass das Gesetz das Prinzip der Fortschreibung der Angebotskalkulation nicht völlig diskreditiert.

249 Eine Herleitung der Vergütungsänderungen nach dem Grundsatz der Preisfortschreibung wird es aber nur in den Fällen geben, in denen der Unternehmer die Urkalkulation als geeignete Grundlage für eine vereinfachte Ermittlung einer Nachtragsvergütung ansieht. Glaubt sich der Unternehmer aufgrund der Urkalkulation wegen darin enthaltener, nicht auskömmlicher Preise durch das Prinzip der Preisfortschreibung übervorteilt, wird er diese schon gar nicht zu Ermittlung der Vergütungsänderung heranziehen und stattdessen die geänderte Vergütung nach § 650 c Abs. 1 BGB n. F. auf der Grundlage tatsächlicher Kosten ermitteln. In diesem Fall hat der Bauherr keine Möglichkeit, auf einer Heranziehung der Urkalkulation zur Ermittlung der Vergütungsänderung zu bestehen.

250 Auch die Regelung des § 650 c Abs. 2 BGB n. F. kann somit nicht dazu führen, dass dem Unternehmer eine Ermittlung der Vergütungsänderung nach den Grundsätzen der Preisfortschreibung aufgezwungen wird, die er nicht für sachgerecht hält. Diese Besserstellung betrifft jedenfalls den Unternehmer. Der Besteller kann im Einzelfall noch gezwungen sein, die Ermittlung der Vergütungsänderung anhand der Urkalkulation hinzunehmen, wenn es ihm nicht gelingt, die Vermutung des § 650 c Abs. 2 BGB n. F. zu widerlegen. Diese Widerlegung wird ihm aber jedenfalls gelingen, wenn die sich aus der Urkalkulation ergebenden Preise eindeutig nicht der

---

[182] von Rintelen, NZBau 2017, 315.
[183] BGH Urt. v. 20.8.2009, Az. VII ZR 212/07, NZBau 2010, 47, Rn. 50; BGH Urt. v. 23.4.1991, Az. XI ZR 128/90, BGHZ 114, 238.

sich nach den tatsächlichen Kosten ergebenden Vergütungsänderung entsprechen.

Ganz anders die Regelungen in § 2 Abs. 5 und Abs. 6 VOB/B: Bis zur   **251**
Grenze der Sittenwidrigkeit[184] ergibt sich die Vergütung aus dem in § 2
Abs. 5 und Abs. 6 VOB/B enthaltenen Preisermittlungsmechanismus, auch
wenn sich hierdurch im Einzelfall unangemessene Preise ergeben.

Ziel der Einführung eines auf tatsächlichen Kosten beruhenden Berech-   **252**
nungsmodells für die Ermittlung der Mehr- oder Mindervergütung ist es
nach Auffassung des Gesetzgebers, Spekulationen einzudämmen und Streit
der Parteien über die Preisanpassung weitestgehend zu vermeiden. Die
gesetzliche Regelung soll Anreize sowohl für eine korrekte Ausschreibung
durch den Besteller als auch eine korrekte und nachvollziehbare Kalkulation durch den Unternehmer setzen. Durch die Berechnung der Mehr-
oder Mindervergütung nach den tatsächlich erforderlichen Kosten solle
insbesondere verhindert werden, dass der Unternehmer auch nach Vertragsschluss angeordnete Mehrleistungen nach den Preisen einer Urkalkulation erbringen muss, die etwa mit Blick auf den Wettbewerb knapp oder
sogar nicht auskömmlich ist oder inzwischen eingetretene Preissteigerungen nicht berücksichtigt. Zugleich soll der Berechnungsmaßstab der tatsächlich erforderlichen Kosten die Möglichkeiten für den Unternehmer
einschränken, durch Spekulationen ungerechtfertigte Preisvorteile zu
erzielen.[185]

Führt man diese Argumentation konsequent zu Ende, bedeutet das, dass   **253**
nach Auffassung des Gesetzgebers eine Ermittlung der geänderten Vergütung nach dem Prinzip der Fortschreibung der Angebotskalkulation einen
Anreiz zu Spekulationen bei der Preisbildung liefert, aber nicht dazu geeignet ist, den Bauherrn zu einer korrekten Ausschreibung anzuhalten.
Das Prinzip der Preisfortschreibung kann danach dazu führen, dass der
Unternehmer nach Vertragsschluss angeordnete Mehrleistungen nach einer nicht auskömmlichen Urkalkulation oder nicht mehr aktuellen Preisen
erbringen muss. Dies soll verhindert werden. Hinzu kommt: Hat der
Unternehmer eine Urkalkulation nicht erstellt und kann eine solche auch
nicht nachträglich beibringen, erhält er auch im Falle eines unabweisbaren
Mehraufwands für geänderte Leistungen nach § 2 Abs. 5 und Abs. 6
VOB/B überhaupt keine Mehrvergütung. Umgekehrt soll das Prinzip der
Preisfortschreibung den Unternehmer in die Lage zu versetzen, ungerecht-
fertigte Preisvorteile zu erzielen. Die Regelungen des § 2 Abs. 5 und Abs. 6
VOB/B berücksichtigen demzufolge – abhängig von der Konstellation im

---

[184] BGH Urt. v. 18.12.2008, Az. VII ZR 201/06, BGHZ 179, 213.
[185] BT-Drs. 18/8486, S. 55.

Einzelfall – weder die Interessen des Auftraggebers noch die des Auftragnehmers in ausreichender Weise.

254   Damit ist aber das Urteil über § 2 Abs. 5 und Abs. 6 VOB/B gefallen:
Die Regelung führt nicht zu einem ausgewogenen Interessenausgleich,
weshalb der Gesetzgeber von einer ähnlich ausgestalteten Regelung in
§ 650 c BGB n. F. abgesehen hat. Der Gesetzgeber wollte damit bewusst
von einer als unbillig erkannten Regelung Abstand nehmen. § 650c BGB
stellt sich somit als Ausprägung des Gerechtigkeitsgebots dar. Eine davon
abweichende Regelung, die, wie § 2 Abs. 5 und Abs. 6 VOB/B, die Parteien
stattdessen starr an der Fortschreibung der Angebotskalkulation festhält,
ist damit nach § 307 Abs. 1, Abs. 2 Nr. 1 BGB unwirksam. Der Umstand,
dass § 650 c Abs. 2 BGB n. F. im Einzelfall den Rückgriff auf die Urkalkulation ermöglicht, ändert an dieser Bewertung nichts, weil § 650 c Abs. 2
BGB n. F. den Parteien – anders als § 2 Abs. 5 und Abs. 6 VOB/B – gerade
nicht eine Fortschreibung der Angebotskalkulation aufzwingt, auch wenn
diese zu unangemessenen Ergebnissen führt.

255   Da die Grundsätze der Fortschreibung der Angebotskalkulation abhängig vom Einzelfall sowohl zu einer unangemessenen Benachteiligung des
Unternehmers als auch des Bestellers führen können, gilt dies unabhängig
davon, wer Verwender der VOB/B ist.

256   Auch die Regierungsbegründung hebt hervor, dass die „Praxis der
Preisfortschreibung" vom gesetzlichen Leitbild des § 650 c BGB abweicht.[186] Um den Vertragsparteien ein Festhalten an dieser Praxis (durch
Vereinbarung der VOB/B) dennoch zu ermöglichen, war im Gesetzentwurf der Bundesregierung in § 650 c BGB-E zunächst noch ein Abs. 4
enthalten, der eine AGB-Inhaltskontrolle der §§ 1 Abs. 3 und 4 i. V. m. §§ 2
Abs. 5 und 6 VOB/B ausgeschlossen hätte, wenn die Bestimmungen der
VOB/B zum Anordnungsrecht und zur Vergütungsanpassung ohne in-
haltlichen Abweichungen insgesamt in den Vertrag einbezogen sind. Damit wäre das sich aus den §§ 1 Abs. 3 und Abs. 4 und §§ 2 Abs. 5 und Abs. 6
VOB/B ergebende Regelungsgefüge „AGB-fest" geworden, und zwar
auch dann, wenn die Parteien außerhalb dieses Regelungsgefüges die
VOB/B nicht „als Ganzes" vereinbart hätten. Auch nach Auffassung der
Bundesregierung hat die Neufassung des § 650 c BGB demnach die Unwirksamkeit der § 2 Abs. 5 und Abs. 6 VOB/B zur Folge, soweit diese
Vorschriften einer AGB-rechtlichen Überprüfung zugänglich sind. Die in
§ 650 c BGB-E enthaltene AGB-rechtliche Privilegierung des Anordnungsrechts der VOB/B und der sich daraus ergebenden Vergütungsfolgen
wurde auf Vorschlag des Ausschusses für Recht und Verbraucherschutz aus

---

[186] BT-Drs. 18/8486, S. 57.

dem Gesetzentwurf indes wieder gestrichen.[187] Der Gesetzgeber hat die jetzt Gesetz gewordene Fassung des § 650 c BGB somit in vollem Bewusstsein der Tatsache geschaffen, dass die Norm der Praxis der Preisfortschreibung ein Ende bereitet, sofern diese in Allgemeinen Geschäftsbedingungen vereinbart wird.

f) Fälligkeit der Vergütung beim Bauvertrag – Schlussrechnung

Im allgemeinen Werkvertrag ist die erfolgte Abnahme notwendige aber auch hinreichende Bedingung für die Fälligkeit der Vergütung des Unternehmers (vgl. (§ 641 Abs. 1 BGB). Für den Bauvertrag enthält § 650 g Abs. 4 BGB n. F. eine hiervon teilweise abweichende Regelung. Danach ist zwar auch die Abnahme Voraussetzung für die Vergütungsforderung. Zudem bestimmt § 650 g Abs. 4 Nr. 2 BGB n. F. indes, dass die Vergütung erst zu entrichten ist, wenn der Unternehmer dem Besteller eine prüffähige Schlussrechnung erteilt hat. Die Rechnung ist prüffähig, wenn sie eine übersichtliche Aufstellung der erbrachten Leistungen enthält und für den Besteller nachvollziehbar ist, § 650 g Abs. 4 S. 2 BGB n. F. Nach § 650 g Abs. 4 S. 3 BGB n. F. gilt die Schlussrechnung als prüffähig, wenn der Besteller nicht innerhalb von 30 Tagen nach Zugang der Schlussrechnung begründete Einwendungen gegen ihre Prüffähigkeit erhoben hat.   **257**

Der Anspruch auf Abschlagszahlung nach § 632 a BGB bleibt davon unberührt.   **258**

Damit lehnt sich das Gesetz an die Regelung in § 16 Abs. 3 Nr.1 VOB/B an, der die Fälligkeit der Schlusszahlung ebenfalls von der Stellung einer prüfbaren Schlussrechnung abhängig macht. Ebenso bestimmt § 16 Abs. 3 Nr. 1 VOB/B, dass Einwendungen gegen die Prüfbarkeit nur innerhalb einer bestimmten, in der Regel 30tägigen Frist erhoben werden können.

Nach § 16 Abs. 3 Nr. 1 VOB/B wird die Schlusszahlung allerdings erst nach Ablauf einer angemessenen Prüffrist zur Zahlung fällig, die in der Regel höchstens 30 Tage gerechnet ab Stellung der Schlussrechnung betragen soll. Eine entsprechende Regelung fehlt in § 650 g Abs. 4 BGB n. F., sodass die Vergütung nach dieser Vorschrift sofort nach Eingang der Schlussrechnung fällig wird, ohne dass dem Besteller eine ausreichende Prüffrist eingeräumt wird.   **259**

Der Besteller gerät dennoch nicht in Verzug, wenn er die Vergütung nicht sofort nach Eingang der Rechnung leistet. Ein Schuldner kommt nach § 286 Abs. 4 BGB nicht in Verzug, wenn die Leistung infolge eines Umstands unterbleibt, den der Schuldner nicht zu vertreten hat. Ein den Verzug ausschließender Entschuldigungsgrund liegt auch vor, wenn sich der Schuldner (Besteller) erst noch Klarheit über den Umfang der erbrach-   **260**

---

[187] BT-Drs. 11437, S. 47.

ten Leistungen verschaffen muss.[188] Daher kommt eine **schuldhafte** Nicht-
leistung erst nach Ablauf einer angemessenen Prüffrist in Betracht.
Frühestens dann gerät der Besteller in Verzug und muss die Vergütungsforderung nach § 288 Abs. 1 und Abs. 2 BGB verzinsen.

261   Auch nach Ablauf der Prüffrist kommt der Besteller nicht ohne weiteres in Verzug. Der Verzug setzt nach § 286 Abs. 1 BGB grundsätzlich eine
Mahnung voraus. Nach § 286 Abs. 3 BGB kommt der Schuldner einer
Entgeltforderung auch ohne Mahnung in Verzug, wenn er nicht innerhalb
von 30 Tagen nach Fälligkeit und Zugang einer Rechnung oder gleichwertigen Zahlungsaufstellung leistet. Im Falle des § 650 g Abs. 4 Nr. 2
BGB n. F. fallen Fälligkeit und Rechnungszugang zusammen, da die Fälligkeit mit dem Zugang der Rechnung eintritt. Der Besteller kommt damit nach § 286 Abs. 3 BGB grundsätzlich 30 Tage nach Zugang der Rechnung in Verzug.

III. Der Verbraucherbauvertrag

262   *Fall 3:*

*Der Bauherr B ist Eigentümer eines über 60 Jahre alten Einfamilienhauses mit
Satteldach. Das Dach entspricht schon seit langem im Hinblick auf die Wärmedämmung nicht mehr dem Stand der Technik. B beschließt daher, das Dach
umfassend sanieren zu lassen. Nachdem er sich für einen Dachdeckerbetrieb
entschieden hat, bietet der Dachdecker D an, den B am Wochenende zum Zwecke
des Vertragsabschlusses in seinem Haus zu besuchen. Dort einigen sich B und
D und schließen einen Vertrag, mit dem sich D zur umfassenden Sanierung des
Daches verpflichtet. Das schließt die komplette Entfernung der alten Dachziegel, das Aufbringen einer neuen Wärmedämmung nebst Dampfsperre und das
komplette Neueindecken des Daches ein. Die Parteien vereinbaren als Werklohn
100.000 €. D teilt dem B mit, er wolle aus Gründen seiner Kapazitätsplanung
mit den Arbeiten möglichst in den nächsten fünf Tagen beginnen. B ist damit
einverstanden.*

*Nach Abschluss der Arbeiten fordert D den B auf, binnen einer Frist von zwei
Wochen die Abnahme der Leistungen zu erklären.*

*B hat in der Zwischenzeit erfahren, dass der Preis, den er mit D vereinbart
hat, deutlich überhöht ist. Der Wert der von D vertragsgemäß zu erbringenden
Arbeiten beläuft sich allenfalls auf 70.000 €. B ist erbost und reagiert auf das
Abnahmeverlangen nicht. Nach Ablauf von zwei Wochen übersendet D dem B
seine Rechnung über 100.000 €. Er meint, dieser Betrag sei jetzt fällig. Da B auf
das Abnahmeverlangen nicht reagiert habe, gelte die Leistung als abgenommen. B*

---

[188] *Grüneberg* in Palandt, BGB, 76. Auflage 2017, § 286, Rn. 33.

weigert sich zu zahlen. Er meint die Rechnung des D sei schon mangels Abnahme nicht zur Zahlung fällig. Außerdem wendet er (zutreffend) ein, dass sich der Wert der von D erbrachten Leistung allenfalls auf 70.000 € belaufe. Er, B, sei daher verärgert und widerrufe den gesamten Vertrag.

1. Einführung

Die §§ 650i bis 650 n BGB n. F. enthalten Sonderregelungen für Verbrau- **263** cherbauverträge. Nach der Definition des § 650 i BGB sind das Verträge, „durch die der Unternehmer von einem Verbraucher zum Bau eines neuen Gebäudes oder zu erheblichen Umbaumaßnahmen an einem bestehenden Gebäude verpflichtet wird."

Diese Definition lehnt sich an § 312 Abs. 2 Nr. 3 BGB a. F. in der bis **264** zum 31.12.2017 geltenden Fassung an. Nach dieser Vorschrift waren „Verträge über den Bau von neuen Gebäuden oder erhebliche Umbaumaßnahmen an bestehenden Gebäuden" von wesentlichen Verbraucherschutzvorschriften, die der Umsetzung der Verbraucherrechterichtlinie[189] dienten, ausgenommen. Auf derartige Bauverträge findet auch die Verbraucherrechterichtlinie keine Anwendung (vgl. Art. 3 Abs. 3 f) der Verbraucherrechterichtlinie). Damit wurde schon europarechtlich der Verbraucherschutz gerade für die für den Verbraucher wirtschaftlich besonders bedeutsamen Verträge eingeschränkt.

Die Vorschriften zum Verbraucherbauvertrag setzen daher nun an der **265** Stelle an, an dem der europarechtlich vorgegebene Verbraucherschutz endet, indem zur Definition des Verbraucherbauvertrags die Definition herangezogen wird, mit der in § 312 Abs. 2 Nr. 3 BGB a. F. der Anwendungsbereich der europarechtlich vorgegebenen Verbraucherschutzvorschriften der §§ 312-312 k BGB begrenzt wird. Dass beide Rechtsbereiche nahtlos aneinander anschließen sollen, wird nunmehr auch dadurch hervorgehoben, dass durch das Gesetz zur Reform des Bauvertragsrechts § 312 Abs. 2 Nr. 3 BGB eine neue Fassung erhält: Die Einschränkung des Anwendungsbereichs der Verbraucherschutzvorschriften der §§ 312-312k BGB gilt fortan für „Verbraucherbauverträge nach § 650 i Abs. 1 BGB". Bei Verbraucherbauverträgen gelten anstelle der Verbraucherschutzvorschriften der §§ 312-312 k BGB nunmehr die §§ 650 i bis 650 n BGB n. F.[190]

---

[189] RL 2011/83/EU des Europäischen Parlaments und des Rates vom 25.10.2011 über die Rechte der Verbraucher, zur Abänderung der Richtlinie 93/13/EWG des Rates und der Richtlinie 1999/44/EG des Europäischen Parlaments und des Rates sowie zur Aufhebung der Richtlinie 85/577/EWG des Rates und der Richtlinie 97/7/EG des europäischen Parlaments und des Rates.

[190] Lenkeit, BauR 2017, 454, 465.

2. Begriff des Verbraucherbauvertrags

266   Verbraucherbauverträge sind Verträge, „durch die der Unternehmer von einem Verbraucher zum Bau eines neuen Gebäudes oder zu erheblichen Umbaumaßnahmen an einem bestehenden Gebäude verpflichtet wird."

267   Der Begriff des Unternehmers wird wiederum in § 14 BGB und der des Verbrauchers in § 13 BGB definiert. Verbraucher ist danach jede natürliche Person, die ein Rechtsgeschäft zu einem Zweck abschließt, der weder ihrer gewerblichen, noch ihrer selbstständigen beruflichen Tätigkeit zugerechnet werden kann. Der Anwendungsbereich der Vorschriften über den Verbraucherbauvertrag setzt somit nicht voraus, dass der Besteller ein Gebäude zu eigenen Wohnzwecken errichten lassen möchte. Auch Bauvorhaben, die der privaten Geldanlage dienen (also beispielsweise die Errichtung eines Mehrfamilienhauses), fallen in den Anwendungsbereich des § 650 i Abs. 1 BGB n. F.

268   Der Unternehmer muss ferner zum Bau eines neuen Gebäudes oder zu erheblichen Umbaumaßnahmen an einem bestehenden Gebäude verpflichtet werden.

Der Begriff „Bau eines neuen Gebäudes" umfasst nur Verträge, mit denen sich der Unternehmer als Generalübernehmer zur Herstellung eines vollständigen Gebäudes verpflichtet.[191] Nicht erfasst sind dagegen Verträge, mit denen der Unternehmer nur zur Erbringung einzelner Gewerke (z. B. Dachdeckerarbeiten) verpflichtet wird. Das gilt auch dann, wenn die Arbeiten im Zusammenwirken mit anderen Bauunternehmern im Rahmen einer gewerkeweisen Beauftragung der Herstellung eines neuen Gebäudes dienen sollen. Denn der einzelne Vertrag hat nicht den Bau eines neuen Gebäudes zum Gegenstand.

269   Erfasst werden vom Anwendungsbereich des Verbraucherbauvertrags auch Verträge, mit denen der Unternehmer zu „erheblichen Umbaumaßnahmen an einem bestehenden Gebäude" verpflichtet wird.

270   Die Bedeutung dieses Begriffs ist anhand europarechtlicher Vorgaben zu ermitteln, da der Begriff des Verbraucherbauvertrags grundsätzlich alle die Bauverträge erfassen soll, die aus dem Anwendungsbereich der Verbraucherrechterichtlinie herausfallen. Erwägungsgrund 26 der Verbraucherrechterichtlinie führt in diesem Zusammenhang Folgendes aus:

> *„Erhebliche Umbaumaßnahmen sind solche, die dem Bau eines neuen Gebäudes vergleichbar sind, beispielsweise Baumaßnahmen, bei denen nur die Fassade eines alten Gebäudes erhalten bleibt."*

271   (Nur) Verträge über derart umfangreiche Umbaumaßnahmen sollen vom Anwendungsbereich der Verbraucherrechterichtlinie und der §§ 312-312 k

---

[191] Glöckner, VuR 2016, 123, 126.

BGB, die die Verbraucherrechterichtlinie in deutsches Recht umsetzen, ausgeschlossen werden.[192]

Auch hier sind wieder nur Arbeiten angesprochen, die von einem Generalübernehmer erbracht werden. Einzelgewerkeweise erbrachte Leistungen stellen keine erheblichen Umbaumaßnahmen dar, auch wenn sie zusammen mit von anderen Unternehmern erbrachten Bauleistungen zu einer erheblichen Umbaumaßnahme führen sollen. Damit ist aber keinesfalls eine Einengung des Verbraucherschutzes verbunden. Vielmehr gelten für derartige, vom Anwendungsbereich des Verbraucherbauvertrags ausgenommene Bauverträge die strengeren Verbraucherschutzvorschriften der §§ 312-312 k BGB.[193] Denn auch wenn ein Bauvertrag nicht die Voraussetzungen eines Verbraucherbauvertrags erfüllt, kann es sich noch immer um einen mit einem Verbraucher geschlossenen Bauvertrag handeln; umgekehrt ist nicht jeder mit einem Verbraucher geschlossene Bauvertrag ein Verbraucherbauvertrag. 272

3. Das Widerrufsrecht des Verbrauchers

a) Voraussetzungen für den Widerruf

Nach § 650 l BGB n. F. steht dem Verbraucher beim Verbraucherbauvertrag ein Widerrufsrecht nach § 355 BGB zu, es sei denn der Verbraucherbauvertrag wurde notariell beurkundet. Das Widerrufsrecht beim Verbraucherbauvertrag entspricht im wesentlichen den Widerrufsrechten der Verbraucher nach § 312 g BGB bei außerhalb von Geschäftsräumen geschlossenen Verträgen und Fernabsatzverträgen. Auch in diesen Fällen bestimmt sich der Inhalt des Widerrufsrechts nach § 355 BGB. Anders als bei den außerhalb von Geschäftsräumen geschlossenen Verträgen und den Fernabsatzverträgen knüpft das Widerrufsrecht nach § 650 l BGB n. F. nicht an die Begleitumstände des Vertragsschlusses an; einzige Voraussetzung für das Widerrufsrecht ist das Vorliegen eines Verbraucherbauvertrags. 273

Als Grund für die Einführung des Widerrufsrechts wird in der Regierungsbegründung angeführt, ein Verbraucher setze seine gesamten Ersparnisse zur Finanzierung eines Bauprojekts ein und binde sich zusätzlich 274

---

[192] Lenkeit, BauR 2017, 454, 465; Glöckner, VuR 2016, 123, 126; Pause/Vogel, NZBau 2015, 667, 668; vgl. auch LG Stuttgart Urt. v. 2.6.2016, Az. 23 O 47/16, Rn. 24, BauR 2017, 570: Dachdeckerarbeiten, auch solche, die einer umfassenden Dachsanierung dienen, sind keine erheblichen Umbaumaßnahmen im Sinne des § 312 Abs. 2 Nr. 3 BGB (und damit auch nicht Gegenstand eines Verbraucherbauvertrags).

[193] Glöckner, VuR 2016, 123, 126.

durch Immobiliendarlehen über viele Jahre finanziell. Dies rechtfertige es, ihm eine (nachvertragliche) Bedenkzeit einzuräumen. Ein solches Bedürfnis bestehe insbesondere beim Vertrieb von schlüsselfertigen Häusern.[194] Auch das zeigt, dass der Anwendungsbereich des Verbraucherbauvertrags auf die von Generalübernehmern erbrachten Leistungen beschränkt werden soll, da der Gesetzgeber offenbar auch nur bei diesen Vertragstypen das Bedürfnis eines generellen Widerrufsrecht des Verbrauchers sieht.

b) Rechtsfolgen des Widerrufs

275 Die Regelungen über die Rechtsfolgen des Widerrufs finden sich nicht im Titel 9 des 8. Abschnitts des 2. Buchs des BGB, der sich mit dem Werkvertrag und ähnlichen Verträgen befasst, sondern im Titel 5 des 3. Abschnitts des 2. Buchs, unter dem Untertitel 2, der das Widerrufs- und Rückgaberecht bei Verbraucherverträgen zum Gegenstand hat.

276 Nach § 355 Abs. 1 S. 1 BGB sind der Verbraucher und der Unternehmer an ihre auf den Abschluss des Vertrages gerichteten Willenserklärungen nicht mehr weiter gebunden, wenn der Verbraucher seine Willenserklärung fristgerecht widerrufen hat. Das bedeutet, dass insbesondere die Verpflichtung des Verbrauchers zur Zahlung des vereinbarten Werklohns und die Verpflichtung des Unternehmers zur Erbringung der versprochenen Werkleistung im Falle eines Widerrufs entfällt.

277 Gemäß § 355 Abs. 3 S. 1 BGB sind die empfangenen Leistungen im Falle eines Widerrufs unverzüglich zurückzugewähren. Diese Vorschrift ist indessen in erster Linie auf den Widerruf von Kaufverträgen zugeschnitten, bei denen eine Rückgewähr der vom Verbraucher erhaltenen Leistung in der Regel ohne weiteres möglich ist. Da Bauarbeiten aber auf dem Grundstück des Verbrauchers durchgeführt werden, führen diese zu einem Wertzuwachs auf Seiten des Verbrauchers, der im Fall eines Widerrufs oft nicht nach § 355 Abs. 3 S. 1 BGB zurückgewährt werden kann. Die Gesetzesbegründung verweist hier beispielsweise auf den Aushub einer Baugrube, das Betonieren von Fundamenten oder die Errichtung eines Dachstuhls.[195]

278 Daher bestimmt § 357 d BGB n. F. eine verschuldensunabhängige Verpflichtung des Verbrauchers auf Zahlung von Wertersatz für die erbrachte Leistung an den Unternehmer. Zu ersetzen ist dabei nur der Wert der bis zum Zugang des Widerrufs erbrachten Leistung.

279 Bei der Berechnung des Wertersatzes ist nach § 357 d S. 2 BGB n. F. die vereinbarte Vergütung zugrunde zu legen. Wenig Probleme wird die Darlegung der Höhe des Wertersatzes daher bereiten, wenn die Parteien

---

[194] BT-Drs. 18/8486, S. 63.
[195] BT-Drs. 18/8486, S. 38.

die Vergütung des Unternehmers nach Einheitspreisen vereinbart haben. Beim Schlüsselfertigbau, der den Hauptanwendungsfall des Verbraucherbauvertrags bildet, wird in der Regel aber eine Pauschalvergütung vereinbart werden. Die Ermittlung des für die bis zum Widerruf erbrachten Leistungen zu zahlenden Wertersatzes wird in diesem Fall vom Unternehmer einen Darlegungsaufwand erfordern, der dem bei der Abrechnung eines gekündigten Pauschalvertrags[196] nahekommt. Erweist sich die vereinbarte Vergütung aber als unverhältnismäßig hoch, kommt es nach § 357 d S. 3 BGB n. F. nur auf den Marktwert der erbrachten Leistung an.

Problematisch ist die grundsätzliche Berechnung der Höhe des Wertersatzanspruchs auf der Basis der vereinbarten Vergütung vor dem Hintergrund, dass im Falle der Ausübung des Widerrufs nicht nur die Leistungspflichten des Unternehmers entfallen, sondern auch die Mängelansprüche des Bestellers. Daher wurde die Regelung in der Literatur mit dem Argument kritisiert, sie führe dazu, dass der Unternehmer im Regelfall für die bis zum Widerruf erbrachten Leistungen die volle Vergütung erhalte, aber nicht verpflichtet sei, nachträglich erkannte Mängel der Werkleistung zu beseitigen.[197] Diese Bedenken greifen im Ergebnis aber nicht durch. **280**

Mängel der bis zum Widerruf erbrachten Werkleistung des Unternehmers sind als mängelbedingter Minderwert der Leistung des Unternehmers bereits bei der Bemessung der Höhe des Wertersatzes zu berücksichtigen. § 357 d BGB n. F. bestimmt ja nicht, dass die Höhe des Wertersatzes stets der Vergütung entspricht, die auf die bis zum Widerruf erbrachte Teilleistung entfällt. Der Vergütungsanspruch ist lediglich Berechnungsgrundlage für die Ermittlung des Wertersatzanspruchs. Das erlaubt es ohne weiteres, Mängel der Werkleistung bei der Ermittlung der Höhe des Wertersatzanspruchs zu berücksichtigen. Will der Unternehmer einen Wertersatzanspruch ohne Abzug eines mängelbedingter Minderwerts durchsetzen, trägt er die Beweislast für die Mangelfreiheit seiner bis zum Widerruf erbrachten Leistungen. Denn er muss die Tatbestandsvoraussetzungen seines Anspruchs darlegen und beweisen; dazu gehört auch die Mangelfreiheit der bis zum Widerruf erbrachten Leistungen. **281**

Wird ein Mangel der bis zum Widerruf erbrachten Leistung erst nach Erfüllung eines ungekürzten Wertersatzanspruchs erkannt, kann der Besteller vom Unternehmer nicht die Beseitigung des Mangels verlangen. Denn die Mängelansprüche des Bestellers sind durch den Widerruf untergegangen. Den ungekürzten Wertersatz hat der Unternehmer in diesem Fall allerdings ohne Rechtsgrund erlangt. Denn der Umstand, dass der Mangel der bis zum Widerruf erbrachten Werkleistung erst nachträglich **282**

---

[196] Vgl. dazu BGH Urt. v. 8.7.1999, Az. VII ZR 237/98, NJW 1999, 3261.
[197] Pause/Vogel, NZBau 2015, 667, 669.

entdeckt wurde, ändert nichts daran, dass der Anspruch auf Wertersatz nur in der Höhe entstanden ist, die sich bei Berücksichtigung des Mangels ergibt. Den zu Unrecht geleisteten Wertersatz kann der Besteller daher nach § 812 Abs. 1 S. 1 1. Alt. BGB (Leistungskondiktion) zurückverlangen. Allerdings trifft den Besteller dann die Beweislast für das Vorliegen der Voraussetzungen des Rückforderungsanspruchs, d.h. er muss die Mangelhaftigkeit der bis zum Widerruf erbrachten Werkleistungen beweisen.

c) Frist für die Ausübung des Widerrufs

283   Die Dauer der Frist für die Erklärung des Widerrufs richtet sich nach der allgemeinen, das Widerrufsrecht des Verbrauchers betreffenden Vorschrift des § 355 Abs. 2 BGB; sie beträgt danach grundsätzlich 14 Tage und beginnt, soweit nichts anderes bestimmt ist, mit Vertragsschluss.

284   Nach § 356 e BGB n. F. beginnt die Widerrufsfrist beim Verbraucherbauvertrag indes nicht, bevor der Unternehmer den Verbraucher über sein Widerrufsrecht belehrt hat. Die Anforderungen an diese Belehrung ergeben sich aus Artikel 249 § 3 EGBGB. Sie muss Folgendes enthalten:

1. einen Hinweis auf das Recht zum Widerruf,

2. einen Hinweis darauf, dass der Widerruf durch Erklärung gegenüber dem Unternehmer erfolgt und keiner Begründung bedarf,

3. den Namen, die ladungsfähige Anschrift und die Telefonnummer desjenigen, gegenüber dem der Widerruf zu erklären ist, gegebenenfalls seine Telefaxnummer und E-Mail-Adresse,

4. einen Hinweis auf die Dauer und den Beginn der Widerrufsfrist sowie darauf, dass zur Fristwahrung die rechtzeitige Absendung der Widerrufserklärung genügt, und

5. einen Hinweis darauf, dass der Verbraucher dem Unternehmer Wertersatz nach § 357d BGB schuldet, wenn die Rückgewähr der bis zum Widerruf erbrachten Leistung ihrer Natur nach ausgeschlossen ist.

285   Die Anlage 10 zu Art. 249 EGBGB enthält ein Muster für eine solche, den Anforderungen des Gesetzes entsprechende Widerrufsbelehrung, die allerdings vom Unternehmer noch korrekt ausgefüllt werden muss.

286   Nach § 356 e S. 2 BGB n. F. erlischt das Widerrufsrecht spätestens zwölf Monate und 14 Tage nach dem in § 355 Abs. 2 S. 2 BGB genannten Zeitpunkt. § 355 Abs. 2 S. 2 BGB besagt, dass die Widerrufsfrist mit Vertragsschluss beginnt, soweit nichts anderes bestimmt ist. Der Zeitpunkt, auf den § 356 e S. 2 BGB n. F. verweist, ist damit der Zeitpunkt des Vertragsschlusses, da es für Verbraucherbauverträge keine Regelung gibt, die für den Beginn der Widerrufsfrist einen anderen Zeitpunkt als den des Vertrags-

schlusses bestimmt. Das hätte der Gesetzgeber sicherlich etwas einfacher zum Ausdruck bringen können.

d) Falllösung

Im Fall 3 stellt sich die Frage, ob der Anspruch auf Zahlung der Schluss- **287** rechnung fällig geworden ist. Fälligkeit setzt grundsätzlich die Abnahme der Bauleistung voraus. B hat die Abnahme unstreitig nicht erklärt. Allerdings hat D den B unter Fristsetzung zur Erklärung der Abnahme aufgefordert. Nach § 640 Abs. 2 S. 1 BGB n. F. gilt ein Werk als abgenommen, wenn der Unternehmer dem Besteller nach Fertigstellung des Werks eine angemessene Frist zur Abnahme gesetzt hat und der Besteller die Abnahme nicht innerhalb dieser Frist unter Angabe mindestens eines Mangels verweigert hat. Da B bis zum Ablauf der gesetzten Frist die Abnahme nicht ausdrücklich unter Nennung mindestens eines Mangels verweigert hat, könnte die Leistung des D als abgenommen gelten. Die Rechtsfolgen des § 640 Abs. 2 S. 1 BGB n. F. treten aber in Fällen, in denen der Besteller Verbraucher ist, nur dann ein, wenn der Unternehmer den Besteller zusammen mit der Aufforderung zur Abnahme auf die Folgen einer nicht erklärten oder ohne Angabe von Mängeln verweigerten Abnahme hingewiesen hat, § 640 Abs. 2 S. 2 BGB n. F. B ist Verbraucher im Sinne des § 13 BGB. Die Abnahmefiktion nach § 640 Abs. 1 S. 1 BGB n. F. ist daher nicht eingetreten.

In Anbetracht des Umstands, dass die Leistung des D keine Mängel **288** aufweist und somit abnahmereif ist, könnte B verpflichtet sein, die Abnahme zu erklären und die Schlussrechnung zu bezahlen.

Denkbar wäre allerdings, dass B den mit G geschlossenen Vertrag **289** wirksam widerrufen hat.

Läge ein Verbraucherbauvertrag vor, steht B grundsätzlich ein Widerrufsrecht nach § 650 l BGB n. F. i.V.m. § 355 BGB zu. Läge ein Verbraucherbauvertrag vor, könnte B den Vertrag auch jetzt noch widerrufen, weil es an einer Unterrichtung des B über das Bestehen und die Voraussetzungen des Widerrufsrechts nach Art. 249 § 3 EGBGB bei Abschluss des Vertrages fehlt. Nach § 355 Abs. 2 BGB beträgt die Frist für die Erklärung des Widerrufs zwar grundsätzlich 14 Tage. Nach § 356 e BGB n. F. beginnt die Widerrufsfrist jedoch nicht, bevor der Unternehmer den Verbraucher gemäß Artikel 249 § 3 des Einführungsgesetzes zum Bürgerlichen Gesetzbuche über sein Widerrufsrecht belehrt hat. Da eine solche Belehrung unterblieben ist, könnte B, sofern ein Verbraucherbauvertrag vorliegt, den Vertrag jetzt noch widerrufen. Da der Vertragsschluss erst drei Monate zurückliegt, ist in die § 356 e BGB n. F. enthaltene Frist von zwölf Monaten und 14 Tagen (gerechnet ab Vertragsschluss, § 355 Abs. 2 S. 2 BGB) zur Erklärung des Widerrufs noch nicht abgelaufen.

290   Im Falle eines wirksam erklärten Widerrufs sind die empfangenen Leistungen nach § 355 Abs. 3 BGB unverzüglich zurückzugewähren. Nach § 357d BGB schuldet der Verbraucher dem Unternehmer stattdessen Wertersatz, wenn die Rückgewähr der bis zum Widerruf erbrachten Leistung ihrer Natur nach ausgeschlossen ist. Nach § 357 d BGB n. F. ist bei der Berechnung des Wertersatzes grundsätzlich die vereinbarte Vergütung zugrunde zu legen. Das bedeutete, dass B im Falle eines wirksam erklärten Widerrufs dennoch die vereinbarte Vergütung von 100.000 € zahlen müsste. Ist die vereinbarte Vergütung jedoch unverhältnismäßig hoch, ist nach § 357 d S. 3 BGB n. F. der Wertersatz auf der Grundlage des Marktwertes der erbrachten Leistung zu berechnen. Diese beläuft sich im vorliegenden Fall auf 70.000 €. Nur diesen Betrag müsste B daher im Falle eines wirksam erklärten Widerrufs zahlen.

291   Allerdings ist fraglich, ob die Voraussetzungen eines Verbraucherbauvertrags erfüllt sind. Ein Vertrag zwischen einem Unternehmer und einem Verbraucher liegt vor. Allein der Umstand, dass ein Bauvertrag mit einem Verbraucher geschlossen wurde, führt aber noch nicht dazu, dass dieser Vertrag als Verbraucherbauvertrag zu qualifizieren ist. Hinzukommen muss, dass der Unternehmer entweder zum Bau eines neuen Gebäudes oder zu erheblichen Umbaumaßnahmen an einem bestehenden Gebäude verpflichtet wird. Die in Auftrag gegebene Dachsanierung ist zwar umfangreich, es geht aber nicht um den „Bau eines neuen Gebäudes" im Sinn des § 650 i Abs. 1 BGB n. F. Es dürfte auch keine „erhebliche Umbaumaßnahme" vorliegen. Der Begriff der erheblichen Umbaumaßnahmen ist eng auszulegen, so dass hierunter nur solche Umbaumaßnahmen fallen, die vergleichbar sind mit dem Bau eines neuen Gebäudes. Der Begriff wurde durch das Gesetz zur Umsetzung der Verbraucherrechterichtlinie und zur Änderung des Gesetzes zur Regelung der Wohnungsvermittlung[198] mit Wirkung zum 13.6.14 in § 312 Abs. 2 Nr. 3 eingefügt. Nach der Begründung zum Gesetzentwurf der Bundesregierung zu jenem Gesetz[199] sind die Dachdeckarbeiten an einem Haus von der Ausnahme der „erheblichen Umbaumaßnahmen" ausdrücklich nicht erfasst.[200] Diese Auslegung ist auch für den in § 650i Abs. 1 BGB n. F. enthaltenen, identischen Begriff heranzuziehen. Ein Verbraucherbauvertrag liegt daher nicht vor; das Widerrufsrecht nach § 650 l BGB n. F. besteht daher nicht.

---

[198] BGBl. 2013 I, 3642.
[199] BT-Drs. 17/12637, S. 46.
[200] LG Stuttgart Urt. v. 2.6.2016, Az. 23 O 47/16, Rn. 24, BauR 2017, 570.

Ein Widerrufsrecht des B könnte aber aus den allgemeinen Verbrau- **292**
cherschutzvorschriften folgen. Diese Vorschriften sind auf den vorliegenden Fall grundsätzlich anwendbar. Sie gelten nach § 312 Abs. 2 Nr. 3 BGB
zwar nicht für Verträge über den Bau von neuen Gebäuden oder erheblichen Umbaumaßnahmen an bestehenden Gebäuden; diese Voraussetzungen liegen hier aber nicht vor. Es gilt hier das zum Verbraucherbauvertrag
Gesagte entsprechend. Daraus folgt, dass bei zwischen Verbrauchern und
Unternehmern geschlossenen Bauverträgen entweder (grundsätzlich) der
Anwendungsbereich der Verbraucherschutzvorschriften der § 312 ff. BGB
eröffnet oder § 650 i BGB n. F. anwendbar ist.

Der zwischen B und D zustande gekommene Vertrag wurde im Sinn **293**
des § 312 b Abs. 1 Nr. 1 BGB außerhalb der Geschäftsräume des D geschlossen. Dem B steht daher gemäß § 312 g Abs. 1 BGB ein Widerrufsrecht nach
§ 355 BGB zu. Die Frist für die Erklärung des Widerrufs beträgt nach
§ 355 Abs. 2 BGB grundsätzlich 14 Tage gerechnet ab Vertragsschluss,
wenn nicht das Gesetz etwas anderes regelt. Eine solche abweichende Regelung liegt nicht vor. Im Sinne der Verbraucherrechterichtlinie sind
Werkverträge nach §§ 631 ff. BGB als Verträge über die Erbringung von
Dienstleistungen anzusehen[201], für die es keine Regelung gibt, aus der ein
anderweitiger Fristbeginn folgt.

Nach § 356 Abs. 3 S. 1 BGB beginnt die Widerrufsfrist jedoch nicht, **294**
bevor der der Unternehmer den Verbraucher ordnungsgemäß über das
Widerrufsrecht unterrichtet hat. An einer solchen Unterrichtung fehlt es
hier. Der Widerruf ist auch nicht dadurch ausgeschlossen, dass der D den
Vertrag bereits vollständig erfüllt hat. Dies würde nach § 356 Abs. 4 S. 1
BGB nur dann zum Erlöschen des Widerrufsrechts führen, wenn D erst
mit der Ausführung der Leistung begonnen hätte, nachdem der B dazu
seine ausdrückliche Zustimmung gegeben **und** gleichzeitig seine Kenntnis
davon bestätigt hat, dass er sein Widerrufsrecht bei vollständiger Vertragserfüllung durch den Unternehmer verliert.[202] Daran fehlt es hier. Der B
könnte den geschlossenen Vertrag daher noch immer widerrufen. Durch
den Widerruf ist der Anspruch des D auf Zahlung des Werklohns untergegangen.

Nach § 357 Abs. 8 BGB schuldet der Verbraucher allerdings Wertersatz, **295**
wenn der Verbraucher von dem Unternehmer ausdrücklich verlangt hat,
dass dieser mit der Leistung vor Ablauf der Widerrufsfrist beginnt. Diese
Voraussetzung ist hier aber nicht erfüllt. Dass mit der Vertragsdurchführung bereits fünf Tage nach Vertragsschluss begonnen wurde, war auf den

---

[201] Pause/Vogel, NZBau 2015, 667, 669; LG Stuttgart Urt. v. 2.6.2016, Az. 23
O 47/16, Rn. 24, BauR 2017, 570.
[202] Vgl. dazu Lenkeit, BauR 2017, 615, 617.

ausdrücklichen Wunsch des D zurückzuführen. B schuldet daher keinen Wertersatz. Er braucht für die empfangene Leistung nichts zu bezahlen.[203]

296   Der Fall zeigt, dass der Verbraucherschutz außerhalb der Regelungen zum Verbraucherbauvertrag teilweise weiter geht als beim Verbraucherbauvertrag. Allerdings ist Voraussetzung der vorstehend zitierten, unabhängig vom Vorliegen eines Verbraucherbauvertrags geltenden Regelungen stets entweder das Vorliegen eines außerhalb von Geschäftsräumen geschlossenen Vertrages oder eines Fernabsatzvertrages. Das bedeutet: Wäre der zwischen B und D geschlossene Bauvertrag in den Geschäftsräumen des D geschlossen worden, stünde dem B ein Widerrufsrecht nicht zu. Wegen der mangelfrei erbrachten Leistungen hätte D einen Anspruch auf Abnahme seiner Leistungen und auf Zahlung seiner Schlussrechnung.

4. Die Pflicht des Unternehmers zur Vorlage einer Baubeschreibung

297   Nach § 650 j BGB n. F. hat der Unternehmer beim Verbraucherbauvertrag über die sich aus Artikel 249 EGBGB ergebenden Einzelheiten in der dort vorgesehenen Form zu unterrichten, es sei denn, der Verbraucher oder ein von ihm Beauftragter macht die wesentlichen Planungsvorgaben. Diese Vorschrift begründet für den Unternehmer eines Verbraucherbauvertrages die Verpflichtung, vor Vertragsschluss dem Verbraucher eine Baubeschreibung zur Verfügung zu stellen. In der Baubeschreibung sind nach Art. 249 § 2 EGBGB die wesentlichen Eigenschaften des angebotenen Werks in klarer Weise darzustellen. Sie muss mindestens Folgendes enthalten:

1. allgemeine Beschreibung des herzustellenden Gebäudes oder der vorzunehmenden Umbauten, gegebenenfalls Haustyp und Bauweise,

2. Art und Umfang der angebotenen Leistungen, gegebenenfalls der Planung und der Bauleitung, der Arbeiten am Grundstück und der Baustelleneinrichtung sowie der Ausbaustufe,

3. Gebäudedaten, Pläne mit Raum- und Flächenangaben sowie Ansichten, Grundrisse und Schnitte,

4. gegebenenfalls Angaben zum Energie-, zum Brandschutz- und zum Schallschutzstandard sowie zur Bauphysik,

5. Angaben zur Beschreibung der Baukonstruktionen aller wesentlichen Gewerke,

6. gegebenenfalls Beschreibung des Innenausbaus,

---

[203] Vgl. Pause/Vogel, NZBau 2015, 667, 669; LG Stuttgart Urt. v. 2.6.2016, Az. 23 O 47/16, Rn. 24, BauR 2017, 570.

7. gegebenenfalls Beschreibung der gebäudetechnischen Anlagen,

8. Angaben zu Qualitätsmerkmalen, denn das Gebäude oder der Umbau genügen muss,

9. gegebenenfalls Beschreibung der Sanitärobjekte, der Armaturen, der Elektroanlage, der Installationen, der Informationstechnologie und der Außenanlagen.

Nach Art. 249 § 2 Abs. 2 EGBGB hat die Baubeschreibung ferner verbind- **298** liche Angaben zum Zeitpunkt der Fertigstellung des Werks zu enthalten. Steht der Beginn der Baumaßnahme noch nicht fest, ist ihre Dauer anzugeben.

Die gem. Art. 249 § 2 EGBGB als Inhalt der Baubeschreibung zu ver- **299** schaffenden Informationen entsprechen im Kern den Informationen, über die der Verbraucher auch bei Verbraucherverträgen nach § 312 a Abs. 2 S. 1 BGB, Art. 246 Abs. 1 Nr. 1 EGBGB zu informieren ist,[204] wobei allerdings die Besonderheiten des Baubereichs berücksichtigt werden. Die Informationspflichten nach § 312 a Abs. 2 S. 1 BGB finden aber auf Verträge über den Bau von neuen Gebäuden oder erhebliche Umbaumaßnahmen an bestehenden Gebäuden keine Anwendung, § 312 Abs. 2 Nr. 3 BGB. Genau für diese Verträge, die jetzt in § 650 i BGB n. F. als Verbraucherbauverträge qualifiziert werden, enthält § 650 j BGB n. F. nunmehr eine spezielle, auf diesen Vertragstyp zugeschnittene Informationsverpflichtung. Die Informationspflichten nach § 650 j BGB n. F. knüpfen daher genau an der Stelle an, an der die Informationspflichten bei Verbraucherverträgen nach § 312 Abs. 2 S. 1 BGB enden.[205]

Die Pflicht zur Stellung der Baubeschreibung entfällt nach § 650 j Hs. 2 **300** BGB, wenn der Verbraucher oder ein von ihm Beauftragter die wesentlichen Planungsvorgaben macht. Damit sind insbesondere die Fälle angesprochen, in denen der Verbraucher selbst einen Architekten mit der Erstellung der Planung beauftragt hat. In diesem Fall ist es in der Tat sachgerecht, keine Verpflichtung des Unternehmers zur Beschreibung der Baumaßnahme zu begründen, da diese Aufgabe vom Architekten besser erfüllt werden kann. Da der Anwendungsbereich der Verbraucherbauverträge praktisch auf den Schlüsselfertigbau beschränkt ist, wird der Verbraucher beim Verbraucherbauvertrag aber nur ganz ausnahmsweise einen eigenen Architekten beauftragen.

Welche Rechtsfolgen eintreten, wenn der Unternehmer die Verpflich- **301** tung zur Unterrichtung nach § 650 j BGB n. F. verletzt, regelt das Gesetz nur teilweise für den Fall der unvollständigen oder unklaren Baubeschrei-

---

[204] Glöckner, VUR 2016, 163, 165.
[205] Glöckner, VUR 2016, 163, 165.

bung (vgl. § 650 k Abs. 2 BGB n. F.). Eine Regelung über die Rechtsfolge, die eintritt, wenn der Unternehmer eine Baubeschreibung überhaupt nicht vorliegt, fehlt.

302 Mangels anderweitiger Regelungen gelten hier die Vorschriften des allgemeinen Leistungsstörungsrechts (§§ 280 ff., 311 Abs. 2 BGB).[206] Der Unternehmer macht sich also schadensersatzpflichtig. Kann der Besteller nachweisen, dass er bei ordnungsgemäßer Information den Verbraucherbauvertrag nicht abgeschlossen hätte, kann ein Verstoß gegen die Informationspflicht des § 650 j BGB n. F. im äußersten Fall sogar zu einem Anspruch des Verbrauchers auf Vertragsaufhebung führen.[207] Verstößt der Unternehmer planmäßig gegen die Informationspflicht, kann er nach § 2 UKlaG auf Unterlassung in Anspruch genommen werden. Daneben können die Verstöße zu einem Unterlassungsanspruch anderer Marktteilnehmer nach § 8 UWG führen.[208]

5. Bedeutung der Baubeschreibung für den Vertragsinhalt

303 § 650 k Abs. 1 BGB n. F. bestimmt, dass die Angaben der vorvertraglich nach § 650 j BGB n. F. zur Verfügung gestellten Baubeschreibung in Bezug auf die Bauausführung grundsätzlich Inhalt des Vertrags werden. Eine vergleichbare Bestimmung enthält auch § 312 d Abs. 1 S. 2 BGB für Informationen bei außerhalb von Geschäftsräumen geschlossenen Verträgen und Fernabsatzverträgen.[209] Aufgrund der Regelung muss sich der Unternehmer an den Aussagen festhalten lassen, die in der nach § 650 j BGB n. F. übermittelten Baubeschreibung enthalten sind. Gibt der Verbraucher seine Vertragserklärung ab, sind dadurch automatisch alle vom Unternehmer gelieferten Informationsinhalte in die Vertragserklärung des Verbrauchers und in den Vertrag selbst integriert.[210] Enthält die Baubeschreibung allerdings Abweichungen von zu Gunsten des Verbrauchers zwingendem Gesetzesrecht, behält Letzteres Vorrang.[211]

---

[206] BT-Drs. 18/8486, S. 62/63; *Wendehorst* in MüKoBGB, 7. Auflage 2016, § 312a, Rn. 38 zu den Informationspflichten nach der Verbraucherrechterichtlinie.

[207] Vgl. *Grüneberg* in Palandt, BGB, 76. Aufl. 2017, Einführung vor Art. 238 EGBGB, Rn. 11 zu den Informationspflichten nach der Verbraucherrechterichtlinie.

[208] *Grüneberg* in Palandt, BGB, 76. Aufl. 2017, Einführung vor Art. 238 EGBGB, Rn. 12.

[209] BT-Drs. 18/8486, S. 62; Glöckner, VUR 2016, 163, 165.

[210] *Wendehorst* in MüKoBGB, 7. Auflage 2016, § 312 d, Rn. 7 zu den Informationspflichten nach der Verbraucherrechterichtlinie.

[211] *Wendehorst* in MüKoBGB, 7. Auflage 2016, § 312d, Rn. 6.

Der Inhalt der Baubeschreibung wird lediglich insoweit nicht Vertrags- **304**
inhalt, wie die Parteien ausdrücklich etwas anderes vereinbart haben.
Diese Voraussetzung ist erfüllt, wenn der Verbraucher seinen Willen nach
einem von der Baubeschreibung abweichenden Leistungsinhalt nicht bloß
konkludent, sondern unmittelbar in einer Erklärung äußert.[212] Das erfordert eine von anderen Erklärungen getrennte Zustimmung durch aktives
Tun.[213] Möglich ist unter diesen Voraussetzungen auch die Zustimmung
des Verbrauchers zu vom Unternehmer nachträglich übersandten Allgemeinen Geschäftsbedingungen.[214]

Nach § 650 k Abs. 3 BGB n. F. muss der Bauvertrag verbindliche Anga- **305**
ben zum Zeitpunkt der Fertigstellung des Werks oder, wenn dieser Zeitpunkt zum Zeitpunkt des Abschlusses des Bauvertrags nicht angegeben
werden kann, zur Dauer der Bauausführung enthalten. Aussagen zur
Fertigstellung werden häufig insbesondere dann nicht möglich sein, wenn
zum Zeitpunkt des Abschlusses des Bauvertrags eine Baugenehmigung
noch nicht vorliegt und daher auch noch nicht absehbar ist, wann mit der
Ausführung der Bauarbeiten begonnen werden kann.

Enthält der Vertrag die nach § 650 k Abs. 3 BGB n. F. geforderten An- **306**
gaben nicht, werden die vorvertraglich in der Baubeschreibung übermittelten Angaben zum Zeitpunkt der Fertigstellung des Werks oder zur
Dauer der Bauausführung (die nach Art. 249 § 2 Abs. 2 EGBGB zum Min-
destinhalt der Baubeschreibung gehören) Inhalt des Vertrags. Da zum
Zeitpunkt der Abfassung der Baubeschreibung in der Regel noch kein
Termin für den Beginn der Bauausführung feststehen wird und damit auch
ein Fertigstellungstermin nicht bestimmt werden kann, wird sich die
Baubeschreibung in der Regel auf Aussagen zur Dauer der Baumaßnahme
beschränken. Fehlt auch im Bauvertrag eine Regelung zum Zeitpunkt der
Fertigstellung, hat es damit sein Bewenden.[215]

Hinsichtlich des Zeitpunkts der Fertigstellung tritt dann allerdings – **307**
entgegen einem weit verbreiteten Missverständnis – kein gewissermaßen
ungeregelter Zustand ein. Die Beweislast für das Fehlen der Fälligkeit

---

[212] BT-Drs. 17/12637, S. 53 zur Bedeutung des Begriffs „ausdrücklich" im Zusammenhang mit der Umsetzung der Verbraucherrechterichtlinie.
[213] *Wendehorst* in MüKoBGB, 7. Auflage 2016, § 312 d, Rn. 7.
[214] *Grüneberg* in Palandt, BGB, 76. Aufl. 2017, § 312 d, Rn. 2; das mag, wie
Wendehorst in MüKoBGB, 7. Auflage 2016, § 312 d, Rn. 7 meint, im Zusammenhang mit der Regelung des § 312 d BGB dem Schutzzweck der
Verbraucherrechterichtlinie widersprechen. Die Vorschriften zum Verbraucherbauvertrag sind aber nicht europarechtlich determiniert, so dass es darauf
jedenfalls für die Auslegung des § 650 k Abs. 1 BGB n. F. nicht ankommen
kann.
[215] Glöckner, VUR 2016, 163, 166.

einer vertraglich zu erbringenden Leistung obliegt im Werkvertragsrecht generell dem Unternehmer. Verlangt daher der Besteller die Fertigstellung des Bauwerks, ist es generell Sache des Unternehmers darzulegen und zu beweisen, dass er eine Leistung erst zu einem anderen späteren Zeitpunkt zu erbringen hat.[216]

308   Das folgt aus § 271 Abs. 1 BGB: Die Vorschrift ordnet an, dass die vertragliche Leistung sofort zu bewirken ist, wenn eine Zeit für die Leistung weder bestimmt noch aus den Umständen zu entnehmen ist. § 271 Abs. 1 BGB enthält damit eine zur sofortigen Fälligkeit und Erfüllbarkeit führende Regel. Es ist daher nach allgemeinen Grundsätzen Sache der Vertragspartei, die sich auf ein Fehlen der Fälligkeit beruft, darzulegen und zu beweisen, dass aufgrund einer vertraglichen Festlegung und der Umstände des Einzelfalls erst zu einem bestimmten späteren Zeitpunkt zu leisten ist.

309   Das hat Bedeutung für den Fall, dass ein Fertigstellungstermin zwischen den Parteien nicht vereinbart ist: Da beim Bauvertrag naturgemäß nicht zu erwarten ist, dass das geschuldete Werk sogleich nach Vertragsschluss hergestellt wird, hat der BGH den Grundsatz des § 271 Abs. 1 BGB für den Werkvertrag dahingehend abgewandelt, dass der Unternehmer im Zweifel nach Vertragsschluss mit der Herstellung alsbald zu beginnen und sie in angemessener Zeit zügig zu Ende zu führen hat. Fälligkeit tritt dann nach Verstreichen der für die Herstellung notwendigen Zeit ein.[217]

310   Ist streitig, ob im konkreten Fall die angemessene Fertigstellungsfrist tatsächlich abgelaufen ist und deshalb Fälligkeit eintritt, bleibt der Unternehmer als Schuldner aber für die insoweit maßgeblichen Umstände darlegungs- und beweispflichtig, aus denen sich die fehlende Fälligkeit der Werkleistung ergibt. Hieraus folgt: Selbst wenn eine Fertigstellungsfrist nicht vereinbart sind, muss der Unternehmer darlegen und beweisen, dass er mit seiner Ausführungsdauer nicht die Fälligkeitsfrist überschritten hat.[218]

311   Daher liegt es insbesondere im Interesse des Unternehmers, in den Vertrag eine klare Regelung zur Fertigstellung aufzunehmen.

312   Während § 650 k Abs. 1 und Abs. 3 BGB n. F. bestimmen, dass bzw. unter welchen Voraussetzungen der Inhalt der Baubeschreibung Vertragsbestandteil wird, regelt § 650 k Abs. 2 BGB n. F. inwieweit die Baubeschreibung nicht Vertragsbestandteil wird.

---

[216] BGH Urt. v. 21.10.2003, Az: X ZR 218/01, BauR 2004, 331.
[217] OLG Hamburg Urt. v. 29.10.2009, Az: 6 U 253/08, IBR 2012, 13.
[218] Althaus/Heindl, Der öffentliche Bauauftrag, 2. Auflage, Stand: 18.9.2013, Rn. 214.

Nicht Vertragsbestandteil wird die Baubeschreibung, soweit sie unvoll- 313
ständig oder unklar ist. Insoweit ist der Vertrag unter Berücksichtigung
sämtlicher vertragsbegleitender Umstände, insbesondere des Komfort-
und Qualitätsstandards nach der übrigen Leistungsbeschreibung, auszulegen. Das Gesetz verfolgt damit das Ziel, den Vertrag bei Mängeln der
Baubeschreibung möglichst aufrechtzuerhalten. Unklarheiten sollen so
bereinigt und Lücken so gefüllt werden, wie es dem Leistungsniveau der
Baubeschreibung im Übrigen entspricht. Das Gesetz lehnt sich damit erkennbar an die Rechtsprechung des BGH zum geschuldeten Schallschutz
beim Erwerb einer Wohnung vom Bauträger an. Insoweit hatte der BGH
entschieden, dass eine Baubeschreibung, die den geschuldeten Trittschall
nur unzureichend unter Hinweis auf die DIN 4109 beschreibt, so auszulegen ist, dass auch das einzuhaltende Schalldämm-Maß dem im Übrigen
im Vertrag vereinbarten Qualitäts- und Komfortstandard entspricht.[219]
Nichts anderes besagt nunmehr § 650 k Abs. 2 BGB n. F.: Ist die Baubeschreibung lückenhaft, sind diese Lücken so zu füllen, wie dies nach dem
übrigen Vertragsinhalt insbesondere hinsichtlich des Qualitäts- und Kom-
fortstandards zu erwarten wäre.

6. Abschlagszahlungen und Sicherheiten beim Verbraucherbauvertrag

a) Überblick

§ 650 m BGB n. F. enthält Regelungen zur Begrenzung der vom Verbrau- 314
cher zu erbringenden Abschlagszahlungen und der im Bauvertrag vereinbarten, vom Verbraucher zu stellenden Sicherheiten. Außerdem gibt er
dem Verbraucher unabhängig vom Inhalt des geschlossenen Vertrages
einen Anspruch gegen den Unternehmer auf Stellung einer so genannten
Vertragserfüllungssicherheit.

b) Abschlagszahlungen

Verlangt der Unternehmer Abschlagszahlungen nach § 632 a, darf der 315
Gesamtbetrag der Abschlagszahlungen gemäß § 650 m Abs. 1 BGB n. F.
90 Prozent der vereinbarten Gesamtvergütung einschließlich der Vergütung für „Nachtragsleistungen" nach § 650c BGB nicht übersteigen.

Die restlichen 10 % der vereinbarten Vergütung werden frühestens mit 316
Abnahme zur Zahlung fällig. Das versetzt den Verbraucher insbesondere

---

[219] BGH Urt. v. 4.6.2009, Az. VII ZR 54/07, BGHZ 181, 225.

in die Lage, Einbehalte wegen bei Abnahme noch vorhandener Mängel einschließlich eines Druckzuschlags nach § 641 Abs. 3 BGB vorzunehmen.

c) Vertragserfüllungssicherheit

317   Nach § 650 m Abs. 2 S. 1 BGB n. F. ist dem Verbraucher bei der ersten Abschlagszahlung eine Sicherheit für die rechtzeitige Herstellung des Werks „ohne wesentliche Mängel" in Höhe von 5 Prozent der vereinbarten Gesamtvergütung zu leisten. Erhöht sich der Vergütungsanspruch infolge einer Anordnung des Verbrauchers nach den „§§ 650b und 650c" BGB n. F. oder infolge sonstiger Änderungen oder Ergänzungen des Vertrags um mehr als 10 Prozent, ist dem Verbraucher bei der nächsten Abschlagszahlung eine weitere Sicherheit in Höhe von 5 Prozent des zusätzlichen Vergütungsanspruchs zu leisten, § 650 m Abs. 2 S. 2 BGB n. F.

318   Die Regelung entspricht im Kern § 632 a Abs. 3 S. 1 und 2 BGB a. F. Übernommen wurde dabei auch die unglückliche Formulierung, dass die Sicherheit dafür zu leisten ist, dass die Herstellung des Werks „ohne wesentliche Mängel" erfolgt. Zu sichern sind damit nur die Ansprüche auf eine abnahmefähige Leistung, nicht aber auch die Ansprüche auf Beseitigung der Mängel, die zwar vorhanden aber nicht so gravierend sind, dass sie einer Abnahme entgegenstehen.[220] Zu sichern sind damit nur die Ansprüche des Verbrauchers auf Vertragserfüllung, nicht aber die auf Nacherfüllung. Das wird aber dadurch abgemildert, dass der Verbraucher nach § 650 m Abs. 1 BGB n. F. bis zur Abnahme höchstens 90 % der Vergütung als Abschlagszahlung zu erbringen hat, sodass ihm auch nach Abnahme noch die Möglichkeit bleibt, wegen Mängeln einen Einbehalt vorzunehmen.

319   In § 632 a Abs. 3 S. 1 und 2 BGB a. F. war vorgesehen, dass die Höhe der dem Verbraucher zustehenden Sicherheit anzupassen ist, wenn sich der Vergütungsanspruch infolge von Änderungen oder Ergänzungen des Vertrags um mehr als 10 % erhöht. Diese Regelung wurde nunmehr in § 650 m Abs. 2 S. 2 BGB n. F. dahingehend ergänzt, dass eine Anpassung der Sicherheit auch im Falle von Anordnungen des Verbrauchers nach den „§§ 650b und 650c" BGB n. F. zu erfolgen hat, wobei es freilich eine Anordnung nach § 650c BGB n. F. nicht gibt. Richtigerweise hätte hier nur von einer Anordnung nach § 650 b Abs. 2 BGB n. F. die Rede sein dürfen.

320   Auf Verlangen des Unternehmers ist die Sicherheitsleistung durch Einbehalt dergestalt zu erbringen, dass der Besteller von den Abschlagszahlungen den Gesamtbetrag der geschuldeten Sicherheit zurückhält, § 650 m Abs. 3 S. 3 BGB n. F. Auch diese Regelung war bereits in § 632 a Abs. 3 S. 3

---

[220] *Sprau* in Palandt, BGB, 76. Auflage 2017, § 632 a, Rn. 18; kritisch dazu Pause/Vogel, NZBau 2015, 667, 670.

BGB a. F. enthalten. Macht der Unternehmer von dieser Möglichkeit Gebrauch, kann er insgesamt nur Abschlagszahlungen i.H.v. 85 % der vereinbarten Gesamtvergütung verlangen. Denn die Regelung des § 650 m Abs. 1 BGB n. F. ist zusätzlich zu § 650 m Abs. 3 S. 3 BGB n. F. weiter anwendbar. Der Unternehmer erhält bis zur Abnahme lediglich 90 Prozent der Vergütung abzüglich der als Sicherheit einbehaltenen 5 Prozent der vereinbarten Gesamtvergütung.[221]

d) Begrenzung der vom Verbraucher zu erbringenden Sicherheit

Nach § 650 f Abs. 6 BGB n. F. hat der Unternehmer beim Verbraucherbau- **321** vertrag keinen Anspruch auf eine Sicherheitsleistung nach § 650 f Abs. 1 BGB n. F.[222] Dies schließt eine vertragliche Vereinbarung, nach der sich der Verbraucher verpflichtet, dem Unternehmer Sicherheit für den Werklohnanspruch zu leisten, jedoch nicht aus. So hat der BGH entschieden, dass es dem Unternehmer eines Werkvertrags möglich sein soll, einen Verbraucher aufgrund von in Allgemeinen Geschäftsbedingungen enthaltenen Bestimmungen zu verpflichten, eine unbefristete, selbstschuldnerische Bürgschaft in Höhe der nach dem Vertrag geschuldeten Gesamtvergütung zur Absicherung aller Zahlungsverpflichtungen des Verbrauchers vorzulegen.[223] Der Gesetzgeber sah daher die Notwendigkeit, gesetzliche Rahmenbedingungen für derartige Vereinbarungen festzulegen.[224]

Verlangt der Unternehmer nach § 632 a BGB Abschlagszahlungen vom **322** Verbraucher oder haben sich die Parteien vertraglich auf die Zahlung von Abschlagszahlungen geeinigt (was in der einen oder anderen Variante praktisch immer der Fall sein wird), ist eine Vereinbarung, die den Verbraucher zu einer Sicherheitsleistung für die vereinbarte Vergütung verpflichtet, die die nächste Abschlagszahlung oder 20 Prozent der vereinbarten Vergütung übersteigt, unwirksam, § 650 m Abs. 4 BGB n. F.

Vereinbaren die Parteien, dass keine Abschlagszahlungen zu erbringen **323** sind bzw. macht der Unternehmer von seinem nach § 632 a BGB bestehenden Recht, Abschlagszahlungen zu fordern, keinen Gebrauch, ist somit eine Absicherung bis zur Höhe der gesamten Auftragssumme möglich.[225] Verlangt der Unternehmer dagegen Abschlagszahlungen oder werden solche vereinbart, kann der Unternehmer höchstens eine Sicherheit in Höhe des Betrags der nächsten Abschlagszahlung der in Höhe von nur 20 % der vereinbarten Vergütung fordern. Gegen die Regelung wurde zu Unrecht

---

[221] BT-Drs. 18/8486, S. 64.
[222] Vgl. dazu unten Rn. 342 f.
[223] BGH Urt. v. 27.5.2010, Az. VII ZR 165/09, NZBau 2010, 495.
[224] BT-Drs. 18/8486, S. 64.
[225] BT-Drs. 18/8486, S. 65.

eingewandt, die Formulierung der Vorschrift vernachlässige die Möglichkeit, dass der Verbraucher fällige Abschlagszahlungen nicht bezahlt.[226] Die Einschränkung des Rechts, eine Sicherheit zu verlangen, besteht in der Tat bereits dann, wenn der Unternehmer Abschlagszahlungen verlangt bzw. solche vereinbart werden und nicht erst, wenn der Verbraucher die Abschlagszahlungen erbracht hat. Allerdings kann der Unternehmer nach dem Wortlaut der Norm stets eine Sicherheit in Höhe der nächsten Abschlagszahlung verlangen. Bei der im Baubereich üblichen kumulierten Abrechnung führt die Nichtbezahlung einer Abschlagsrechnung dazu, dass sich die nächste Abschlagsrechnung um den Betrag der vorangegangenen Abschlagsrechnung erhöht. Bezahlt daher der Verbraucher eine Abschlagsrechnung nicht, beinhaltet die „nächste Abschlagszahlung" auch den Betrag der unbezahlten vorangegangenen Abschlagsrechnung, so dass sich auch der Anspruch des Unternehmers auf Sicherheitsleistung entsprechend erhöht.

324 Unabhängig davon sieht das Gesetz aus Gründen der Praktikabilität die Möglichkeit vor, einen Anspruch auf Einräumung einer Sicherheit von pauschal 20 Prozent der vereinbarten Vergütung zu vereinbaren. Fraglich ist, ob auch Vergütungsänderungen, die aus Anordnungen nach § 650 b Abs. 2 BGB n. F. resultieren oder auf die sich die Parteien nach § 650 b Abs. 1 S. 2 BGB n. F. geeinigt haben, bei der Ermittlung der Marge von 20 % zu berücksichtigen sind. Hier wäre sicherlich, wie auch bei § 650 f Abs. 1 BGB n. F.[227], eine klarstellende Regelung im Gesetz wünschenswert gewesen. Aus dem Umstand, dass § 650 m Abs. 4 BGB n. F., anders als § 650 f Abs. 1 BGB n. F. oder § 650 m Abs. 1 und Abs. 2 S. 2 BGB n. F., eine nachträgliche Erhöhung des Auftragswerts nicht anspricht, wird man wohl schließen müssen, dass im Fall des § 650 m Abs. 4 BGB eine nachträgliche Erhöhung des Auftragswerts nicht berücksichtigt wird.

325 Bemerkenswert an der gesetzlichen Regelung ist der Umstand, dass in Fällen, in denen keine Abschlagszahlungen vereinbart wurden, die Wirksamkeit der Vereinbarung einer Sicherheit von einem nach Abschluss der Vereinbarung einsetzenden Verhalten des Unternehmers abhängig gemacht wird. Vereinbaren die Parteien keine Abschlagszahlungen, ist zunächst die Vereinbarung einer Sicherheitsleistung in Höhe der nach dem Vertrag geschuldeten Gesamtvergütung möglich. Diese Vereinbarung wird lediglich dann unwirksam, wenn der Unternehmer von dem ihm nach § 632 a BGB unabhängig von der vertraglichen Vereinbarung zustehenden Recht **Gebrauch** macht, Abschlagszahlungen zu verlangen.

326 Aus der Formulierung des Gesetzes, wonach hiervon abweichende Regelungen „unwirksam" sind, folgt, dass im Falle der Vereinbarung einer

---

[226] Glöckner, VUR 2016, 163, 167.
[227] Siehe unten Rn. 346.

höheren als der zulässigen Sicherheit die vertragliche Regelung nicht auf das nach dem Gesetz Zulässige reduziert werden kann. Die Regelung ist dann vielmehr insgesamt unwirksam, mit der Folge, dass dem Unternehmer kein Anspruch auf Sicherheitsleistung zusteht.

e) Abdingbarkeit

Während von den Regelungen über den Verbraucherbauvertrag im Übrigen nach § 650 o BGB n. F. nicht zum Nachteil des Verbrauchers abgewichen werden kann, können die Parteien durch Individualvereinbarung im Vertrag eine von § 650 m Abs. 1 und 2 BGB abweichende Regelung treffen. Nicht möglich ist es allerdings, in Allgemeinen Geschäftsbedingungen des Unternehmers vorzusehen, dass dieser Abschlagszahlungen verlangen kann, die „wesentlich höher" sind, als die nach § 650m Abs. 1 BGB n. F. zu leistenden Abschlagszahlungen, § 309 Nr. 15 a) BGB n. F. An der Regelung, dass in AGB „ unwesentlich höhere" als die nach § 650 m Abs. 1 BGB zulässigen Abschlagszahlungen vereinbart werden können, hat der Gesetzgeber trotz der Kritik des Bundesrats[228] festgehalten. Der Begriff der „wesentlichen" Abweichung soll nach Auffassung der Bundesregierung nicht zu größerer Rechtsunsicherheit führen. Es sei Aufgabe der Rechtsprechung, solche unbestimmten Rechtsbegriffe anhand der Umstände des jeweiligen Einzelfalles auszulegen.[229] Das bedeutet, dass der Verbraucher in AGB des Unternehmers abweichend von § 650 m Abs. 1 BGB n. F. auch zu Abschlagszahlungen verpflichtet werden kann, die insgesamt über 90 % der Gesamtvergütung hinausgehen. Bei welchem Prozentsatz freilich die Grenze der Wesentlichkeit erreicht wird, bleibt offen. Das Interesse des Verbrauchers, für nach Abnahme noch vorliegende Mängel einen Einbehalt vornehmen zu können, der hinreichend Druck auf den Unternehmer ausübt, um diesen zur Beseitigung der Mängel zu motivieren, lässt es geboten scheinen, allenfalls Abschlagszahlungen in Höhe von insgesamt ca. 93 % zuzulassen. Andernfalls liefe die dem Verbraucher nach § 641 Abs. 3 BGB eingeräumte Möglichkeit, einen Einbehalt in Höhe des Doppelten der für die Beseitigung des Mangels erforderlichen Kosten vorzunehmen, leer.

    Ebenso wenig kann in AGB des Unternehmers vereinbart werden, dass dieser die Sicherheitsleistung nach § 650m Abs. 2 BGB n. F. nicht oder nur in geringerer Höhe leisten muss, § 309 Nr. 15 b) BGB n. F.

    Eine von § 650 m Abs. 4 BGB n. F. abweichende Regelung hinsichtlich der Höhe der vom Verbraucher zu leistenden Sicherheit ist weder in AGB noch durch Individualvereinbarung möglich, auch wenn diese Vorschrift

327

328

329

---

[228] Vgl. BT-Drs. 8486, S. 82.
[229] BT-Drs. 8486, S. 95.

in § 650 o BGB n. F. nicht ausdrücklich erwähnt wird. Die Regelung ist schon ihrem Charakter nach zwingender Natur.

7. Der Anspruch des Verbrauchers auf Erstellung und Herausgabe von Unterlagen beim Verbraucherbauvertrag

a) Herausgabe von Unterlagen vor Beginn der Ausführung einer geschuldeten Leistung

330 Nach § 650 n Abs. 1 BGB n. F. ist der Unternehmer verpflichtet, rechtzeitig vor Beginn der Ausführung einer geschuldeten Leistung diejenigen Planungsunterlagen zu erstellen und dem Verbraucher herauszugeben, die dieser benötigt, um gegenüber **Behörden** den Nachweis führen zu können, dass die Leistung unter Einhaltung der einschlägigen öffentlich-rechtlichen Vorschriften ausgeführt werden wird.

331 Der Anwendungsbereich dieser Vorschrift ist denkbar eng. Da nur die Herausgabe von Unterlagen geschuldet ist, die für die Nachweisführung gegenüber Behörden erforderlich sind, beschränkt sich der Inhalt der Vorschrift im Wesentlichen auf einen Anspruch auf Herausgabe der Unterlagen, die für die Erlangung der Baugenehmigung erforderlich sind. Die Bedeutung der Vorschrift wird weiter dadurch eingeschränkt, dass beim Schlüsselfertigbau, auf den sich der Anwendungsbereich des Verbraucherbauvertrags ja im Wesentlichen beschränkt, die Genehmigungsplanung in der Regel vom Unternehmer zu erbringen ist und dieser daher auch bei der Baubehörde die Baugenehmigung beantragt. Daher stellt sich die Frage, welche Unterlagen der Verbraucher überhaupt im Sinne des § 650 n Abs. 1 BGB n. F. „benötigt", um gegenüber Behörden den Nachweis zu führen, dass die einschlägigen öffentlich-rechtlichen Vorschriften eingehalten werden. Die Zielsetzung des Gesetzgebers,[230] wonach die Vorschrift den Besteller in die Lage versetzen soll, die Einhaltung der öffentlich-rechtlichen Vorschriften, durch einen sachverständigen Dritten schon während der Bauphase überprüfen zu lassen, dürfte durch die Regelung nicht erreicht werden können.[231]

332 Der Anspruch nach Abs. 1 besteht nicht, soweit der Verbraucher oder ein von ihm Beauftragter die wesentlichen Planungsvorgaben erstellt, § 650 n Abs.1 S. 2 BGB n. F. Angesprochen sind hier wieder insbesondere die Fälle, in denen der Verbraucher die Planung selbst durch einen von ihm beauftragten Architekten durchführen lässt. In diesem Fall wird der Verbraucher die Bauleistungen zumeist einzelgewerkeweise und nicht durch

---

[230] Vgl. BT-Drs. 18/8486, S. 65.
[231] Kritisch auch Pause/Vogel, NZBau 2015, 667, 670.

einen Generalunternehmer ausführen lassen, so dass der Anwendungsbereich Verbraucherbauvertrags in diesen Fällen in der Regel ohnehin nicht eröffnet sein wird.

b) Anspruch auf Herausgabe von Unterlagen nach Fertigstellung des Bauvorhabens

Nach § 650 n Abs. 2 BGB n. F. ist der Unternehmer verpflichtet, spätestens **333** mit der Fertigstellung des Werks diejenigen Unterlagen zu **erstellen** und dem Verbraucher **herauszugeben**, die dieser benötigt, um gegenüber Behörden den Nachweis führen zu können, dass die Leistung unter Einhaltung der einschlägigen öffentlich-rechtlichen Vorschriften ausgeführt worden ist.

Für den Bauherren kann sich auch nach Vertragsdurchführung die **334** Notwendigkeit ergeben, die Einhaltung öffentlich-rechtlicher Vorschriften nachzuweisen. So wird in der Regierungsbegründung darauf hingewiesen, dass beispielsweise das Erneuerbare-Energien-Wärmegesetz (EEWärmeG) Prüfungspflichten durch die zuständigen Behörden vorsieht, denen der Verbraucher durch Vorlage von Nachweisen nachzukommen hat.[232] Entsprechendes gilt für Nachweise zur Energieeinsparverordnung und zum geplanten Gebäudeenergiegesetz, das die vorgenannten Regelungen zusammenfassen soll. Herausgeben muss der Unternehmer auch sämtliche Unterlagen, die die Einhaltung der Landesbauordnungen belegen.

Wenig folgerichtig ist allerdings der Hinweis in der Regierungsbegrün- **335** dung, der Besteller benötige Unterlagen für die spätere Unterhaltung und Instandsetzung des Bauwerks oder für einen etwaigen Umbau. Das mag zwar zutreffen; solche Unterlagen werden vom Wortlaut der Regelung aber gerade nicht erfasst, da es nur um Unterlagen geht, die der Verbraucher zur Nachweisführung gegenüber Behörden benötigt.

Herauszugeben sind die Unterlagen mit Fertigstellung und damit vor **336** der vom Verbraucher zu erklärenden Abnahme; die Unterlagen sollen nach der Vorstellung des Gesetzgebers den Verbraucher gerade bei der Entscheidung, ob er die Abnahme erklärt, unterstützen.

c) Herausgabe von Unterlagen zum Beleg der Einhaltung von Anforderungen Dritter

Die vorstehend genannten Herausgabepflichten gelten nach § 650 n Abs. 3 **337** BGB n. F. entsprechend, wenn ein Dritter, etwa ein Darlehensgeber, Nachweise für die Einhaltung bestimmter Bedingungen verlangt und wenn der

---

[232] BT-Drs. 18/8486, S. 65.

Unternehmer die berechtigte Erwartung des Verbrauchers geweckt hat, diese Bedingungen einzuhalten. Der Verweis in Abs. 3 bezieht sich sowohl auf die Herausgabepflichten vor Beginn der Bauausführung nach Abs. 1 als auch auf solche nach Fertigstellung der Bauausführung nach Abs. 2.

338   Will der Verbraucher das Bauprojekt beispielsweise zu einem Teil über die Förderbank KfW finanzieren, hat er nachzuweisen, dass die entsprechenden Förderbedingungen am Bau tatsächlich eingehalten werden, um die Finanzierung zu erhalten. War diese Absicht des Bestellers dem Unternehmer bei Vertragsabschluss bekannt und hat er die berechtigten Erwartungen des Bestellers geweckt, dass die Förderbedingungen der KfW auch eingehalten werden, ist er verpflichtet, dem Besteller die erforderlichen Nachweise zu übergeben.[233]

339   Berechtigte Erwartungen werden insbesondere geweckt, wenn der Unternehmer unter Hinweis auf die Förderungsmöglichkeit durch die KfW für das Bauprojekt geworben hat.

8. Schlussrechnung

340   Für den Verbraucherbauvertrag gilt auch die Vorschrift des § 650 g Abs. 4 BGB n. F., wonach die Vergütung erst nach Abnahme und Erteilung einer prüffähigen Schlussrechnung fällig wird. Im Hinblick auf den Eintritt des Verzugs gilt das zum Bauvertrag Gesagte entsprechend: Vor Ablauf einer angemessenen Frist zur Prüfung der Schlussrechnung kann der Besteller nicht in Verzug geraten.[234]

341   Nach § 286 Abs. 3 BGB kommt der Schuldner einer Entgeltforderung auch ohne Mahnung in Verzug wenn er nicht innerhalb von 30 Tagen nach Fälligkeit und Zugang einer Rechnung oder gleichwertigen Zahlungsaufstellung leistet. Diese Regelung gilt gegenüber Verbrauchern nur, wenn der Verbraucher in der Rechnung auf diese Rechtsfolge besonders hingewiesen worden ist. Der Verbraucher kommt damit nach § 286 Abs. 3 BGB 30 Tage nach Zugang der Schlussrechnung in Verzug, wenn ihn der Unternehmer auf diese Rechtsfolge in der Rechnung hingewiesen hat.

---

[233] BT-Drs. 18/8486, S. 65/66.
[234] Vgl. oben Rn. 260.

IV. Der Anspruch des Unternehmers auf Stellung einer Sicherheit nach § 650 f BGB n. F.

1. Systematische Stellung und Anwendungsbereich des § 650 f BGB n. F.

Nach § 650 f Abs. 1 BGB n. F. kann der Unternehmer vom Besteller Sicher-   342
heit für die auch in Zusatzaufträgen vereinbarte und noch nicht gezahlte
Vergütung einschließlich dazugehöriger Nebenforderungen, die mit
10 Prozent des zu sichernden Vergütungsanspruchs anzusetzen sind, verlangen. Auf welche Art Sicherheit geleistet werden kann, ergibt sich aus
§ 232 BGB. Nach § 650 f Abs. 2 BGB n. F. kann die Sicherheit zudem auch
durch eine Garantie oder ein sonstiges Zahlungsversprechen eines in der
Bundesrepublik Deutschland zum Geschäftsbetrieb befugten Kreditinsti-
tuts oder Kreditversicherers geleistet werden.

Durch die Vorschrift soll der Unternehmer von den Risiken entlastet   343
werden, die mit der ihm nach dem Werkvertragsrecht obliegenden Vor-
leistungspflicht verbunden sind. Die früher in § 648 a BGB n. F. enthaltene Regelung findet sich nach Inkrafttreten des Gesetzes über die Reform
des Bauvertragsrechts nahezu ohne inhaltliche Änderung in § 650f BGB
n. F. Anders als § 648a Abs. 1 BGB a. F. spricht § 650f BGB n. F. allerdings nicht mehr von einem „Unternehmer eines Bauwerks oder eines
Teils davon" als Anspruchsberechtigtem, sondern nur allgemein vom „Unternehmer". Eine wesentliche sachliche Änderung ist damit nicht verbunden. Die Vorschrift findet gleichwohl nur Anwendung auf Verträge „über
die Herstellung, die Wiederherstellung, die Beseitigung oder den Umbau
eines Bauwerks, einer Außenanlage oder eines Teils davon". Dies ergibt
sich aus der neuen systematischen Stellung der Vorschrift im zweiten Kapitel des Werkvertragsrechts, das insgesamt nur auf Bauverträge im Sinne
des § 650a BGB n. F. anwendbar ist. Entsprechendes gilt für die Vorschrift
über den Anspruch des Bauunternehmers auf Einräumung einer Sicherungshypothek nach § 650e BGB n. F. (§ 648 BGB a. F.). Im Vergleich zu
§ 648 a BGB wird der Anwendungsbereich des § 650 f BGB n. F. leicht
erweitert, da nunmehr auch der Unternehmer, der Arbeiten zur Herstellung, der Wiederherstellung oder Beseitigung einer Außenanlage erbringt,
einen Anspruch auf Sicherheit nach § 650 f BGB n. F. hat.

2. Sicherheit auch für Zusatzaufträge und die aus Anordnungen resultierende Mehrvergütung

344   Ebenso wie § 648 a Abs. 1 BGB a. F. bestimmt § 650 f Abs. 1 BGB n. F., dass der Unternehmer vom Besteller Sicherheit für die „auch in Zusatzaufträgen" vereinbarte und noch nicht gezahlte Vergütung (einschließlich dazugehöriger Nebenforderungen) verlangen kann.

345   Einigen sich Besteller und Unternehmer im Falle eines Änderungsbegehrens des Bestellers nach § 650 b Abs. 1 BGB n. F. über die vom Besteller begehrte Änderung und die daraus resultierende Anpassung der Vergütung, ist eine daraus folgende Vergütungsänderung auch bei der Bemessung der Sicherheit nach § 650 f BGB n. F. zu berücksichtigen. Denn einigen sich die Parteien im Falle eines Änderungsbegehrens, stellt diese Einigung ohne weiteres einen „Zusatzauftrag" im Sinne des § 650 f Abs. 1 S. 1 BGB n. F. dar.

316   Ordnet der Besteller eine Änderung dagegen nach § 650 b Abs. 2 BGB n. F. an, weil sich die Parteien nicht binnen 30 Tagen nach Zugang des Änderungsbegehrens des Bestellers beim Unternehmer auf die Änderung und die daraus resultierende Vergütungsanpassung einigen konnten, liegt streng genommen keine Zusatzvereinbarung vor. Der Unternehmer hat zwar einen Anspruch auf Vergütungsanpassung nach § 650 c Abs. 1 BGB; ein „Zusatzauftrag" liegt aber gerade nicht vor, weil sich der Vertragsinhalt nicht aufgrund einer Vereinbarung der Parteien geändert hat, sondern aufgrund einer einseitigen Erklärung des Bestellers. Aus Sinn und Zweck der Vorschrift wird man aber wohl schließen müssen, dass sich der Anspruch auf Einräumung einer Sicherheit auch auf die Mehrvergütung bezieht, die dem Unternehmer nach § 650 c Abs. 1 BGB n. F. wegen einer Anordnung des Bestellers zusteht. Ganz selbstverständlich ist das freilich nicht. So wird in der Literatur vielfach bestritten, dass der insoweit gleichlautende § 648 a Abs. 1 BGB a. F. dem Unternehmer einen Anspruch auf eine Sicherheit auch in Höhe der sich aus Anordnungen nach § 1 Abs. 3 und Abs. 4 VOB/B ergebenden Mehrvergütung einräumt. Die Vertreter dieser Auffassung stellen darauf ab, dass angeordnete geänderte oder zusätzliche Leistungen keine Zusatzaufträge darstellten, solange über die daraus resultierende zusätzliche Vergütung keine vertragliche Einigung erzielt wurde. In Fällen, in denen sich die Vergütungsanpassung ausschließlich aus dem Mechanismus der § 2 Abs. 5 und Abs. 6 VOB/B ergebe, ohne dass sich die Parteien auf eine Mehrvergütung geeinigt haben, rechtfertige der Wortlaut der Norm keine Erweiterung des zu sichernden Anspruchs.[235] Diese Überlegungen gelten für Anordnungen nach § 650 b Abs. 2 BGB n. F. und die daraus folgende Vergütungsanpassung nach § 650 c Abs. 1 BGB n. F. grundsätzlich in gleicher Weise. Für das Sicherungsinteresse des Unternehmers macht es allerdings keinen Unterschied, ob sich sein Vergütungsanspruch aus einer ausdrücklichen Zusatz**vereinbarung** oder aus einer Anordnung des Bestellers ergibt. Im Wege einer teleologischen Erweiterung des Normtexts muss daher die Vorschrift auch einen Anspruch auf Sicherung für die sich aus einer Anordnung ergebende Mehrvergütung einräumen. Allerdings ist nicht recht verständlich, warum der Gesetzgeber diese Frage im Zuge der Neufassung des § 650 f BGB n. F. nicht ausdrücklich entschieden hat.

Für die Höhe der Sicherheit kommt es ausschließlich auf die sich aus **347** § 650 c Abs. 1 BGB n. F. ergebende Vergütungsanpassung an, nicht aber auf eine solche, die der Unternehmer zum Zwecke der Ermittlung von Abschlagszahlungen auf Grundlage der 80 %-Regelung des § 650 c Abs. 3 BGB errechnet hat. Dieser so ermittelte Betrag stellt sich gerade nicht als die vertraglich bzw. aufgrund einer Anordnung geschuldete Vergütung dar. Das bedeutet, dass ein Unternehmer, der vom Besteller Sicherheit auch für die sich aus einer Änderung ergebenden Mehrvergütung verlangt, diese Mehrvergütung stets auf Grundlage tatsächlicher Kosten ermitteln muss. Dadurch geht die durch die 80 %-Regelung angestrebte Vereinfachung teilweise wieder verloren.

3. Durchsetzung des Sicherungsanspruchs im Wege der einstweiligen Verfügung

Nach dem Willen des Gesetzgebers ist es unter anderem Ziel der Regelung **348** des § 650 d BGB n. F., den Unternehmer in die Lage zu versetzen, seinen Anspruch auf Sicherheit nach § 650 f Abs. 1 BGB n. F. im Wege der einstweiligen Verfügung durchzusetzen.[236] Fraglich ist, ob ob es dem Unter-

---

[235] *Joussen* in Ingenstau/Korbion, VOB Teile A und B, 20. Aufl. 2017, Anhang 1, Rn. 173; *Cramer* in Messerschmidt/Voit, Privates Baurecht, 2. Aufl. 2012, § 648 a, Rn. 41; Schmidt, NJW 2013, 497, 501; wie hier Fuchs, BauR 2012, 326, 337; Rodemann/Bschorr, BauR 2013, 845; siehe auch OLG Stuttgart, Urt. v. 26.6.2017, Az. 10 U 122/16: Kein Anspruch auf Sicherheit für Ansprüche wegen zusätzlicher Leistungen nach § 2 Abs. 8 Nr. 2 VOB/B, es sei denn, diese wurden vom Auftraggeber ausdrücklich anerkannt. Ohne Anerkennung liege eine auftragslose Leistung vor, die einen Anspruch auf eine vertragliche Vergütung nicht begründe, sodass auch kein entsprechender Anspruch auf eine zusätzliche Sicherung bestehe.

[236] Vgl. BT-Drs. 18/8486, S. 58: „Daher soll den Unternehmern ermöglicht werden, im einstweiligen Verfügungsverfahren schnell einen Titel über den

nehmer möglich ist, dem Besteller im Wege der einstweiligen Verfügung aufgeben zu lassen, eine Sicherheit nach § 650 f Abs. 1 BGB n. F. in der Höhe zu **leisten**, die sich aus der vereinbarten Vergütung zuzüglich der aus § 650 c BGB n. F. resultierenden Vergütungsänderung ergibt. Nach dem Wortlaut des § 650 d BGB n. F. gelten die Erleichterungen hinsichtlich der Glaubhaftmachung des Verfügungsgrundes nur „in Streitigkeiten über das Anordnungsrecht gemäß § 650b oder die Vergütungsanpassung gem. § 650 c". Streitigkeiten über den Anspruch des Unternehmers auf Einräumung einer Sicherheit, sind in § 650 d BGB n. F. nicht erwähnt. Würde dem Besteller aber aufgegeben, eine Sicherheit nach § 650 f BGB n. F. zu stellen, führte dies zu einer Vorwegnahme der Hauptsache. Für eine solche gibt es in der Regel keinen Verfügungsgrund. Da § 650 d BGB n. F. bei Streitigkeiten über die Einräumung einer Sicherheit nach seinem Wortlaut keine Erleichterung hinsichtlich der Glaubhaftmachung des Verfügungsgrundes bietet, wird ein Antrag auf Erlass einer einstweiligen Verfügung, mit der der Besteller verpflichtet werden soll, eine Sicherheit nach § 650 f BGB zu leisten, in der Regel erfolglos bleiben.

349   Zur Wahrung seiner Interessen bedarf der Unternehmer auch keiner auf Stellung der Sicherheit gerichteten einstweiligen Verfügung; denn leistet der Besteller die Sicherheit nicht, kann der Unternehmer nach § 650 f Abs. 5 BGB n. F. (zuvor: § 648 a Abs. 5 BGB a. F.) nach fruchtlosem Ablauf einer angemessenen Frist die Leistung verweigern oder den Vertrag kündigen. Er ist daher bei Ausbleiben der Sicherheit nicht verpflichtet, weiter vorzuleisten, sodass er keine weitere Schmälerung seines Vermögens ohne entsprechende Sicherung zu befürchten braucht.

350   Dies legt es nahe, den Unternehmer auf Anträge zu verweisen, die darauf gerichtet sind, die Höhe der sich aus § 650 c Abs. 1 BGB n. F. ergebenden Vergütungsänderung im Wege der einstweiligen Verfügung lediglich **feststellen** zu lassen. Gegenstand eines solchen Antrags ist dann eine Streitigkeit über die Vergütungsanpassung nach § 650 c BGB n. F., für die nach dem Wortlaut des § 650 d BGB n. F. eine Glaubhaftmachung des Verfügungsgrundes nicht notwendig ist. Für eine derartige Feststellung hat der Unternehmer auch ein Rechtsschutzbedürfnis, weil er ein rechtliches Interesse daran hat, zu erfahren, wie hoch die zu sichernde Forderung tatsächlich ist, damit er entscheiden kann, ob eine vom Besteller geleistete Sicherheit der Höhe nach ausreichend ist oder Anlass für eine Leistungsverweigerung nach § 650 f Abs. 5 BGB n. F. bietet.

---

geänderten Abschlagszahlungsanspruch oder die nunmehr zu gewährende Sicherheit zu erlangen."

4. Bauverträge mit Verbrauchern

Das Gesetz zur Reform des Bauvertragsrechts führt zu wichtigen Ände-   351
rungen hinsichtlich des Rechts des Unternehmers, eine Sicherheit nach
§ 650 f BGB n. F. (früher: § 648 a BGB) zu verlangen, soweit Bauverträge
betroffen sind, die mit Verbrauchern geschlossen werden.

§ 648 a Abs. 6 S. 1 Nr. 2 BGB a. F. trug dem Anliegen des Verbraucher-   352
schutzes dadurch Rechnung, dass das Recht des Unternehmers auf Stellung einer Sicherheit für den Fall ausgeschlossen wurde, dass eine natürliche Person Bauarbeiten zur Herstellung oder Instandsetzung eines
Einfamilienhaus ausführen lässt, so dass der Unternehmer einen Anspruch
auf Stellung einer Sicherheit hatte, wenn eine natürliche Person – gleich
ob Verbraucher oder nicht – ein Mehrfamilienhaus errichten ließ.

Dagegen entfällt nach dem Gesetz zur Reform des Bauvertragsrechts   353
der Anspruch auf Sicherheitsleistung des Unternehmers, wenn der Besteller Verbraucher ist und es sich um einen Verbraucherbauvertrag nach § 650 i
oder um einen Bauträgervertrag nach § 650 u BGB n. F. handelt (§ 650 f
Abs. 6 S. 1 Nr. 2 BGB n. F.).

Der Anwendungsbereich des § 650 f BGB n. F. wird damit im Vergleich   354
zu § 648 a BGB a. F. einerseits erweitert, andererseits aber auch eingeschränkt.

Bei Verbraucherbauverträgen, die auf die Errichtung eines **Mehrfami-**   355
lienhauses gerichtet sind, entfällt nach der Neuregelung der Anspruch des
Unternehmers auf Stellung einer Sicherheit nach § 650 f BGB n. F., der
nach altem Recht noch gegeben war.

Lässt der Verbraucher dagegen ein **Einfamilienhaus** errichten und   356
beauftragt zu diesem Zweck mehrere Bauunternehmer mit der gewerkeweisen Errichtung des Vorhabens, wird der Anspruch auf Sicherheitsleistung im Vergleich zu dem bis zum 31.12.2017 geltenden Rechtszustand
erweitert. Denn die Einschränkung des Anspruchs des Unternehmers auf
Stellung einer Sicherheit entfällt nur, wenn der Besteller ein Verbraucher
ist **und** es sich um einen Verbraucherbauvertrag oder um einen Bauträgervertrag handelt.[237] Wie oben gezeigt, fehlt es an der zweiten Voraussetzung (Verbraucherbauvertrag) bei der gewerkeweisen Ausführung des
Bauvorhabens, auch wenn der Besteller Verbraucher im Sinne des § 13
BGB ist. In der Gesetzesbegründung heißt es hierzu, bei den von Verbrauchern abgeschlossenen Bauverträgen, die nicht in den Anwendungsbereich
des Verbraucherbauvertrags fallen, handle es sich in der Regel um Verträge über kleinere Baumaßnahmen (zum Beispiel Wiederherstellungsmaß-

---

[237] Vgl. Glöckner, VUR 2016, 163, 167.

nahmen, kleinere Umbaumaßnahmen).[238] Das dürfte allerdings bei Bauverträgen, die nicht mit einem Generalunternehmer geschlossen werden und trotzdem der Errichtung eines Einfamilienhauses dienen, nicht ohne weiteres auf der Hand liegen, da beispielsweise umfangreiche Dachdeckerarbeiten oder die Einbauten der Technischen Ausrüstung durchaus ein erhebliches Volumen aufweisen können.

---

[238] BT-Drs. 18/8486, S. 59.

Teil C.
Das Recht der dem Werkvertrag ähnlichen Verträge

I. Architekten- und Ingenieurverträge

1. Überblick über die neuen Regelungen

Mit dem Inkrafttreten des Gesetzes zur Reform des Bauvertragsrechts **357** werden ins BGB erstmals Regelungen aufgenommen, die sich speziell mit Architekten- und Ingenieurverträgen befassen. Bis zum Inkrafttreten der Neuregelung wurden die Leistungen der Architekten und Ingenieure ohne weiteres als Werkverträge qualifiziert.[239] Der Titel 9 des 8. Abschnitts des 2. Buchs des BGB trägt die Überschrift „Werkverträge und ähnliche Verträge". Nur der Untertitel 1 des Titels 9 befasst sich aber mit Werkverträgen. Die Architekten- und Ingenieurverträge sind Gegenstand des Untertitels 2 (§§ 650 p – 650 t BGB n. F.). Hieraus folgt, dass das Gesetz diese Verträge nicht mehr als Werkverträge betrachtet, sondern nur noch als solche, die den Werkverträgen ähnlich sind. Hierdurch soll nach Auffassung der Bundesregierung der besondere Charakter der Architekten- und Ingenieurverträge zum Ausdruck gebracht werden.[240] Ungeachtet dessen bezeichnet das Gesetz den Architekten/Ingenieur als Unternehmer und den Bauherrn als Besteller und verwendet daher zur Bezeichnung der Vertragsparteien die auch sonst im Werkvertragsrecht übliche Terminologie.

§ 650 q Abs. 1 BGB n. F. bestimmt, dass die §§ 631 – 650 BGB (Unter- **358** titel 1 Kapitel 1) auch auf Architekten- und Ingenieurverträge anwendbar sind. Das sind die Vorschriften des allgemeinen Werkvertragsrechts ohne die speziell das Bauvertragsrecht betreffenden Vorschriften. Zudem bestimmt § 650 q Abs. 1 BGB n. F. aber, dass von den speziell das Bauvertragsrecht betreffenden Vorschriften (Untertitel 1 Kapitel 2) § 650 b und die §§ 650 e bis 650 h BGB n. F. auch auf Architekten- und Ingenieurverträge Anwendung finden. Von den neu geschaffenen Vorschriften des Bauvertragsrechts gelten also die Regelungen über das Anordnungsrecht des Bestellers, die „Bauhandwerkersicherung", die Zustandsfeststellung

---

[239] *Sprau* in Palandt, BGB, 76. Aufl. 2017, § 631, Rn. 19.
[240] BT-Drs. 18/8486, S. 66.

bei Verweigerung der Abnahme und das Schriftformerfordernis für Kündigungen auch für Architekten- und Ingenieurverträge. Für die Vergütungsfolgen einer Änderungsanordnung nach § 650 b Abs. 2 BGB n. F. gilt § 650 c BGB n. F. nur unter den Voraussetzungen des § 650 q Abs. 2 BGB n. F.

2. Vertragstypische Pflichten beim Architekten- und Ingenieurvertrag

359 § 650 p Abs. 1 und Abs. 2 BGB n. F. bestimmt die vertragstypischen Pflichten der Architekten und Ingenieure. Die Vorschrift lautet:

> *„Durch einen Architekten- oder Ingenieurvertrag wird der Unternehmer verpflichtet, die Leistungen zu erbringen, die nach dem jeweiligen Stand der Planung und Ausführung des Bauwerks oder der Außenanlage erforderlich sind, um die zwischen den Parteien **vereinbarten Planungs- und Überwachungsziele** zu erreichen."*

360 § 650 p Abs. 2 BGB n. F. lautet dagegen:

> *„Soweit wesentliche **Planungs- und Überwachungsziele** noch **nicht vereinbart** sind, hat der Unternehmer zunächst eine Planungsgrundlage zur Ermittlung dieser Ziele zu erstellen. Er legt dem Besteller die Planungsgrundlage zusammen mit einer Kostenschätzung für das Vorhaben zur Zustimmung vor.*

361 § 650 p BGB n. F. unterscheidet also zwischen Architekten- und Ingenieurverträgen mit vereinbarten Planungs- und Überwachungszielen (Abs. 1) und solchen, bei denen diese Ziele noch nicht vereinbart wurden (Abs. 2). In Abhängigkeit davon, welcher Fall vorliegt, bestimmt das Gesetz jeweils gesondert den wesentlichen Vertragsinhalt des Architekten- und Ingenieurvertrags. Damit begründet das Gesetz in § 650 p Abs. 1 und Abs. 2 zwei unterschiedliche Planervertragstypen.[241]

a) Planervertrag ohne vereinbarte Planungs- und Überwachungsziele (§ 650 p Abs. 2 BGB n. F.)

(aa) Leistungsumfang des Unternehmers

362 Ein Planervertrag ohne vereinbarte Planungs- und Überwachungsziele soll nach Auffassung des Gesetzgebers vorliegen, wenn sich der Besteller mit noch vagen Vorstellungen von dem zu planenden Bauvorhaben oder der Außenanlage an den Architekten oder Ingenieur wendet und daher bei Vertragsschluss noch keine Einigung über alle wesentlichen Planungs- und Überwachungsziele vorliegt. Dies soll bereits dann der Fall sein, wenn

---

[241] Motzke, NZBau 2017, 251, 252.

zwar feststeht, welchen Zweck das zu planende Gebäude haben soll, beispielsweise aber noch keine Entscheidung über die Art des Daches, die Zahl
der Geschosse oder ähnliche Fragen getroffen wurde.[242] In diesem Fall
bestehe die vertragstypische Pflicht des Planers nach Abs. 2 darin, eine
Planungsgrundlage zur Ermittlung der Planung-und Überwachungsziele
zu erstellen und dem Besteller die Planungsgrundlage zusammen mit einer
Kosteneinschätzung zur Zustimmung vorzulegen.

Gegen die Regelung wurde eingewandt, dass die vertragstypische **363**
Leistung des Architekten nach § 650 p Abs. 2 BGB n. F. im Wesentlichen
mit der Erbringung der Grundleistungen der Leistungsphase 1 des Leistungsbilds Objektplanung und Innenräume übereinstimme.[243] Tatsächlich
dient die erste der in der Leistungsphase 1 des Leistungsbilds Gebäude und
Innenräume (Anlage 10 zur HOAI) genannten Grundleistungen (Ziff. 1 a)
„Klären der Aufgabenstellung auf Grundlage der Vorgaben oder der Bedarfsplanung des Auftraggebers" der Klärung der Planungsziele[244] und soll
damit die Grundlage schaffen für einen Architekten- und Ingenieurvertrag, mit dem sich aus § 650 p Abs. 1 BGB n. F. ergebenden Leistungspro-
gramm; denn Voraussetzung des § 650 p Abs. 1 BGB n. F. ist ja das Vorliegen vereinbarter Planungs- und Überwachungsziele. Wird daher ein
Planervertrag geschlossen, der die sämtlichen Grundleistungen der Leistungsphase 1 zum Gegenstand hat, bringen die Parteien zum Ausdruck,
dass es ihrer Auffassung nach an den Planungszielen und damit an den
Voraussetzungen des § 650 p Abs. 1 BGB n. F. noch fehlt. Voraussetzung
für das Vorliegen eines Architekten-/und Ingenieurvertrages mit vereinbarten Planungs- und Überwachungsziele im Sinne des § 650p Abs. 1 BGB
n. F. ist damit mindestens die erbrachte Grundleistung 1a) nach der Anlage 10 zur HOAI.

Die Leistungsphase 1 (Grundlagenermittlung) beinhaltet u.a. die Klä- **364**
rung der Aufgabenstellung und die Beratung zum gesamten Leistungsbe-
darf. Dabei sollen die Probleme, die sich aus der Bauaufgabe, den Planungs-
anforderungen und den Zielvorstellungen ergeben, untersucht, analysiert
und geklärt werden. Dazu gehören das Abfragen und Besprechen der
Wünsche, Vorstellungen und Forderungen des Auftraggebers.[245]

Das Ergebnis dieser Leistungen dürfte weitgehend übereinstimmen mit **365**
den Anforderungen, die an die Planungsziele im Sinne des § 650 p Abs. 1
BGB n. F. zu stellen sind.

---

[242] BT-Drs. 18/8486, S. 67.
[243] Motzke, NZBau 2017, 251, 252.
[244] *Seifert/Fuchs* in Fuchs/Berger/Seifert, HOAI, 2016, § 34, Rn. 28.
[245] BGH Urt. v. 23.4.2015, Az. VII ZR 131/13, NZBau 2015, 429; Urt. v.
10.7.2014, Az. VII ZR 55/13, NZBau 2014, 568; Urt. v. 20.6.2013, Az. VII
ZR 4/12, NZBau 2013, 515.

366 Fehlt es daran, ist das Pflichtenprogramm des § 650 p Abs. 2 BGB n. F. maßgeblich. Die Leistung nach § 650 p Abs. 2 BGB n. F. werden daher auch als solche einer **Zielfindungsphase** beschrieben. Das bedeutet, dass ein Planervertrag ohne vereinbarte Leistungsziele im Sinne des § 650 p Abs. 2 BGB n. F. in aller Regel vorliegen wird, wenn zum notwendigen Leistungsumfang des Planers sämtliche Grundleistungen der Leistungsphase 1 gehören. Die Richtigkeit dieser Aussage zeigt sich auch daran, dass nach der Rechtsprechung des BGH der Architekt in der Leistungsphase 1 verpflichtet ist, die Kostenvorstellungen zu erfragen, um den wirtschaftlichen Rahmen des Vorhabens abzustecken.[246] Diese Leistung dürfte im Wesentlichen mit der in § 650 p Abs. 2 BGB n. F. niedergelegten Verpflichtung zur Erstellung einer Kosteneinschätzung korrespondieren. Die Kosteneinschätzung soll dem Besteller eine grobe Einschätzung der zu erwartenden Kosten für seine Finanzierungsplanung geben.[247] Der Begriff Kosteneinschätzung wurde offenbar in bewusster Abgrenzung zu dem in der DIN 276 enthaltenen Begriff der Kostenschätzung verwendet, um zum Ausdruck zu bringen, dass keine Grundleistung der Leistungsphase 2 geschuldet wird. Dann spricht vieles dafür, dass die Leistung mit den Aussagen zu den Kosten übereinstimmt, die der Architekt nach der Leistungsphase 1 schuldet.

367 Diese Sichtweise steht auch in Einklang mit der vom BGH im Urteil von 23.4.2015 vertretenen Auffassung, dass ein Abschluss eines Vertrages über die Erbringung von Leistungen der Leistungsphase 1 des Leistungsbilds Objektplanung Gebäude und Innenräume noch keine feststehenden Leistungsziele erfordert.[248] Wird ein solcher Vertrag geschlossen, werden daher in der Regel die Vorrausetzungen des § 650 p Abs. 1 BGB n. F. noch fehlen.

368 Ob damit allerdings der in der Begründung des Gesetzentwurfs der Bundesregierung angeführte Fall, in dem der Bauherr noch keine konkrete Vorstellung über die Art des auszuführenden Daches oder der Anzahl der Geschosse hat, bereits zur Anwendung des § 650 p Abs. 2 BGB n. F. führt, darf bezweifelt werden. Denn auch wenn es derartige Festlegungen nicht gibt, bedeutet das nicht in jedem Fall, dass die Leistungen der Leistungsphase 1 noch nicht erbracht sind; entsprechende Festlegungen können – im Bereich der Objektplanung – frühestens nach Abschluss der Grundleistung c) der Leistungsphase 2 (Erarbeiten der Vorplanung, Untersuchen, Darstellen und Bewerten von Varianten nach gleichen Anfor-

---

[246] BGH Urt. v. 21.3.2013, Az. VII ZR 230/11, BGHZ 197, 93, Rn. 9.
[247] BT-Drs. 18/8486, S. 67.
[248] BGH Urt. v. 23.4.2015, Az. VII ZR 131/13, NZBau 2015, 429; kritisch dazu Fuchs, NZBau 2015, 431, 432.

derungen, Zeichnungen im Maßstab nach Art und Größe des Objekts) getroffen werden.[249]

Problematisch an der Regelung ist indes, dass die beiden Absätze des **369** § 650 p BGB n. F. nicht nahtlos aneinander anschließen. Fehlt es nämlich an vereinbarten Planungszielen, erschöpft sich die Verpflichtung des Unternehmers nicht etwa darin, diese Planungsziele festzuhalten und zu umreißen; das wäre Gegenstand der Grundleistung 1a) gemäß der Anlage 10 zur HOAI.[250] Nach § 650 p Abs. 2 BGB n. F. ist der Unternehmer zusätzlich verpflichtet, zunächst eine **Planungsgrundlage zur Ermittlung** dieser Ziele zu erstellen. Geschuldet wird also die Schaffung einer Grundlage für die Erbringung der Leistungen der Leistungsphase 1 im Sinne der Anlage 10 zur HOAI.

Damit verpflichtet § 650 p Abs. 2 BGB n. F. den Planer zur Erbringung **370** einer Leistung, die tatsächlich und preisrechtlich der Leistungsphase 1 der HOAI vorgelagert und damit von deren zwingendem Preisrecht auch nicht erfasst ist. Die Grundleistung 1 a) nach der Anlage 10 zur HOAI fordert vom Architekten das Klären der Aufgabenstellung auf der Grundlage der Vorgaben oder der Bedarfsplanung des Bestellers. Die Erbringung der Grundleistung setzt damit eine auftraggeberseitig zu erbringende Vorleistung voraus, nämlich entweder die Übermittlung der auftraggeberseitigen Vorgaben oder die Beistellung einer Bedarfsplanung des Bestellers. Diese nach der Vorstellung der HOAI bislang vom Besteller zu erbringenden Vorleistungen werden nunmehr durch § 650 p Abs. 2 BGB Gegenstand der vertragstypischen Pflichten des Architekten bzw. Ingenieurs.[251]

Dass § 650 p Abs. 2 BGB n. F. Leistungspflichten des Unternehmers **371** begründet, die der HOAI vorgelagert sind, war vom Gesetzgeber offenbar auch beabsichtigt. So heißt es in der Gesetzesbegründung der Bundesregierung, mit der Neuregelung solle zugleich einer zu weitgehenden Ausdehnung der unentgeltlichen Akquise zu Lasten des Architekten entgegengewirkt werden. Durch die Einführung einer vertraglichen Pflicht des Architekten oder Ingenieurs, an der Ermittlung von Planungs- und Überwachungszielen mitzuwirken, stelle der Gesetzgeber klar, dass zum Zeitpunkt der grundlegenden Konzeption des Bauprojekts durchaus bereits ein Vertrag geschlossen sein kann.[252] Wenn die von § 650 p Abs. 2 BGB n. F. erfassten Leistungen aber nur solche der Leistungsphase 1 wären, bedürfte es einer solchen Klarstellung, dass diese Leistungen vergütungsfähig

---

[249] Vgl. *Seifert/Fuchs* in Fuchs/Berger/Seifert, HOAI, 2016, § 34, Rn. 66.
[250] *Korbion* in Korbion/Mantscheff/Vygen, HOAI, 9. Aufl. 2016, § 34, Rn. 67.
[251] Kritisch hierzu Fuchs, NZBau 2017, 675, 678.
[252] BT-Drs. 18/8486, S. 67.

sind, nicht, denn das würde sich bei den der Leistungsphase 1 unterfallenden Grundleistungen ohnehin von selbst verstehen.

372 Akzeptiert der Besteller die vom Unternehmer erstellten Planungsgrundlagen (dazu sogleich) und die Kosteneinschätzung, hat der Unternehmer in einem nächsten Schritt auf der Basis dieser Planungsgrundlagen die Planungsziele zu definieren. Die Verpflichtung des Unternehmers erschöpft sich also nicht nur in der Schaffung von Planungsgrundlagen;[253] Gegenstand seiner Leistungspflicht ist auch die Erarbeitung von Planungszielen auf dieser Basis. Andernfalls würden die Voraussetzungen für einen Planungsvertrag mit definierten Leistungszielen nach § 650p Abs. 1 BGB n. F. nicht erreicht werden. Durch die Verwendung des Wortes „zunächst" in § 650 p Abs. 2 BGB n. F. kommt auch zum Ausdruck, dass die oben genannte Pflicht zur Ermittlung einer Planungsgrundlage das Pflichtenprogramm des § 650 p Abs. 2 BGB n. F. nicht abschließend beschreibt.

373 Allerdings kann es durchaus Fälle geben, in denen zwar die Planungsziele im Sinne des § 650 p Abs. 1 BGB n. F. noch nicht vereinbart wurden, die Planungsgrundlage für deren Ermittlung aber bereits vorliegt. Das ist der Fall, den die HOAI als typisch voraussetzt. Es existieren Vorgaben des Bestellers oder gar eine von ihm erstellte Bedarfsplanung; auf dieser Grundlage führt der Architekt die Leistungsphase 1 aus, beginnend mit der Grundleistung 1a). In diesem Fall liegen die Planungsziele zwar nicht vor, sie sollen durch die Erbringung der Leistungen der Leistungsphase 1 ja erst geschaffen werden. Es ist aber auch nicht erforderlich, zuerst Planungsgrundlagen zur Ermittlung der Planungsziele zu schaffen. In diesem Fall folgt aus § 650 p Abs. 2 BGB n. F. nur die Verpflichtung des Unternehmers, eine Kosteneinschätzung vorzulegen.

374 Die Regelung des § 650p BGB n. F. stellt indes insgesamt kein zwingendes Recht dar, so dass es den Parteien unbenommen bleibt, vertraglich einen hiervon abweichenden Leistungsumfang des Unternehmers festzulegen. So können die Parteien auch bei Fehlen der Planungsziele vereinbaren, dass die Erarbeitung der Planungsgrundlagen zur Ermittlung der Planungsziele, soweit sie nicht Gegenstand der Leistungsphase 1 sind, entgegen § 650 p Abs. 2 BGB n. F. vom Besteller „beizustellen" ist. Vereinbaren die Parteien dagegen nichts Abweichendes und ziehen zur Ermittlung des Honorars des Unternehmers allein die HOAI heran, gehören die von § 650 p Abs. 2 BGB n. F. erfassten Leistungen zu den vom Unternehmer zu erfüllenden Vertragspflichten, ohne dass er hierfür eine Vergütung erhält, die über das sich aus der HOAI ergebende Honorar hinausgeht. Ein Vergütungsanspruch nach § 632 Abs. 2 BGB in Höhe der üblichen Vergütung besteht nicht. Denn für die vertragstypische Leistung des Architekten

---

[253] So aber Motzke NZBau 2017, 251, 254.

wurde ja eine Vergütung vereinbart, nämlich das sich aus der HOAI ergebende Honorar. Die zusätzliche Leistung der Ermittlung der Planungsgrundlagen wird durch dieses Honorar mit abgegolten.[254]

(bb) Rechtsfolgen – Sonderkündigungsrechte nach § 650 r BGB n. F.

(1) Das Sonderkündigungsrecht des Bestellers

Vereinbaren die Parteien keinen von § 650 p Abs. 2 BGB n. F. abweichenden Leistungsumfang, ist der Unternehmer verpflichtet, die nach § 650 p
Abs. 2 BGB n. F. erstellte Planungsgrundlage zusammen mit einer Kosteneinschätzung dem Besteller zur Zustimmung vorzulegen. **375**

Innerhalb einer Frist von zwei Wochen nach Vorlage der Unterlagen
kann der Besteller den Vertrag ohne Angaben von Gründen kündigen.
Dieses Kündigungsrecht besteht nur in den Fällen des § 650 p Abs. 2 BGB
n. F., dagegen nicht im Fall eines „Planungsauftrags mit vereinbarten
Leistungszielen" im Sinn des § 650 p Abs. 1 BGB n. F. Die Abgrenzung
beider Planervertragstypen wird daher voraussichtlich eine der wichtigs-
ten Herausforderungen der Rechtsprechung zum neu geschaffenen Recht
der Architekten- und Ingenieurverträge werden. **376**

In der Begründung zum Gesetzentwurf der Bundesregierung heißt es
dazu, das Kündigungsrecht solle insbesondere Verbraucher vor den
Rechtsfolgen eines häufig übereilt abgeschlossenen umfassenden Archi-
tektenvertrags schützen, der alle neun Leistungsphasen des § 34 HOAI
beinhaltet.[255] Ein entsprechendes Schutzbedürfnis bestehe aber auch für
gewerbliche Bauherrn und öffentliche Auftraggeber, weil auch dort der
Besteller zu der Erkenntnis gelangen könne, dass er die Gesamtkosten des
Vorhabens unterschätzt hat und er von seiner Durchführung absehen will. **377**

Ist der Besteller ein Verbraucher, erlischt das Kündigungsrecht nur dann
zwei Wochen nach Vorlage der Unterlagen gemäß § 650 p Abs. 2 BGB
n. F., wenn der Unternehmer den Verbraucher bei der Vorlage der Unterlagen über das Kündigungsrecht, die Frist, in der es ausgeübt werden kann
und die Rechtsfolgen der Kündigung in Textform unterrichtet hat. Erforderlich ist die Übermittlung der Informationen über das Kündigungsrecht
zusammen mit der Vorlage der nach § 650 p Abs. 2 BGB n. F. geschuldeten
Unterlagen. Kommt der Unternehmer dieser Informationsobliegenheit
nicht oder nicht vollständig nach, besteht das Kündigungsrecht des Verbrauchers während der gesamten Dauer des Vertrages fort. Wird die Information nicht zusammen mit der Vorlage der geschuldeten Unterlagen
übermittelt, tritt die gleiche Rechtsfolge ein, auch dann, wenn der Unternehmer die Informationen nachreicht. Laut der Begründung zum Geset- **378**

---

[254] A.A. Motzke, NZBau 2017, 251, 256.
[255] BT-Drs. 18/8486, S. 69.

zesentwurf der Bundesregierung soll dadurch sichergestellt werden, dass der Unternehmer seine Informationsobliegenheiten gegenüber dem Verbraucher ernst nimmt. Dieses Ziel dürfte sicherlich erreicht werden. Gleichwohl ist die Vorschrift wenig sachgerecht. Es ist schwer nachvollziehbar, warum dem Besteller, wenn der Unternehmer die Information über das Kündigungsrecht nachgeholt hat, während der gesamten Vertragsdauer dennoch ein Kündigungsrecht nach § 650 r BGB n. F. zustehen soll.

(2) Das Sonderkündigungsrecht des Unternehmers

379   Nach § 650 r Abs. 2 BGB n. F. kann der Unternehmer dem Besteller eine angemessene Frist zur Zustimmung zu den vom Unternehmer erstellten Planungsgrundlagen und der Kostenschätzung setzen. Äußert sich der Besteller innerhalb dieser Frist nicht oder verweigert er die Zustimmung, steht dem Unternehmer ein Recht zur Kündigung des Planungsvertrages zu. Die Frist kann nach dem Wortlaut der Vorschrift zugleich mit der Vorlage der Unterlagen nach § 650 p Abs. 2 BGB n. F. gesetzt werden.

380   Angemessen dürfte eine Frist in der Größenordnung von ca. 2 Wochen sein. Wenn es das Gesetz dem Besteller nach § 650 r Abs. 1 BGB n. F. zumutet, innerhalb von zwei Wochen nach Vorlage der Unterlagen darüber zu entscheiden, ob er den Vertrag kündigt oder nicht, dürfte es auch zumutbar sein, innerhalb dieser Frist die vom Unternehmer geforderte Zustimmung zu erklären oder zu verweigern.

381   Die Rechtsfolgen der durch den Unternehmer erklärten Fristsetzung treten unabhängig davon ein, ob der Unternehmer die Kündigung androht oder den Besteller auf die Möglichkeit der Kündigung nach fruchtlosem Ablauf der vom Unternehmer gesetzten Frist hinweist. Das gilt auch, wenn der Besteller Verbraucher ist. Im Vergleich zu den Informationsobliegenheiten, die dem Unternehmer nach § 650 r Abs. 1 BGB n. F. gegenüber dem Verbraucher auferlegt werden, ist das wenig folgerichtig.

382   Die Fristsetzung des Unternehmers zur Erklärung der Zustimmung durch den Besteller ist ihrerseits nicht an eine Frist geknüpft. D.h., der Unternehmer kann eine Frist zur Zustimmung zu den erstellten Unterlagen auch noch Monate nach Vorlage jener Unterlagen setzen.

(cc) Vergütungsfolgen der Sonderkündigung

383   Kündigt der Besteller nach § 650 r Abs. 1 oder der Unternehmer nach § 650 r Abs. 2 BGB n. F., ist der Unternehmer nur berechtigt, die Vergütung zu verlangen, die auf die bis zur Kündigung erbrachten Leistungen entfällt. Damit unterscheidet sich die Rechtsfolge wesentlich von der so genannten „freien Kündigung" des Bestellers nach § 648 BGB n. F. (§ 649 BGB a. F.).

Die Ermittlung der Höhe des Vergütungsanspruchs des Unternehmers 384
ist allerdings problematisch, wenn die Parteien die Vergütung allein auf
der Grundlage der HOAI ermitteln. Kündigen Besteller oder Unternehmer in diesem Stadium des Vertrages, hat der Unternehmer häufig noch
keine Grundleistungen der Leistungsphase 1 erbracht, da sich die Ermittlung der Planungsgrundlagen im Vorfeld der HOAI bewegt. In welchem
Umfang die nach der HOAI ermittelte Vergütung, auf die sich die Parteien
geeinigt haben, diese Leistung abgilt, wird sich im Einzelfall schwer bestimmen lassen. Daher ist dem Unternehmer eines Planungsvertrages zu
empfehlen, für die zukünftig von ihm nach § 650 p Abs. 2 BGB n. F. zu
erbringenden Leistungen zur Ermittlung einer Planungsgrundlage eine
gesonderte Vergütung zu vereinbaren. Zu einer Überschreitung der
Höchstsätze der HOAI kann das auch in dem seltenen Fall, dass sich die
Parteien auf die Vergütung nach dem Höchstsatz einigen, nicht führen, da
die Leistungen zur Ermittlung der Planungsgrundlagen nicht zu den
Grundleistungen der HOAI gehören und für sie daher das Preisrecht der
HOAI nicht gilt.

(dd) Abdingbarkeit des Sonderkündigungsrechts
Die Parteien können das Sonderkündigungsrecht nach § 650 r BGB n. F. 385
vertraglich ausschließen. Ein solcher Ausschluss ist auch gegenüber einem
Verbraucher wirksam.

Folgt man der oben vertretenen Auffassung, dass ein Planervertrag 386
ohne vereinbarte Planungs- und Überwachungsziele in der Regel bei
Vereinbarung aller Grundleistungen der Leistungsphase 1 vorliegen wird,
dürfte der Ausschluss des Sonderkündigungsrechts jedenfalls bei Verträgen, an denen Verbraucher nicht beteiligt sind, regelmäßig auch sachgerecht sein. Denn bei dieser Lesart führt § 650 r BGB n. F. nach Erbringung
der ersten Grundleistung der Leistungsphase 1 zu einer regelmäßig von
den Parteien nicht gewollten Zäsur, da der Unternehmer die Zustimmung
zu den von ihm ermittelten Planungsgrundlagen und der Kosteneinschätzung einholen bzw. der Besteller eine Entscheidung über die Ausübung
seines Kündigungsrechts treffen muss. Daher wird der Ausschluss des
Kündigungsrechts grundsätzlich auch in den Allgemeinen Geschäftsbedingungen des Unternehmers möglich sein.

b) Planervertrag mit vereinbarten Planungs- und Überwachungszielen
   (§ 650 p Abs. 1 BGB n. F.)

Liegt ein Vertrag mit vereinbarten Planungs- und Überwachungszielen 387
im Sinne des § 650 p Abs. 1 BGB n. F. vor, ist der Unternehmer verpflichtet, die Leistungen zu erbringen, die nach dem jeweiligen Stand der Pla-

nung und Ausführung des Bauwerks oder der Außenanlage **erforderlich** sind, um die zwischen den Parteien vereinbarten Planungs- und Überwachungsziele zu erreichen.

388   Die vom Architekten geschuldete Leistung lässt sich in Anlehnung an § 3 Abs. 2 HOAI 2009 systematisch in die Leistungsziele und den Leistungsumfang aufteilen.[256] § 650 q Abs. 1 BGB n. F. verwendet anstelle des Begriffs der Leistungsziele nunmehr den der Planungs- und Überwachungsziele. Die Planungs- und Überwachungsziele beschreiben die Anforderungen des Auftraggebers an das zu errichtende Gebäude. Haben sich die Parteien vertraglich auf die Erreichung dieser Planungs- und Überwachungsziele geeinigt, stellen diese den vereinbarten Werkerfolg des Architekten- und Ingenieurvertrages dar.

389   Der Begriff des Leistungsumfangs beschreibt dagegen die Leistungen, die zur Erreichung dieser Planungs- und Überwachungsziele erforderlich sind. Der so beschriebene Leistungsumfang wird vom Architekten/Ingenieur grundsätzlich im Sinne einer vertraglichen Kompletteitsklausel geschuldet. Das bringt § 650 q Abs. 1 BGB n. F. klar zum Ausdruck, indem er bestimmt, dass der Unternehmer beim Architekten- und Ingenieurvertrag verpflichtet ist, die Leistungen zu erbringen, die erforderlich sind, um die zwischen den Parteien vereinbarten Planungs- und Überwachungsziele zu erreichen.

390   Die so beschriebenen Leistungspflichten unterscheiden sich nicht von dem bisher auf der Basis des Werkvertragsrechts anerkannten Pflichtenprogramm des Planers.

391   Das Gesetz hebt hervor, dass nur die Leistungen zu erbringen sind, die für die Erreichung der Planungs- und Überwachungsziele erforderlich sind. Das bedeutet, dass – wenn die Parteien nichts anderes vereinbart haben – der Architekt nicht sämtliche Grundleistungen der HOAI zu erbringen verpflichtet ist, sondern nur diejenigen, die notwendig sind, um die vereinbarten Planungs- und Überwachungsziele zu erreichen. Schließen die Parteien daher einen Planervertrag, in dem der Leistungsumfang des Unternehmers nicht ausdrücklich unter Hinweis auf alle in der HOAI niedergelegten Leistungsphasen definiert wird, werden dem Unternehmer nicht alle Grundleistungen der Leistungsphase übertragen, sondern nur diejenigen, die für die Erreichung der Planungs- und Überwachungsziele erforderlich sind.

392   Honorarrechtlich hat das nach § 8 Abs. 2 HOAI zur Folge, dass der Besteller nur einen Anspruch auf ein Honorar hat, das dem Anteil der übertragenen Grundleistungen an der gesamten Leistungsphase ent-

---

[256] Fuchs, NZBau 2015, 431/432.

spricht.[257] Vergütet werden demnach nur die Grundleistungen, die für die Erreichung der Planungs- und Überwachungsziele notwendig waren. Im Vergleich zu dem bis zum Inkrafttreten des Gesetzes zur Reform des Bauvertragsrechts geltenden Rechtszustand hat sich damit allerdings wenig geändert, denn schon bisher war nicht anzunehmen, dass der Besteller den Architekten mit Grundleistungen beauftragen wollte, die für den Besteller ohne oder von geringem Nutzen sind.[258]

3. Das Anordnungsrecht des Bestellers beim Architekten- und Ingenieurvertrag und der Honorarnachtrag des Planers

Fall 4:   393

Der Bauherr B beabsichtigt die Errichtung eines Mehrfamilienhauses. Er beauftragt den Architekten A mit der Erbringung aller Objektplanungsleistungen, die erforderlich sind, damit das Gebäude errichtet werden kann. Die Parteien gehen davon aus, dass eine von einem anderen Architekten erstellte Vorplanung (Leistungsphasen 1 und 2) taugliche Grundlage für die Planung des A ist. Die Überwachung der Gewährleistung will B selbst durchführen. Demzufolge einigen sich die Parteien, darauf, den A mit allen Objektplanungsleistungen der Leistungsphasen 3–8 zu beauftragen. Die Vergütung soll nach Mindestsätzen gemäß § 7 Abs. 1 HOAI erfolgen.

Die von dem anderen Architekten erbrachten Leistungen der Leistungsphase 2 erweisen sich als nicht umsetzbar, weil ein renitenter Beamter der Bauaufsichtsbehörde die rechtlich zweifelhafte Auffassung vertritt, ein viergeschossiges Gebäude füge sich nicht nach § 34 BauGB in die Umgebungsbebauung ein. Die zeigt sich erst, nachdem A die Grundleistungen a)–c) der Leistungsphase 3 bereits ausgeführt hat.

B will sich nicht auf einen Rechtsstreit über die Genehmigungsfähigkeit einlassen und bittet den A, eine neue Vorplanung beginnend mit der Leistungsphase 2 zu erstellen. Aufgrund dessen ist auch eine erneute Erbringung der Grundleistungen a)–c) der Leistungsphase 3 notwendig. Auch diese soll A nochmals erbringen. Zudem erkennt B jetzt, dass das Bauen sehr nervenaufreibend sein kann und verlangt von A auch die Ausführung der Leistungsphase 9 (Objektbetreuung).

A und B können sich nicht einigen, weil A für die erstmalige Ausführung der Leistungsphase 2 und die Wiederholungsleistung aus der Leistungsphase 3 eine Vergütung nach dem Mittelsatz verlangt. Die Leistungsphase 9 will A überhaupt nicht ausführen. B ordnet die Erbringung all dieser Leistungen nun an. Muss A

---

[257] Fuchs, NZBau 2015, 655, 677.
[258] *Preussner* in Fuchs/Berger/Seifert, HOAI, 2016, § 8, Rn. 41.

die Leistungen ausführen? Falls ja, wie berechnet sich die zusätzliche Vergütung des A?

a) Das Anordnungsrecht des Bestellers

394 Architekten und Ingenieure vereinbaren in der Regel ein Honorar für ihre Leistungserbringung nach Maßgabe der HOAI, sofern das betreffende Leistungsbild dem zwingenden Preisrecht der HOAI unterworfen ist und sich die anrechenbaren Kosten innerhalb der sog. Tafelwerte halten.

395 Das so vereinbarte Honorar gilt für die in dem Planervertrag beschriebenen Leistungsziele. Was geschieht nun, wenn der Besteller eine Anpassung der Leistungsziele wünscht? So ist denkbar, dass er sich nach abgeschlossener Leistungsphase 2 für einen dreigeschössigen Ausbau entschieden hat, im Zuge der Ausführung der Leistungsphase 3 aber doch eine viergeschossige Ausführung wünscht.

396 Für diese Fälle verweist § 650 q Abs. 1 BGB n. F. auf § 650 b BGB n. F. und bestimmt, dass die Vorschrift über das Anordnungsrecht des Bestellers beim Bauvertrag auch auf Architekten- und Ingenieurverträge anwendbar ist.

397 Das bedeutet, dass der Besteller nach § 650 b Abs. 1 S. 1 Nr. 1 BGB n. F. eine Änderung des Werkerfolgs und nach § 650 b Abs. 1 S. 1 Nr. 2 BGB n. F. eine Änderung, die zur Erreichung des vereinbarten Werkerfolgs notwendig ist, begehren kann.

398 Der Werkerfolg eines Architekten- und Ingenieurvertrages im Sinne des § 650 b Abs. 1 S. 1 Nr. 1 BGB besteht, wie vorstehend erörtert,[259] in der Erreichung der Planungs- und Überwachungsziele im Sinne des § 650 p Abs. 1 BGB n. F. Ein Änderungsbegehren nach § 650 b Abs. 1 S. 1 Nr. 1 BGB n. F., das auf eine Änderung des Werkerfolgs gerichtet ist, ist somit gleichbedeutend mit einem Begehren nach Änderung der vereinbarten Planungs- und Überwachungsziele.

399 Gegenstand eines Änderungsbegehrens nach § 650 b Abs. 1 Nr. 2 BGB n. F. (Änderungen, die zur Erreichung des vereinbarten Werkerfolgs notwendig sind), sind dagegen nicht die Planungs- und Überwachungsziele, sondern der vom Unternehmer zur Erreichung der Planungs- und Überwachungsziele geschuldete **Leistungsumfang**. Daher sind Änderungsbegehren im Sinne des § 650 b Abs. 1 Nr. 2 BGB n. F. bei einem Architekten- und Ingenieurvertrag, bei dem sich der Leistungsumfang des Unternehmers nach § 650 p Abs. 1 BGB n. F. richtet, bei dem also keine hiervon abweichende vertragliche Vereinbarung getroffen wurde, praktisch nur schwer denkbar. Denn in diesem Fall schuldet der Architekt/Ingenieur ohnehin alle Leistungen, die zum Erreichen der Planungs- und Überwachungszie-

---

[259] Siehe oben Rn. 397.

le erforderlich sind. Eine defizitäre Leistungsbeschreibung, die dazu führt, dass trotz vereinbarter Planungs- und Überwachungsziele der vom Unternehmer geschuldete Leistungsumfang nicht erreicht werden kann, wird die Ausnahme sein.

Jedenfalls theoretisch denkbar wäre, dass sich die Parteien als Planungs- **400** und Überwachungsziel auf die Errichtung eines bestimmten Gebäudes einigen, dabei aber eine Leistungsphase oder bestimmte wichtige Grundleistungen einer bestimmten Leistungsphase ausdrücklich vom Leistungsumfang des Architekten ausnehmen. Dann könnte das vereinbarte Planungs- und Überwachungsziel mit dem vereinbarten Leistungsumfang nicht erreicht werden; die fehlende Leistung könnte dann Anlass zu einem Änderungsbegehren nach §§ 650 p Abs. 1, 650 b Abs. 1 S. 1 Nr. 2 BGB n. F. bieten. Vorstellbar ist auch, dass sich die Parteien auf die Erbringung sämtlicher Planungs- und Überwachungsleistungen einigen, die für die Errichtung eines bestimmten Gebäudes erforderlich sind und dabei unterstellen, dass beispielsweise auf die Vorplanung eines anderen Architekten aufgebaut werden kann. Erweist sich diese dann als unbrauchbar, kann die erstmalige Erstellung der Vorplanung durch den Unternehmer Gegenstand eines Änderungsbegehrens des Bestellers nach § 650 b Abs. 1 S. 1 Nr. 2 BGB n. F. sein. Gleiches gilt auch für eine vergessene Beauftragung der Leistungsphase 8 (Objektüberwachung). Zwar mag es zutreffen, dass sich aus § 650 p Abs. 1 BGB n. F. keine Vermutung für die Beauftragung einer so genannten „Vollarchitektur" (also eine sich über alle Leistungsphasen der HOAI erstreckenden Beauftragung) herleiten lässt.[260] Vereinbaren die Parteien aber ausdrücklich, dass der Architekt/Ingenieur Leistungen erbringen sollen, die für die Realisierung eines Bauvorhabens erforderlich sind, gehört zum Leistungsumfang des Architekten auch die Objektüberwachung gemäß der Leistungsphase 8 nach der Anlage 10 zu HOAI. Würde in der vertraglichen Regelung zum Leistungsumfang des Architekten die Leistungsphase 8 dann aber ausdrücklich ausgenommen, fehlte eine Leistung, die zur Herbeiführung des Erfolgs erforderlich ist; diese Leistung kann Gegenstand eines Änderungsbegehrens nach § 650 p Abs. 1, 650 b Abs. 1 S. 1 Nr. 2 BGB n. F. sein.

Im Falle eines solchen „Begehrens" ist sodann der Unternehmer ver- **401** pflichtet, ein Angebot über die Mehr- oder Mindervergütung zu erstellen, im Falle einer Änderung nach Satz 1 Nr. 1 jedoch nur, wenn ihm die Ausführung der Änderung zumutbar ist, § 650 b Abs. 1 S. 2 BGB n. F. Das BGB stellt keine Anforderungen daran, wie der Unternehmer den Mehrvergütungsanspruch nach § 650 b Abs. 1 S. 2 BGB ermittelt. Ebenso wie der Unternehmer eines Bauvertrags ist der Architekt/Ingenieur zivilrecht-

---

[260] Fuchs, NZBau 2015, 675, 677.

lich bei der Ausgestaltung des Angebots völlig frei. Preisrechtlich darf das Änderungsangebot freilich nicht gegen zwingende Vorgaben der HOAI verstoßen.

402   Einigen sich die Parteien binnen 30 Tagen nach Zugang des Änderungsbegehrens beim Unternehmer nicht über die Änderung und die infolge der Änderung zu leistende Mehr- oder Mindervergütung, kann der Besteller die Leistung nach § 650 b Abs. 2 BGB n. F. anordnen.

b) Der Honorarnachtrag des Planers

(aa) Überblick

403   Das Gesetz zur Reform des Bauvertragsrechts hat keine eigenständige Regelung zum sog. Honorarnachtrag des Planers gebracht. Stattdessen verweist § 650 q Abs. 2 BGB n. F. für die Ermittlung der Vergütungsänderung infolge einer Anordnung des Bestellers lediglich auf andere Rechtsnormen. § 650 q Abs. 2 BGB lautet:

> *„Für die Vergütungsanpassung im Fall von Anordnungen nach § 650b Absatz 2 gelten die Entgeltberechnungsregeln der Honorarordnung für Architekten und Ingenieure in der jeweils geltenden Fassung, soweit infolge der Anordnung zu erbringende oder entfallende Leistungen vom Anwendungsbereich der Honorarordnung erfasst werden. Im Übrigen ist die Vergütungsanpassung für den vermehrten oder verminderten Aufwand auf Grund der angeordneten Leistung frei vereinbar. Soweit die Vertragsparteien keine Vereinbarung treffen, gilt § 650c entsprechend.“*

404   Voraussetzung für die Anwendung der Vorschrift ist eine Anordnung nach § 650 b Abs. 2 BGB n. F. Voraussetzung einer solchen Anordnung ist, dass sich die Parteien nicht binnen 30 Tagen nach Zugang des Änderungsbegehrens des Bestellers beim Unternehmer über die Änderung und die infolge der Änderung zu leistende Mehr- oder Mindervergütung einigen konnten, § 650 b Abs. 1 S. 3 BGB n. F.

(bb) Verweis auf die HOAI

405   Für den Fall einer Anordnung bestimmt § 650 q Abs. 2 S. 1 BGB n. F., dass für die Vergütungsanpassung die Entgeltberechnungsregeln der HOAI in der jeweils geltenden Fassung Anwendung finden, soweit infolge der Anordnung zu erbringende oder entfallende Leistungen vom Anwendungsbereich der Honorarordnung erfasst werden. Das Gesetz verweist also zunächst dynamisch auf die HOAI in der jeweils geltenden Fassung. Gemeint ist damit die Fassung der HOAI zum Zeitpunkt der Anordnung, nicht die bei Vertragsschluss geltende Fassung. Die Anordnung ist insofern genauso zu behandeln wie der nachträgliche Abruf einzelner Leistungsphasen beim Stufenvertrag. Der Stufenvertrag zeichnet sich dadurch aus, dass mit Vertragsschluss nur die Leistung bestimmter Leistungsphasen, beispielsweise der Leistungsphasen 1 und 2 beauftragt werden; gleichzeitig wird aber geregelt, dass der Besteller berechtigt ist, die Leistungen weiterer Leistungsphasen durch einseitige Erklärung „abzurufen", mit der Folge, dass der Unternehmer verpflichtet ist, diese Leistungen zu erbringen. Erfolgte der Abschluss des Stufenvertrags mit einer Beauftragung der Leistungsphasen 1 und 2 unter Geltung der HOAI 2002, werden aber Leistungen der Leistungsphase 3 erst nach Inkrafttreten der HOAI 2009 abgerufen, richtet sich die Vergütung für diese zusätzlich abgerufenen Leistungen nach der HOAI 2009.[261] Nichts anderes kann für die nachträgliche Anordnung von Leistungen gelten.

Problematisch an der Regelung ist jedoch, dass die HOAI keine Anspruchsgrundlage für das Bestehen von Mehrvergütungsansprüchen dem Grunde nach beinhaltet, sondern diese voraussetzt.[262] Da § 650 q Abs. 2 S. 1 BGB n. F. nicht nur zur Ermittlung der Höhe des Anspruchs, sondern auch hinsichtlich des Anspruchsgrunds auf die HOAI verweist, geht dieser Verweis teilweise ins Leere. Die Regelung muss daher berichtigend dahingehend ausgelegt werden, dass bei Änderungsanordnungen ein Anspruch dem Grunde nach stets aus dem BGB folgt und sich nur die Höhe des Anspruchs aus den Normen ergibt, auf die § 650 q Abs. 2 BGB n. F. verweist. **406**

Auch bei diesem Verständnis der Norm ist problematisch, dass den Entgeltberechnungsregeln der HOAI keine konkrete Vergütung für eine bestimmte Leistung entnommen werden kann. Die HOAI nennt lediglich einen Rahmen, innerhalb dessen für eine Leistung zulässigerweise eine Vergütung vereinbart werden kann. Ordnet der Besteller beispielsweise die Ausführung einer zusätzlichen, zuvor nicht beauftragten Leistungsphase an, lässt sich der HOAI nicht entnehmen, welche konkrete zusätzliche Vergütung daraus folgt. Denn die Vergütung wird nicht durch die HOAI bestimmt, sondern durch den zwischen den Parteien geschlossenen Vertrag, für den die HOAI lediglich einen preislichen Rahmen bildet.[263] **407**

Eine Ermittlung einer zusätzlichen Vergütung allein nach „den Entgeltberechnungsregeln der HOAI" ist daher ohne Rückgriff auf den Vertrag nicht möglich. Denn nicht zuletzt hängt das HOAI-Honorar auch vom vereinbarten Honorarsatz ab, zu dem die HOAI nichts sagt. Haben Parteien daher ein Berechnungshonorar vereinbart, bei dem sich die Vergütung aus den Honorarparametern Honorarzone, anrechenbare Kosten und vereinbartem Honorarsatz errechnet, muss § 650 q Abs. 2 BGB so gelesen **408**

---

[261] BGH Urt. v. 18.12.2014, Az. VII ZR 350/13, BGHZ 204, 19.
[262] Fuchs/Berger, NZBau 2016, 249, 250.
[263] Fuchs/Berger, NZBau 2016, 249, 250.

werden, dass sich die zusätzliche Vergütung nach den Entgeltberechnungs-regeln der HOAI und der vertraglichen Vereinbarung richtet, sodass auch die Vereinbarung über den Honorarsatz herangezogen werden kann.

409   Haben die Parteien zulässigerweise ein Pauschalhonorar vereinbart, das sich im Rahmen der Mindest- und Höchstsätze der HOAI bewegt, ist es freilich nicht damit getan, auf einen vereinbarten Honorarsatz abzustellen, weil es einen solchen in diesem Fall nicht gibt. Mangels abweichender Regelung ist dann für die zusätzliche Leistung das Honorar zu ermitteln, das sich für diese Leistung nach den Mindestsätzen der HOAI ergibt, § 7 Abs. 5 HOAI. Ändern sich durch die Anordnung zugleich die anrechenba-ren Kosten, sind diese geänderten Kosten für die Vergütung der Ände-rungsleistung maßgeblich. Im Übrigen bleibt es bei der Maßgeblichkeit der Kostenberechnung nach § 6 Abs. 1 Nr. 1 HOAI. Das führt zwar dazu, dass das Pauschalhonorar bei der Ermittlung der zusätzlichen Vergütung nicht fortgeschrieben wird.[264] Eine andere Lösung ist angesichts des klaren Wortlauts des § 650q Abs. 2 S. 1 BGB aber nicht denkbar. Danach kommt es für den infolge der Anordnung geänderten Vergütungsanspruch nur auf die Entgeltberechnungsregeln der HOAI an. Diese sehen aber eine Abrech-nung nach Mindestsätzen vor, wenn nichts anderes vereinbart wurde. Wenn es eine solche Vereinbarung – bezogen auf die geänderte Leistung – im Falle einer Anordnung nicht gibt, bleibt nur die Abrechnung nach Mindestsätzen.

c) Freie Vereinbarung der Vergütungsanpassung

410   Soweit Gegenstand der Anordnung Leistungen sind, auf die die HOAI keine Anwendung findet, bestimmt § 650 q Abs. 2 S. 2 BGB n. F., dass die Vergütungsänderung für die Leistungen frei vereinbart werden kann. Da Voraussetzung für die Anwendung des § 650 q Abs. 2 S. 2 BGB n. F. eine Anordnung ist und diese wiederum nach § 650 b Abs. 2 BGB n. F. voraus-setzt, dass sich die Parteien nicht über die Änderung und die daraus resul-tierenden Vergütungsfolgen einigen konnten, ist es unwahrscheinlich, dass eine Einigung über die Vergütung möglich ist, nachdem der Besteller die Änderung angeordnet hat. Ausgeschlossen ist das freilich nicht. Die Aus-sage, dass in diesem Fall die Vergütung frei vereinbar ist, ist in diesem Zusammenhang aber rein deklaratorischer Natur; zudem ergibt sich die freie Vereinbarkeit insofern schon aus § 650 b Abs. 1 S. 2 BGB n. F., der ja auch eine Vereinbarung über das Angebot des Unternehmers ermöglicht.

---

[264] So aber zu Planungsnachträgen nach altem Recht, *Fuchs/Seifert* in Fuchs/ Berger/Seifert, HOAI, 2016, § 10, Rn. 15.

d) Subsidiäre Ermittlung der geänderten Vergütung nach § 650 c BGB n. F.

§ 650 q Abs. 2 S.3 BGB n. F. bestimmt, dass für die Ermittlung der Vergü- **411** tung für die geänderte Leistung die Regelung des § 650 c BGB heranzu- ziehen ist, wenn die Leistung, die Gegenstand der Änderung ist, nicht vom Anwendungsbereich der HOAI erfasst ist und die Parteien auch keine freie Vereinbarung nach §§ 650 q Abs. 2 S.2, 650 b Abs. 1 S. 2 BGB n. F treffen. Rechtsförmlich richtig wäre es gewesen, die Sätze 2 und 3 des § 650q Abs. 2 in einem separaten Absatz zusammenzufassen, um zu verdeutlichen, dass § 650 q Abs. 2 S.3 BGB n. F. nur gilt, wenn eine Leistung betroffen ist, die nicht vom Preisrecht der HOAI erfasst wird; für von § 650 q Abs. 2 S. 1 BGB n. F. erfasste Leistungen (also solche, für die die HOAI gilt), ist § 650 q Abs. 2 S. 3 BGB n. F. nicht anzuwenden.

Zur Ermittlung der Vergütung für solche „HOAI-freien" Änderungs- **412** leistungen ist nach § 650 c Abs. 1 BGB auf die tatsächlich erforderlichen Kosten mit angemessenen Zuschlägen für allgemeine Geschäftskosten, Wagnis und Gewinn abzustellen. Da Planungsleistungen im Wesentlichen Personalkosten verursachen, kann der Planer also seinen tatsächlichen Mehraufwand und die ihm daraus entstehenden tatsächlichen Personal- kosten zur Ermittlllung der Vergütungsänderung heranziehen.

Gegenstand der Verweisung sind die besonderen Leistungen der HOAI- **413** Leistungsbilder aber beispielsweise auch Leistungen der Brandschutzpla- nung, für die die HOAI keine Regelungen enthält. Bei letzteren wird zur Ermittlung der Vergütung häufig auf das (nicht bindende) AHO-Heft 17[265] zurückgegriffen.

Sehr fraglich ist, ob von der Regelung auch Vergütungsansprüche **414** wegen einer angeordneten Wiederholungsplanung erfasst sind. In der Gesetzesbegründung der Bundesregierung wurde dies für möglich gehal- ten und damit die Anwendbarkeit der HOAI zur Ermittlung der Höhe des Anspruchs bezweifelt. Dabei wurde darauf abgestellt, dass die Regelung des § 10 HOAI die Vergütung von Wiederholungsleistungen (wohl) nicht regle. Daher gebe es für die Ermittlung der Höhe der Vergütung für Wie- derholungsleistungen keine Entgeltberechnungsregeln in der HOAI.[266] Daran ist richtig, dass § 10 HOAI – ebenso wie die HOAI als Ganzes – keine Anspruchsgrundlage für eine Vergütung von Wiederholungsleistun- gen darstellt, sondern das Bestehen einer solchen Anspruchsgrundlage voraussetzt.[267] Das bedeutet aber dennoch nicht, dass die Vergütung für angeordnete Wiederholungsleistungen nach § 650 q Abs. 2 S. 2 BGB n. F.

---

[265] Leistungsbild und Honorierung Leistungen für Brandschutz, 3. Auflage, Juni 2015.
[266] BT-Drs. 18/8486, S. 68.
[267] Fuchs/Berger, NZBau 2016, 249, 250.

frei vereinbart werden könnte und demzufolge bei Scheitern einer solchen Vereinbarung nach §§ 650 q Abs. 2 S. 2, 650 c Abs. 1 BGB n. F. zur Ermittlung der Vergütung auf die tatsächlich erforderlichen Kosten zurückgegriffen werden könnte. Denn handelt es sich bei den wiederholten Leistungen um Grundleistungen der Leistungsphasen der einzelnen Leistungsbilder der HOAI, handelt es sich bei den „infolge der Anordnung zu erbringenden oder entfallenden Leistungen" um solche, die vom Anwendungsbereich der HOAI erfasst werden. Für die Ermittlung der **Höhe** des Anspruchs ist nach § 650 q Abs. 2 S. 1 BGB n. F. damit auf die HOAI zurückzugreifen.

415   Zur Ermittlung der Höhe ist nach § 8 Abs. 2 HOAI eine Teilleistungsbewertung vorzunehmen. Dabei ist der Wert der wiederholten Leistung ins Verhältnis zu setzen zum Wert der vollständigen Leistungsphase. Werden die wiederholten Leistungen nicht in Bezug auf das ganze Objekt erbracht, sind die für die Wiederholungsleistungen anrechenbaren Kosten ggf. zu reduzieren. Werden im Zuge der Wiederholungsplanung nur einzelne Grundleistungen einer Leistungsphase doppelt erbracht, kann zur Bewertung dieser Teilleistungen auf Berechnungsvorschläge sachverständiger Praktiker zurückgegriffen werden, wie beispielsweise auf die Steinfort- oder Siemon-Tabelle. Die Verwertbarkeit derartiger Berechnungsvorschläge als Orientierungshilfe hat der Bundesgerichtshof ausdrücklich anerkannt.[268]

416   Maßgeblich für die Honorierung der Wiederholungsleistung ist schließlich die Honorarzone.[269] Das zeigt, dass die maßgeblichen Parameter für die Ermittlung der Höhe des Anspruchs wegen einer angeordneten Wiederholungsleistung der HOAI zu entnehmen sind, soweit die Planungsleistungen der HOAI unterfallen. Für die Anwendung der §§ 650 q Abs. 2 S. 2, 650 c BGB n. F. ist daher kein Raum.

417   Umstritten ist, ob für den Bereich der Architekten- und Ingenieurverträge auch der Verweis auf § 650 c Abs. 1 S. 2 BGB n. F. zum Tragen kommt. Bezogen auf den unmittelbaren Anwendungsbereich der Vorschrift regelt diese, dass der Bauunternehmer, der sich verpflichtet hat, neben der Ausführungsleistung auch die Planung des zu errichtenden Bauwerks bzw. der Außenanlage zu erbringen, keinen Anspruch auf Anpassung der Vergütung hat, wenn sich das Änderungsbegehren des Bestellers auf eine Änderung bezieht, die zur Herbeiführung des Werkerfolgs erforderlich ist. Im Bauvertragsrecht liegt dieser Vorschrift die Erwägung zugrunde, dass der Besteller mit einem solchen Änderungsbegehren letzt-

---

[268] BGH Urt. v. 16.12.2004, Az. VII ZR 174/03, NZBau 2005, 163.
[269] Vgl. dazu ausführlich *Fuchs/Seifert* in Fuchs/Berger/Seifert, HOAI, 2016, § 10, Rn.38.

lich lediglich einen Mangel der Planung aufdecke und den Unternehmer auffordere, zum Zweck der Erreichung eines mangelfreien Werkerfolgs seine Planung und Ausführung zu ändern; dem Unternehmer könne daraus kein Mehrvergütungsanspruch erwachsen, da die Planung und Ausführung eines mangelfreien Werks ohnehin bereits Gegenstand seiner vertraglichen Leistungspflichten sei.

Beim Architekten- und Ingenieurvertrag geht die Verweisung auf **418** diese Vorschrift zunächst ins Leere. Denn § 650 c Abs. 1 S. 2 BGB n. F. setzt nach seinem Wortlaut voraus, dass der Unternehmer neben den Planungsleistungen auch Ausführungsleistungen übernommen hat. Daran fehlt es beim Architekten- und Ingenieurvertrag. Fraglich ist indes, ob nicht die ratio der Vorschrift auf den Planervertrag Anwendung finden kann. Verpflichtet sich der Partner zur Erreichung eines bestimmten Planungs- und Überwachungsziels und kann mit dem von ihm angebotenen Leistungsumfang dieses Ziel nicht erreicht werden, könnte aus der Vorschrift der Schluss gezogen werden, dass der Planer fehlende, von seinem Leistungsumfang nicht erfasste Leistungen auf Anordnung des Bestellers dennoch erbringen muss, ohne hierfür eine gesonderte Vergütung verlangen zu können.[270] Soweit es bei den angeordneten, zusätzlichen oder geänderten Leistungen um Grundleistungen einer Leistungsphase eines der Leistungsbilder der HOAI geht, ist § 650 c Abs. 1 S. 2 BGB n. F. allerdings nicht anwendbar, da sich die Verweisung auf diese Vorschrift in § 650 q Abs. 2 S. 3 BGB n. F. nur auf Leistungen erstreckt, die von der HOAI nicht erfasst sind. In der Praxis wird § 650 c Abs. 1 S. 2 BGB n. F. daher im Rahmen von Planer Nachträgen keine Bedeutung erlangen.

Erfasst von der Verweisung des § 650 q Abs. 2 S. 3 BGB n. F. ist auch **419** § 650 c Abs. 2 BGB n. F. Das bedeutet, dass der Planer – ähnlich wie der Bauunternehmer – zur Berechnung der Vergütung für den Nachtrag auf die Ansätze in einer vereinbarungsgemäß hinterlegten Urkalkulation zurückgreifen kann. Dann wird vermutet, dass die auf Basis der Urkalkulation fortgeschriebene Vergütung einer nach tatsächlichen Mehrkosten ermittelten Vergütung entspricht. Wie auch bei der Ermittlung der Vergütungsänderung beim Bauvertrag greift § 650 c Abs. 2 BGB n. F. indessen nur, wenn die Urkalkulation des Planers vereinbarungsgemäß hinterlegt wurde. Das erfordert, dass sich die Parteien vertraglich auf eine Hinterlegung der Urkalkulation geeinigt haben und diese Urkalkulation auch tatsächlich hinterlegt wurde. Beides ist bei der derzeit noch vorherrschenden Vertragspraxis bei Planerverträgen in der Regel nicht der Fall.

---

[270] So wohl *Dammert* in Dammert/Lenkeit/Oberhauser/Pause/Stretz, Das neue Bauvertragsrecht, 2017, § 4, Rn. 76.

420   Nicht erfasst von der Verweisung ist allerdings die 80%-Regel des
§ 650 c Abs. 3 BGB. Denn der Verweis auf § 650 c BGB n. F. gilt nur „für
die Vergütungsanpassung" und nicht für die Ermittlung der Abschlagszahlungen.

e) Falllösung

421   Im Fall 4 sind drei verschiedene Änderungsbegehren zu beurteilen.

(aa) Erstmalige Erbringung der Grundleistungen der Leistungsphase 1

421a   Nach § 650 q Abs. 1 BGB n. F. i. V. m. § 650 b Abs. 1 S. 1 Nr. 1 BGB n. F.
kommt eine Anordnung des B zur Änderung des vereinbarten Werkerfolgs
in Betracht und nach § 650 b Abs. 1 S. 1 Nr. 2 BGB n. F. eine Änderung,
die zur Erreichung des vereinbarten Werkerfolgs notwendig ist.

422   Im Fall 4 verlangt B die Erbringung der Grundleistungen der Leis-
tungsphase 2, die nicht zum vertraglich vereinbarten Leistungsumfang des
A gehörten. Der vereinbarte Werkerfolg ist im Recht der Architekten und
Ingenieure gleichbedeutend mit den zwischen den Parteien vereinbarten
Planungs- und Überwachungszielen im Sinne des § 650 p Abs. 1 BGB n. F.
Planungsziel (der vereinbarte Werkerfolg) ist im Fall 4 die Errichtung eines
Mehrfamilienhauses. Für die Erreichung dieses Ziels sind in der Regel
brauchbare Grundleistungen der Leistungsphasen 1 und 2 erforderlich.
Begehrt der B daher die zusätzliche Erbringung der Grundleistungen
dieser Leistungsphasen, sollen die Parteien Einvernehmen über die Änderung und die infolge der Änderung zu leistende Mehr- oder Mindervergütung anstreben. Da eine solche Einigung hier nicht erreicht werden
konnte, kann B die zusätzliche Erbringung der Leistungen der Leistungsphase 2 anordnen. A muss diese Leistungen erbringen.

423   Diese Leistungen fallen in den Anwendungsbereich der HOAI. Nach
§ 650 q Abs. 2 BGB n. F. gelten für die Vergütungsanpassung, die aus der
Anordnung der zusätzlichen Leistungen resultieren, die Entgeltberechnungsregeln der HOAI. Die Mehrvergütung richtet sich also nach den
Vom-Hundert-Sätzen in § 35 Abs. 3 HOAI. Für die erstmalige Erbringung
der Grundleistungen der Leistungsphase 2 erhält A also eine zusätzliche
Vergütung in Höhe von 7% des für die Vergütung für die gesamten Objektplanungsleistungen anfallenden HOAI-Honorars. Hinsichtlich der
heranzuziehenden Honorarsätze ist auf die zwischen den Parteien im
Vertrag vereinbarten Honorarsätze abzustellen. Hier haben die Parteien
die Geltung der Mindestsätze vereinbart. Diese gelten auch für die Vergütung der zusätzlich erbrachten Leistungen der Leistungsphase 2.

(bb) Wiederholung von Grundleistungen der Leistungsphase 3

Es stellt sich heraus, dass die vom zunächst beauftragten Architekten in der **424**
Leistungsphase 2 vorgesehene Geschossigkeit des Gebäudes wegen des
Widerstands der Bauaufsichtsbehörde nicht realisiert werden kann. Mit
der Neuerstellung der Leistungsphase 2 werden auch bereits erbrachte
Grundleistungen aus der Leistungsphase 3 wertlos. Die Parteien können
sich nicht auf die Wiederholung dieser Grundleistungen einigen. Es stellt
sich daher die Frage, ob B die Wiederholung der Leistungen anordnen
kann.

Es liegt hier ein Änderungsbegehren nach § 650 b Abs. 1 S. 1 Nr. 1 BGB **425**
n. F. vor (Änderung des Werkerfolgs). Denn durch das nunmehr geäußerte Verlangen des B nach einer drei- statt einer viergeschossigen Ausführung werden die Planungsziele und damit der Werkerfolg geändert. Da
sich die Parteien nicht einigen können, kann B die Änderung anordnen.

Fraglich ist, nach welchen Regelungen die zusätzliche Vergütung des **426**
A zu ermitteln ist. Da die infolge der Änderung zu erbringenden Leistun-
gen von den Entgeltberechnungsregeln der HOAI erfasst sind, richtet sich
die Ermittlung der Vergütung für die Wiederholungsplanung nach der
HOAI. Dass § 10 HOAI keine Anspruchsgrundlage für ein Honorar für
Planungsänderungen darstellt, ist unerheblich. Allein entscheidend ist, dass
die wiederholten Leistungen in den Anwendungsbereich der HOAI fallen.
Für die Ermittlung der Vergütung für die wiederholten Grundleistungen
a) – c) der Leistungsphase 3 ist auf die Siemon-Tabelle oder die Steinfort-
Tabelle zurückzugreifen. Nach der Siemon-Tabelle entfallen auf die Erbringung der Grundleistung a) der Leistungsphase 3 der Objektplanung
zwischen 10 und 12 Teilleistungspunkte, auf die Grundleistung b) zwischen 0,5 und 1, 5 Teilleistungspunkte und auf die Grundleistung c) zwischen 0,25 und 0,75 Teilleistungspunkte. Orientiert man sich hier jeweils
am unteren Rand, ergibt sich ein zusätzliches Honorar von 10,75 % des für
die Gesamtleistung anfallenden HOAI-Honorars. Für die Ermittlung des
Honorars sind die Honorarsätze heranzuziehen, die die Parteien im Vertrag vereinbart haben, hier also die Mindestsätze.

(cc) Leistungsphase 9

Das Begehren des B nach der zusätzlichen Erbringung der Leistungsphase **427**
9 könnte auf eine Änderung des Werkerfolgs im Sinne des § 650 b Abs. 1
Nr. 1 BGB n. F. abzielen. Hier geht es um eine Veränderung der Überwachungsziele. Die Parteien haben sich vertraglich nur auf das Überwachungsziel geeinigt, das eine mängelfreie Bauausführung ermöglicht. B
verlangt nunmehr zusätzlich die Erbringung von Leistungen der Objektbetreuung (Leistungsphase 9). Als weiteres Überwachungsziel soll nunmehr neben der Errichtung eines Mehrfamilienhauses die Verfolgung von

Mängelansprüchen während der Verjährungsfristen hinzutreten. Es liegt dagegen kein Änderungsbegehren nach § 650 b Abs. 1 S. 1 Nr. 2 BGB n. F. vor; die Änderung ist nicht erforderlich, um das vertraglich vereinbarte Überwachungsziel „Errichtung eines Mehrfamilienhauses" zu erreichen.

428   Da die Parteien über die Änderung keine Einigung erzielen konnten, könnte B die Leistung möglicherweise nach § 650 b Abs. 2 BGB n. F. anordnen. Ein Anordnungsrecht besteht in den Fällen des § 650 b Abs. 1 S. Nr. 1 BGB indes nur, wenn die Änderung dem A zumutbar ist. Daran könnte es hier fehlen. Die nachträgliche Anordnung der Ausführung von Leistungen der Leistungsphase 9 verlängert die Laufzeit des Vertrags um die Dauer der Verjährungsfristen für die gegen die bauausführenden Unternehmer gerichteten Mängelansprüche, in der Regel also um fünf Jahre. Dadurch wird der Architekt erheblich länger an das Bauvorhaben gebunden, als er dies bei Vertragsschluss absehen konnte. Die nachträgliche Anordnung der Leistung berührt daher in erheblichem Maße die Kapazitätsplanung des Architekten und damit dessen unternehmerische Freiheit. Ein Recht des Bestellers zur nachträglichen Anordnung der Ausführung von Leistungen der Leistungsphase 9 besteht daher nicht.

4. Anspruch auf Teilabnahme

a) Zielsetzung der Regelung

429   Nach § 650 q Abs. 1 BGB n. F. i. V. m. § 640 Abs. 1 BGB ist der Besteller grundsätzlich verpflichtet, das vertragsgemäß erbrachte Werk des Architekten oder Ingenieurs abzunehmen. Die Vergütung des Architekten/ Ingenieurs wird nach § 650 q Abs. 1 BGB n. F. i. V. m. § 641 Abs. 1 BGB erst mit der Abnahme fällig. Zu diesem Zeitpunkt beginnt nach § 650 q Abs. 1 BGB n. F. i. V. m. § 634a Abs. 2 BGB auch die Frist für die Verjährung der Mängelansprüche des Bestellers zu laufen.

430   Die Verpflichtung zur Abnahme besteht, wenn der Architekt/Ingenieur seine Leistungspflichten vollständig erbracht hat. Wird er aber auch mit den Leistungen der Objektbetreuung gemäß der Leistungsphase 9 der jeweiligen Leistungsbilder der HOAI betraut, gehört zu seinem Leistungsumfang unter anderem die „fachliche Bewertung der innerhalb der Verjährungsfristen für Gewährleistungsansprüche festgestellten Mängel" (Grundleistung a) der Leistungsphase 9 gemäß der Anlage 10 zu HOAI) oder „die Objektbegehung zur Mängelfeststellung vor Ablauf der Verjährungsfristen für Mängelansprüche gegenüber den ausführenden Unternehmen (Grundleistung b) gemäß der Anlage 10 zu HOAI). Damit entsteht ein Anspruch auf Abnahme der Leistungen des Architekten/Ingenieur bei

Beauftragung der Leistungsphase 9 in der Regel erst fünf Jahre nach Abnahme der letzten erbrachten Leistungen der ausführenden Unternehmen, da der Architekt/Ingenieur erst dann seine eigenen Leistungspflichten vollständig erfüllt haben kann.

Die Verjährungsfrist für Mängelansprüche hinsichtlich der Leistung des Architekten beginnt damit frühestens zu dem Zeitpunkt, zu dem die Verjährungsfristen hinsichtlich der Leistungspflichten der ausführenden Unternehmen enden. **431**

§ 650 s BGB n. F. bestimmt nunmehr, dass der Unternehmer beim Architekten- und Ingenieurvertrag ab der Abnahme der letzten Leistung des bauausführenden Unternehmers oder der bauausführenden Unternehmer eine Teilabnahme der von ihm bis dahin erbrachten Leistungen verlangen kann. Diese Teilabnahme führt dazu, dass die Verjährungsfrist für die Mängelansprüche hinsichtlich der Leistungen, die Gegenstand der Teilabnahme waren, zu laufen beginnt. Damit wird hinsichtlich des überwiegenden Teils der Leistungen des Architekten oder Ingenieurs ein Gleichlauf der Verjährungsfrist der Mängelhaftung mit der des bauausführenden Unternehmers erreicht.[271] Das bisher geltende Werkvertragsrecht gewährt einen derartigen Anspruch nicht. Ein Anspruch auf Teilabnahme besteht nach bisher gültiger Rechtslage nur bei entsprechender vertraglicher Vereinbarung.[272] **432**

Der Anwendungsbereich der Vorschrift ist jedoch nicht auf die Fälle beschränkt, in denen der Architekt/Ingenieur mit den Leistungen der Objektbetreuung beauftragt wurde. Auch wenn zum Leistungsumfang des Architekten/Ingenieurs nur die Leistungsphasen 1-8 gehören, hat er nach § 650 s BGB n. F. einen Anspruch auf Teilabnahme seiner Leistungen, sobald die letzten erbrachten Leistungen der ausführenden Unternehmen abgenommen worden sind. Da zum Leistungsumfang des mit der Bauüberwachung beauftragten Architekten/Ingenieurs auch das „Überwachen der Beseitigung der bei der Abnahme festgestellten Mängel" gehört (vgl. Grundleistung o) gemäß der Anlage 14 zur HOAI), kann § 650 s n. F. BGB auch praktische Bedeutung erlangen, wenn Leistungen der Objektbetreuung nicht beauftragt wurden. Werden die letzten Leistungen des bauausführenden Unternehmens unter dem Vorbehalt der Rechte wegen Mängeln, die bei der Abnahme festgestellt wurden, abgenommen, liegt eine rechtswirksame Abnahme der Leistungen des bauausführenden Unternehmers im Sinne des § 650 s BGB vor und der Architekt/Ingenieur kann eine Teilabnahme verlangen. Auch wenn seine vertraglichen Leistungspflichten nach Abschluss der Leistungsphase 8 enden, hat er noch **433**

---

[271] BT-Drs. 18/8486, S. 69.
[272] Kuhn, ZfBR 2017, 211.

keinen Anspruch auf eine Gesamtabnahme, solange die Leistung der Überwachung der bei der Abnahme festgestellten Mängel noch nicht abgeschlossen wurde.

b) Begriff der letzten Leistung

434 Bei größeren Baumaßnahmen gibt es in der Regel nicht nur einen bauausführenden Unternehmer, sondern eine Vielzahl. Die Formulierung, wonach eine Teilabnahme „ab der Abnahme der letzten Leistung des bauausführenden Unternehmers oder der bauausführenden Unternehmer" verlangt werden kann, darf nicht dahingehend missverstanden werden, dass der Architekt/Ingenieur bei Abnahme eines jeden Werks der zahlreichen, auf einer Baustelle tätigen Unternehmer eine Teilabnahme verlangen kann. § 650 s BGB n. F. gibt dem Architekten/Ingenieur vielmehr nur einmal einen Anspruch, eine Teilabnahme zu verlangen. Ist auf der Baustelle nur ein bauausführendes Unternehmen tätig, kann der Architekt/Ingenieur die Abnahme seiner Planungs- und Überwachungsleistungen verlangen, wenn das Werk dieses einen Unternehmens abgenommen worden ist; sind dagegen mehrere Unternehmer tätig, kann eine Teilabnahme erst verlangt werden, wenn das Werk des letzten dieser Unternehmen abgenommen worden ist. Anderenfalls müsste der Besteller bei jeder Abnahme einer Ausführungsleistung auf Verlangen der Architekten/Ingenieure zusätzlich eine Teilabnahme der entsprechenden Objekt- und Fachplanungsleistungen vornehmen. Bei einer gewerkeweisen Ausschreibung eines größeren Bauvorhabens könnte das hunderte Teilabnahmen von Architekten- und Ingenieurleistungen zur Folge haben. Das kann nicht die Absicht des Gesetzgebers gewesen sein.

c) Maßgeblicher Unternehmenskreis

435 Das Recht des Architekten, eine Teilabnahme zu verlangen, entsteht bei einer Beauftragung einer Vielzahl von bauausführenden Unternehmen, sobald das Werk des letzten bauausführenden Unternehmens abgenommen worden ist. Das macht es erforderlich, den Kreis der Unternehmen zu bestimmen, deren Leistungen abgenommen worden sein müssen, um den Anspruch auf Verlangen einer Teilabnahme auszulösen. Zu diesem Kreis gehören diejenigen Unternehmen, deren Bauleistungen der Architekt/Ingenieur nach der vertraglichen Vereinbarung zu planen oder zu überwachen hat. Da Objektplaner auch in den Ausführungs- und Abnahmeprozess von Bauleistungen verantwortlich eingebunden sind, deren bauliche Ausführung von einem Fachplaner überwacht wird, ist der Kreis der Unternehmen, deren Leistung abgenommen worden sein muss, bevor ein Verlangen nach Teilabnahme gestellt werden kann, beim Objektplaner deutlich größer als beim Fachplaner. Für eine Einschränkung des Kreises der maßgeblichen Unternehmen auf solche, deren Leistung vom Objektplaner „unmittelbar" überwacht werden muss, gibt der Gesetzeswortlaut keine hinreichenden Anhaltspunkte.[273]

d) *Rechtsfolge*

Liegen die Voraussetzungen des § 650 s BGB n. F. vor, kann der Architekt/ **436** Ingenieur eine Teilabnahme verlangen. Erst dieses Verlangen bringt den Anspruch auf Teilabnahme zum Entstehen. Das Verlangen ist eine einseitige empfangsbedürftige Willenserklärung des Architekten/Ingenieurs. Die Erklärung ist an keine Form gebunden, sie kann also auch mündlich erfolgen. Schon aus Gründen der Beweisbarkeit ist aber jedenfalls die Einhaltung der Textform zu empfehlen.

Nach § 640 Abs. 2 S. 1 BGB n. F. gilt ein Werk als abgenommen, wenn **437** der Unternehmer dem Besteller nach Fertigstellung des Werks eine angemessene Frist zur Abnahme gesetzt hat und der Besteller die Abnahme nicht innerhalb dieser Frist unter Angabe mindestens eines Mangels verweigert hat.

Diese Vorschrift dürfte auf die vom Architekten/Ingenieur verlangte **438** Teilabnahme nicht anwendbar sein. D.h., der Architekt/Ingenieur kann nicht durch eine Fristsetzung die Rechtswirkungen einer Teilabnahme herbeiführen. Zwar verweist § 650 q Abs. 1 BGB n. F. für den Architekten- und Ingenieurvertrag auch auf § 640 BGB n. F. Durch diesen Verweis soll aber lediglich zum Ausdruck gebracht werden, dass die Leistungen des Architekten/Ingenieurs der Abnahme bedürfen und diese Abnahme auch im Wege der Fristsetzung nach § 640 Abs. 2 BGB n. F. herbeigeführt werden kann. Eine Ausdehnung des Anwendungsbereichs des § 640 Abs. 2 S. 1 BGB n. F. auf die Teilabnahme dürfte damit nicht beabsichtigt worden sein. Das zeigt sich auch daran, dass § 640 Abs. 2 S. 1 BGB die „Fertigstellung des Werks" voraussetzt, woran es im Falle der Teilabnahme ja gerade fehlt. Zwar ist denkbar, im Falle des § 650 s BGB n. F. anstelle der „Fertigstellung des Werks" die Abnahme der letzten Leistung der bauausführenden Unternehmen als Voraussetzung für eine Fristsetzung nach § 640 Abs. 2 S. 1 BGB n. F. zu verlangen. Hierzu hätte es aber einer Rechtsfolgenverweisung auf § 640 Abs. 2 S. 1 BGB in dem das Teilabnahmeverlangen betreffenden § 650 s BGB n. F. bedurft.[274] Zwar trifft es zu, dass die Teilabnahme hinsichtlich des **abgenommenen** Teils die gleichen Rechtsfolgen hat, wie die Gesamtabnahme. Dieser Befund sagt aber nichts darü-

---

[273] A.A. Kuhn, ZfBR 2017, 211, 215.
[274] A.A. Kuhn, ZfBR 2017, 211, 212.

ber aus, welche Vorschriften für den Fall einer Abnahmeverweigerung gelten.[275]

e) Abweichende vertragliche Vereinbarung

439 Von der Regelung des § 650 s BGB kann durch Individualvereinbarung abgewichen werden. In Allgemeinen Geschäftsbedingungen des Bestellers dürfte eine abweichende Regelung allerdings nach § 307 Abs. 1, Abs. 2 Nr. 1 BGB unwirksam sein. Mit der Regelung bezweckte der Gesetzgeber ausdrücklich einen Ausgleich der Interessen von Unternehmer und Besteller. Eine Regelung, die diesen Interessensausgleich ins Gegenteil verkehrt, dürfte daher mit wesentlichen Grundgedanken des § 650 s BGB n. F. unvereinbar sein. Dagegen wird es möglich sein, die Anwendung des § 650 s BGB n. F. in Allgemeinen Geschäftsbedingungen auszuschließen, wenn dem Architekten/Ingenieur im Gegenzug ein Anspruch auf Teilabnahme nach von ihm erbrachter Leistungsphase 8 eingeräumt wird. Denn dadurch werden auch die Interessen des Architekten/Ingenieurs hinreichend berücksichtigt.

5. Gesamtschuldnerische Haftung mit dem bauausführenden Unternehmer

a) Zweck der Neuregelung

440 Eine sachlich mit Regelung über die Teilabnahme zusammenhängende Vorschrift enthält § 650 t BGB n. F.

441   Ist ein von einem bauausführenden Unternehmen verursachter Mangel zugleich auf einen Überwachungsfehler des mit der Objektüberwachung (Leistungsphase 8) beauftragten Architekten/Ingenieurs zurückzuführen, besteht zwischen dem ausführenden Unternehmer und dem Architekten/Ingenieur ein Gesamtschuldverhältnis, soweit der Ausführungsfehler bei ordnungsgemäßer Bauüberwachung hätte erkannt und verhindert werden können.[276] Der Bauherr kann den objektüberwachenden Architekten/Ingenieur daher in der Regel wegen der Kosten der Mängelbeseitigung oder wegen des mangelbedingten Minderwerts des Bauwerks in voller Höhe auf Schadensersatz in Anspruch nehmen. Im Innenverhältnis kann der Architekt/Ingenieur zwar in der Regel in voller Höhe Rückgriff beim Bauausführenden nehmen;[277] er trägt insofern indes das Insolvenzrisiko.

---

[275] A.A. *Dammert* in Dammert/Lenkeit/Oberhauser/Pause/Stretz, Das neue Bauvertragsrecht, 2017, § 4, Rn. 130.

[276] Langen, NZBau 2015, 71, 73.

[277] BGH Beschl. v. 1.2.1965, Az. GSZ 1/64, BGHZ 43, 224.

Wie ausgeführt, können die Leistungen des Architekten/Ingenieurs,   **442** der auch mit der Objektbetreuung beauftragt wurde, erst nach Eintritt der Verjährung der gegen den bauausführenden Unternehmer gerichteten Mängelansprüche endabgenommen werden. Denn die für die Endabnahme erforderliche Fertigstellung der Leistung kann in diesem Fall frühestens erfolgen, wenn die Grundleistungen der Leistungsphase 9 gemäß den Leistungsbildern der HOAI erbracht worden sind. Die letzte vom Architekten/Ingenieur insofern zu erbringende Leistung des „Mitwirkens bei der Freigabe von Sicherheitsleistungen" (Grundleistung c) gemäß der Anlage 10 bzw. 11 zur HOAI) kann in aller Regel erst deutlich nach der Verjährung der gegen den ausführenden Unternehmer gerichteten Mängelansprüche erbracht werden.

Dies führte in der Praxis häufig dazu, dass bei Ausführungsfehlern des   **443** Unternehmers, die der Besteller erst nach Eintritt der Verjährung der gegen den ausführenden Unternehmer gerichteten Mängelansprüche entdeckt hat, der Architekt/Ingenieur wegen eines Fehlers bei der Bauüberwachung auf Schadensersatz in Anspruch genommen wurde, weil die gegen ihn gerichteten Ansprüche in der Regel zu diesem Zeitpunkt noch nicht verjährt waren. Zudem sind die Architekten/Ingenieure – anders als bauausführende Unternehmen – aufgrund gesetzlicher Bestimmungen[278] oder geltender Berufsordnungen[279] verpflichtet, eine Haftpflichtversicherung vorzuhalten, so dass die gegen den Architekten gerichteten Schadensersatzansprüche häufig werthaltiger sind als die gegen einen ausführenden Unternehmer gerichteten Mängelansprüche. Die somit zu konstatierende häufige Inanspruchnahme der Architekten/Ingenieure im Rahmen ihrer gesamtschuldnerischen Haftung hat zu einer erheblichen Erhöhung der Haftpflichtversicherungskosten der Architekten und Ingenieure geführt.[280] Mit dem Gesetz zur Reform des Bauvertragsrechts verfolgte der Gesetzgeber auch das Ziel, weiter steigenden Haftpflichtversicherungsprämien der Architekten/Ingenieure entgegenzuwirken.[281]

b) Inhalt der Neuregelung

§ 650 t BGB n. F. bestimmt nunmehr Folgendes: **444**

„Nimmt der Besteller den Unternehmer wegen eines Überwachungsfehlers in Anspruch, der zu einem Mangel an dem Bauwerk oder an der Außenanlage geführt hat, kann der Unternehmer die Leistung verweigern, wenn auch der ausführende Bauunternehmer für den Mangel haftet und der Besteller dem

---

278 Vgl. bspw. § 22 Abs. 2 Nr. 5 BauKaG NRW.
279 Vgl. bspw. Ziff. 9 der Berufsordnung der Bayerischen Architektenkammer.
280 Arbeitskreis IV beim Dt. Baugerichtstag, BauR 2014, 1606, 1608.
281 BT-Drs. 18/8486, S. 24.

bauausführenden Unternehmer noch nicht erfolglos eine angemessene Frist zur Nacherfüllung bestimmt hat."

445 Wird also ein Planer („der Unternehmer" im Sinne des § 650 t BGB n. F.) wegen eines Fehlers bei der Bauüberwachung, der zu einem Mangel am Bauwerk oder einer Außenanlage geführt hat, in Anspruch genommen und ist für diesen Mangel auch der Bauunternehmer verantwortlich, kann der Planer die Leistung von Schadensersatz verweigern, wenn der Besteller dem Bauunternehmer noch nicht erfolglos eine angemessene Frist zur Nachbesserung gesetzt hat. Damit soll erreicht werden, dass für Ausführungsmängel in erster Linie der Bauunternehmer in Anspruch genommen wird. Dieser soll die von ihm verursachten Ausführungsmängel nach § 635 BGB beseitigen.

446 Dieses Nacherfüllungsverlangen und der fruchtlose Ablauf einer diesbezüglich gesetzten angemessenen Frist zur Nacherfüllung ist somit Voraussetzung für die Durchsetzbarkeit der gegen den Architekten/Ingenieur gerichteten Schadensersatzansprüche wegen einer Verletzung seiner Verpflichtung zur ordnungsgemäßen Bauüberwachung.

447 Fehlt es an dem Ablauf einer ordnungsgemäß gesetzten, angemessenen Frist, steht dem Architekten/Ingenieur hinsichtlich der Schadensersatzansprüche des Bestellers ein **Leistungsverweigerungsrecht** zu. Der Ablauf einer angemessenen Frist zur Nacherfüllung ist somit nicht Voraussetzung für das Bestehen des gegen den Architekten/Ingenieur gerichteten Schadensersatzanspruchs. Fehlt es an dem Ablauf der angemessenen Frist, steht dem Architekten/Ingenieur aber eine aufschiebende Einrede zu. Nimmt der Besteller den Architekten klagweise auf Zahlung von Schadensersatz in Anspruch, ist diese Einrede vom Gericht nicht von Amts wegen zu berücksichtigen, sondern muss ausdrücklich oder stillschweigend geltend gemacht werden. Dies ist erforderlich, damit der Besteller noch in die Lage versetzt werden kann, durch das Setzen einer Frist zur Nacherfüllung das Leistungsverweigerungsrecht des Architekten/Ingenieurs zu beseitigen.[282]

448 Damit der Architekt/Ingenieur sein Leistungsverweigerungsrecht verliert, ist es nicht ausreichend, dass der Besteller lediglich Nacherfüllung nach § 635 BGB verlangt. Er muss darüber hinaus eine angemessene **Frist** zur Nacherfüllung setzen; er muss also die Voraussetzungen für ein Selbstvornahmerecht nach § 637 BGB, den Rücktritt nach §§ 636, 323, 326 Abs. 5 BGB, Schadensersatzansprüche nach §§ 636, 280, 281, 283 oder die Minderung nach § 638 BGB schaffen. Auch wenn das Gesetz dies nicht ausdrücklich vorsieht, dürfte das Leistungsverweigerungsrecht des Architekten/Ingenieur trotz unterbliebener Fristsetzung seitens des Bestellers

---

[282] Vgl. zur ähnlichen Interessenlage beim Zurückbehaltungsrecht *Grüneberg* in Palandt, BGB, 76. Aufl. 2017, § 273, Rn. 19.

auch dann entfallen, wenn die Fristsetzung reine Förmelei wäre, wenn also der bauausführende Unternehmer die Nacherfüllung bereits ernsthaft und endgültig verweigert hat (arg e § 635 Abs. 3, 281 Abs. 2 BGB). Gleiches gilt, wenn die Nacherfüllung **dem Besteller** – ausnahmsweise – unzumutbar ist, 636 BGB.

Fraglich ist, ob die Verpflichtung zur Setzung einer Frist zur Nacherfüllung auch dann entbehrlich ist, wenn die gegen den ausführenden Unternehmer gerichteten Mängelansprüche bereits **verjährt** sind. Diese Frage dürfte zu verneinen sein. Denn der bauausführende Unternehmer verliert sein „Recht" zur zweiten Andienung nicht durch die Verjährung der gegen ihn gerichteten Mängelansprüche. Auch wenn dies eher die Ausnahme sein wird, ist denkbar, dass der Bauunternehmer auch nach Eintritt der Verjährung Mängel seines Werks noch beseitigt. Die ihm gegenüber gesetzte Frist zur Nacherfüllung ist daher auch nach Eintritt der Verjährung nicht völlig sinnlos. **449**

Die Verjährungsproblematik zeigt jedoch, dass die Vorschrift des § 650 t BGB n. F. ohne das dem Architekten/Ingenieur in § 650 s BGB n. F. eingeräumte Recht, eine Teilabnahme seiner Leistungen nach der letzten Ausführungsleistung zu verlangen, weitgehend leerliefe, soweit der Architekt/Ingenieur auch mit der Objektbetreuung beauftragt wurde. Denn ohne eine Teilabnahme seiner Leistungen nach „der letzten Leistung des bauausführenden Unternehmers oder der bauausführenden Unternehmer" (vgl. § 650 s BGB n. F.) könnten die wegen einer mangelhaften Objektüberwachung entstandenen Schadensersatzansprüche gegen den Architekten/Ingenieur noch zu einem Zeitpunkt geltend gemacht werden, zu dem die Mängelansprüche des Bestellers gegen den bauausführenden Unternehmer schon lange verjährt sind. Dann würde auch eine dem bauausführenden Unternehmer gesetzte Frist zur Nacherfüllung nur ganz ausnahmsweise das Haftungsrisiko des Architekten/Ingenieurs reduzieren. **450**

Sind bei einem größeren Bauvorhaben eine Vielzahl von bauausführenden Unternehmen tätig,[283] dürfte die Vorschrift insbesondere am Haftungsrisiko des mit der Objektplanung, Objektüberwachung und Objektbetreuung beauftragten Architekten nur wenig ändern. Da der Architekt in diesem Fall nach § 650 s BGB n. F. eine Teilabnahme erst verlangen kann, wenn die Ausführungsleistung des letzten auf der Baustelle tätigen bauausführenden Unternehmers abgenommen worden ist, wird die Verjährung der Mängelansprüche, die sich gegen die ersten auf der Baustelle tätig gewesenen Unternehmer richten, nicht selten bereits eingetreten sein, **451**

---

[283] was insbesondere bei öffentlichen Bauaufträgen im Sinne des § 103 Abs. 3 GWB wegen der dort nach § 97 Abs. 4 GWB bestehenden Verpflichtung zur Fachlosvergabe die Regel ist.

wenn der Besteller die Teilabnahme erklärt. Treten am Werk dieser ersten Unternehmer Mängel auf, wird eine diesen gegenüber gesetzte Frist zur Nacherfüllung in der Regel erfolglos bleiben, so dass dem Architekten hinsichtlich der Schadensersatzansprüche des Bestellers kein Leistungsverweigerungsrecht zusteht.

452   Beseitigt der Bauunternehmer den Mangel, hat er in der Regel keinen Rückgriffsanspruch gegen den bauüberwachenden Architekten/Ingenieur, sodass dieser im Ergebnis für seinen Überwachungsfehler nicht haftet.[284] Demzufolge besteht auch keine Eintrittspflicht der Haftpflichtversicherung des Architekten/Ingenieurs.

II. Der Bauträgervertrag

1. Begriff des Bauträgervertrags

453   Der Untertitel 3 des Titels 9 des 8. Abschnitts des 2. Buchs des BGB befasst sich mit dem Bauträgervertrag. Das Gesetz betrachtet den Bauträgervertrag somit – wie den Architekten- und Ingenieurvertrag – als einem dem Werkvertrag ähnlichen Vertrag.

454   Nach § 650 u Abs. 1 S. 1 BGB n. F. ist ein Bauträgervertrag ein Vertrag, der die Errichtung oder den Umbau eines Hauses oder eines vergleichbaren Bauwerks zum Gegenstand hat und der zugleich die Verpflichtung des Unternehmers enthält, dem Besteller das Eigentum an dem Grundstück zu übertragen oder ein Erbbaurecht zu bestellen oder zu übertragen.

455   Rechtstatsächlich ist der Bauträgervertrag von erheblicher Bedeutung. Insbesondere wird Gemeinschafts– und Sondereigentum nach dem Wohnungseigentumsgesetz (so genannte Eigentumswohnungen) praktisch ausschließlich im Wege des Bauträgervertrags übertragen. Gleichwohl wurde dieser Vertragstypus vor Inkrafttreten des Gesetzes zur Reform des Bauvertragsrechts im BGB nur an einer einzigen Stelle erwähnt, nämlich in § 632 a Abs. 2 BGB a. F. Diese Vorschrift findet sich nunmehr ohne inhaltliche Änderung in § 650 v BGB n. F. Der in § 632 a Abs. 2 BGB a. F. enthaltene Gesetzeswortlaut wurde nunmehr in § 650 u Abs. 1 S. 1 BGB n. F. zur Definition des Begriffs des Bauträgervertrags herangezogen.

---

[284] BGH Beschl. v. 1.2.1965, Az. GSZ 1/64, BGHZ 43, 224, kritisch Langen, NZBau 2015, 71, 74.

2. Anwendbare Vorschriften

a) Überblick

Nach § 650 u Abs. 1 S. 2 BGB n. F. finden hinsichtlich der Errichtung oder **456**
des Umbaus auf den Bauträgervertrag grundsätzlich die Vorschriften des
Werkvertragsrechts (Untertitel 1 Kapitel 1, 2 und 3 des Titels 9 des 8. Abschnitts des 2. Buchs des BGB) Anwendung. Anwendbar sind also insbesondere auch die Vorschriften des Bauvertragsrechts (Untertitel 1 **Kapitel
2** des Titels 9) und die über den Verbraucherbauvertrag (Untertitel 1 **Kapitel 3** des Titels 9). Hinsichtlich des Anspruchs auf Übertragung des Eigentums an dem Grundstück oder auf Übertragung oder Bestellung des
Erbbaurechts finden die Vorschriften über den Kauf Anwendung, § 650 u
Abs. 1 S. 3 BGB n. F. Dies entspricht auch der schon vor Inkrafttreten des
Gesetzes zur Reform des Bauvertragsrechts in der Rechtsprechung vertretenen Auffassung.[285]

§ 650 u Abs. 2 BGB n. F. regelt, welche Vorschriften des Werkvertrags **457**
bzw. Bauvertragsrechts auf den Bauträgervertrag **nicht** anzuwenden sind,
weil sie wegen der Eigenheiten dieses Vertrags nicht sachgerecht wären.

b) Abnahme und Mängelansprüche

Auf den Bauträgervertrag sind – wie schon nach altem Recht – die Rege- **458**
lungen über die Abnahme sowie die Mängelansprüche nach § 633 ff. BGB
anzuwenden.

Das Werk des Bauträgers bedarf also der Abnahme. Im Fall der Her- **459**
stellung von Wohnungseigentum muss der Erwerber sowohl das Sonder-
als auch das Gemeinschaftseigentum abnehmen.[286] Die Mängelansprüche
des Erwerbers verjähren nach § 634a Abs. 1 Nr. 2, Abs. 2 BGB innerhalb
von fünf Jahren gerechnet ab Abnahme.

c) Pflicht zur Erstellung der Baubeschreibung nach § 650 j BGB n. F.

Anzuwenden ist § 650 j BGB, wonach der Unternehmer verpflichtet ist, **460**
dem Besteller im Rahmen des Verbraucherbauvertrags vor Vertragsschluss
eine Baubeschreibung mit dem in Art. 249 EGBGB näher bestimmten
Inhalt auszuhändigen. § 650 u Abs. 2 BGB n. F. erklärt § 650 k Abs. 1 BGB
n. F. für nicht anwendbar. Diese Regelung bestimmt für den Bereich des
Verbraucherbauvertrags, dass der Inhalt der Baubeschreibung in Bezug auf
die Bauausführung Inhalt des Vertrags wird, es sei denn, die Vertragsparteien haben ausdrücklich etwas anderes vereinbart. Hierzu führt die Re-

---

[285] BGH Urt. v. 12.5.2016, Az. VII ZR 171/15, BGHZ 210, 206.
[286] Vgl. hierzu Pioch, JA 2015, 650.

gierungsbegründung aus, für eine Anwendung des § 650 k Abs. 1 BGB n. F. bestehe beim Bauträgervertrag kein Anlass, da aufgrund von § 311b Abs. 1 S. 1 BGB der gesamte Vertragsinhalt – einschließlich der Baubeschreibung – notariell zu beurkunden sei. Damit werde die Baubeschreibung unmittelbar zum Vertragsinhalt.[287] Das ist freilich zirkulär. Denn nur der Vertragsinhalt wird notariell beurkundet und nur das, was beurkundet wird, wird Vertragsinhalt. Wird die nach § 650 j BGB n. F. zwingend zu erstellende Baubeschreibung daher nicht beurkundet, wird sie nicht Gegenstand des Vertrages. Insofern wäre eine Anwendung des § 650 k Abs. 1 BGB n. F. auf Bauträgerverträge wünschenswert gewesen. Freilich wird in der Regel der Notar im Rahmen seiner Aufklärungspflicht (§ 17 BeurkG) darauf aufmerksam machen, dass eine nach § 650 j BGB erstellte Baubeschreibung nur im Falle ihrer notariellen Beurkundung Vertragsbestandteil wird.

461   Anwendbar ist § 650 k Abs. 2 und 3 BGB n. F. Soweit die – notariell beurkundete – Baubeschreibung unvollständig oder unklar ist, ist der Vertrag nach § 650 k Abs. 2 BGB n. F. unter Berücksichtigung sämtlicher vertragsbegleitender Umstände, insbesondere des Komfort- und Qualitätsstandards nach der übrigen Leistungsbeschreibung, auszulegen. Zweifel bei der Auslegung des Vertrages bezüglich der vom Unternehmer geschuldeten Leistung gehen zu dessen Lasten.

462   § 650 k Abs. 3 BGB n. F. bestimmt, dass der Bauvertrag verbindliche Angaben zum Zeitpunkt der Fertigstellung des Werks oder, wenn dieser Zeitpunkt bei Abschlusses des Bauvertrags nicht angegeben werden kann, zur Dauer der Bauausführung enthalten muss. Enthält der Vertrag diese Angaben nicht, werden die **vorvertraglich** in der Baubeschreibung übermittelten Angaben zum Zeitpunkt der Fertigstellung des Werks oder zur Dauer der Bauausführung Inhalt des Vertrags. Diese Regelung ist bemerkenswert. Denn wenn die Baubeschreibung notariell beurkundet wurde, werden die darin enthaltenen Regelungen ohnehin Vertragsbestandteil. Wurde sie dagegen nicht beurkundet und ist demnach nicht Vertragsbestandteil, folgt aus § 650 k Abs. 3 BGB n. F., dass die vorvertraglich in der Baubeschreibung übermittelten Angaben zum Zeitpunkt der Fertigstellung des Werks oder zur Dauer der Bauausführung Inhalt des Vertrags werden, obwohl diese Angaben nicht beurkundet wurden.

d) Kein freies Kündigungsrecht des Erwerbers

463   Nicht anzuwenden ist auf den Bauträgervertrag die Vorschrift des § 648 BGB n. F. (§ 649 BGB a. F.). Nach dieser Vorschrift kann der Besteller beim Werkvertrag bis zur Vollendung des Werkes den Vertrag jederzeit (ohne

---

[287] BT-Drs. 18/8486, S. 72.

Angabe von Gründen) kündigen. In diesem Fall ist der Unternehmer berechtigt, die vereinbarte Vergütung zu verlangen; er muss sich jedoch dasjenige anrechnen lassen, was er infolge der Aufhebung des Vertrags an Aufwendungen erspart oder durch anderweitige Verwendung seiner Arbeitskraft erwirbt oder zu erwerben böswillig unterlässt.

Folge einer freien Kündigung beim Bauträgervertrag wäre, dass der **464** Erwerber das Grundstück bzw. den Grundstücksanteil einschließlich der bis zum Kündigungszeitpunkt erbrachten Leistungen gegen die entsprechende Vergütung verlangen und anschließend mit einem anderen Bauunternehmer weiterbauen könnte. Da der Bauträgervertrag sich aus Grundstücksveräußerungen und Bauwerkswerkserrichtung zusammensetzt, sind beide Elemente indes kalkulatorisch miteinander verknüpft. Diese Verknüpfung soll nicht durch eine freie Kündigung des Erwerbers getrennt werden dürfen.[288] Dies entspricht der schon vor Inkrafttreten des Gesetzes zur Reform des Bauvertragsrechts in der Rechtsprechung vertretenen Auffassung.[289]

e) Keine Kündigung aus wichtigem Grund nach § 648a BGB n. F.

Bemerkenswert ist, dass nach § 650 u Abs. 2 BGB n. F. die Regelung über **465** die Kündigung aus wichtigem Grund in § 648 a BGB n. F. auf den Bauträgervertrag keine Anwendung finden soll. Dies sollte nach bisher geltendem Recht in eng begrenzten Ausnahmefällen möglich sein.[290] Der Möglichkeit einer außerordentlichen Kündigung des Bauträgervertrags hat der Gesetzgeber nunmehr eine eindeutige Absage erteilt. Nach der in der Begründung zum Gesetzentwurf der Bundesregierung vertretenen Auffassung soll es generell nicht mehr möglich sein, sich teilweise aus einem Bauträgervertrag zu lösen – auch nicht durch eine außerordentliche Kündigung.[291] Dieser gesetzgeberische Wille hat in § 650 u Abs. 2 BGB n. F. auch seinen klaren Ausdruck gefunden. Eine außerordentliche Kündigung des Bauträgervertrags ist daher nicht möglich.[292] An ihre Stelle tritt bei nicht vertragsgemäß erbrachten Leistungen (Mängeln) der Rücktritt nach § 634 Nr. 3 in Verbindung mit den §§ 636, 323, 326 Abs. 5 BGB. Nach § 323 Abs. 4 BGB kommt dieser Rücktritt bei schwerwiegenden nicht vertragsgemäßen Leistungen auch vor Abnahme in Betracht.

Beim Vorliegen gravierender nicht leistungsbezogener Pflichtverlet- **466** zungen durch den Bauträger ist ein Rücktritt nach § 324 i.V.m. § 241 Abs. 2

---

[288] BT-Drs. 18/8486, 72.
[289] BGH Urt. v. 21.11.1985, Az. VII ZR 366/83, BGHZ 96, 275.
[290] BGH Urt. v. 21.11.1985, Az. VII ZR 366/83, BGHZ 96, 275.
[291] BT-Drs. 18/8486, 72.
[292] A.A. Pause/Vogel, NZBau 2015, 667, 674.

BGB möglich. Angesprochen sind hier Fälle, in denen der Bauträger die Pflicht verletzt, auf die Rechte, Rechtsgüter und Interessen des Erwerbers Rücksicht zu nehmen. Zu denken ist etwa an eine Täuschung bei der Vertragsabwicklung.[293]

f) Kein Anordnungsrecht nach § 650 b BGB n. F.

467 Ebenfalls nicht anzuwenden sind die Vorschriften über das Anordnungsrecht des Bestellers (§§ 650b, 650c BGB n. F). Die Einführung eines derartigen Anordnungsrechts auch bei Bauträgerverträgen würde nach Auffassung der Bundesregierung zu erheblichen rechtlichen und tatsächlichen Problemen führen. So z. B. wenn im Bereich des Wohnungseigentums einem einzelnen Erwerber ein Anordnungsrecht in Bezug auf das Gemeinschaftseigentum eingeräumt würde. Ein Anordnungsrecht in Bezug auf das Sondereigentum brächte nach Auffassung der Bundesregierung ebenfalls erhebliche Schwierigkeiten mit sich, da eine so bewirkte Änderung auch Auswirkungen auf das Gemeinschaftseigentum oder das Sondereigentum anderer Wohnungseigentümer haben könnte, mit der Folge, dass der Bauträger die Änderung nur nach entsprechenden Vertragsänderungen im Verhältnis zu den anderen Wohnungseigentümern umsetzen könnte.[294] Dem nachvollziehbaren Bedürfnis des Erwerbers, individuelle Anpassungen der Bauausführung zu ermöglichen, muss damit im Bereich der Vertragsgestaltung durch sogenannte Sonderwunschklauseln Rechnung getragen werden.

g) Bauhandwerkersicherheit

468 Ebenfalls nicht anzuwenden ist § 650e BGB n. F. § 650 e BGB gibt dem Unternehmer eines Bauvertrags einen Anspruch auf Einräumung einer Sicherungshypothek am Baugrundstück des Bestellers. Diese Vorschrift kann auf den Bauträgervertrag keine Anwendung finden, da es das Wesen dieses Vertragstyps ist, dass das Eigentum am Baugrundstück während der Bauausführung noch beim Unternehmer liegt.[295]

469 Grundsätzlich anzuwenden ist allerdings § 650 f BGB. Danach kann der Unternehmer beim Bauvertrag vom Besteller Sicherheit für die noch nicht gezahlte Vergütung verlangen.[296] Ist der Besteller eines Bauträgervertrags allerdings ein Verbraucher, besteht ein Anspruch des Bauträgers auf Sicherheitsleistung nicht, § 650 f Abs. 6 Nr. 2 BGB n. F.

---

[293] *Grüneberg* in Palandt, BGB, 76. Aufl. 2017, § 324, Rn. 3.
[294] BT-Drs. 18/8486, 72; kritisch zum Fehlen eines Anordnungsrechts beim Bauträgervertrag Pause/Vogel, NZBau 2015, 667, 674.
[295] BT-Drs. 18/8486, 72.
[296] Vgl. hierzu oben Rn. 342 f.

h) Kein Widerrufsrecht des Verbrauchers

§ 650 u Abs. 2 BGB n. F. nimmt ausdrücklich § 650 l BGB n. F. vom An- **470** wendungsbereich des Bauträgervertrags aus. § 650 l BGB n. F. gewährt dem Verbraucher beim Verbraucherbauvertrag grundsätzlich ein Widerrufsrecht, das innerhalb von zwei Wochen nach Vertragsschluss ausgeübt werden kann. Dieses Widerrufsrecht besteht allerdings nicht, wenn der Verbraucherbauvertrag notariell beurkundet wurde. Da Gegenstand des Bauträgervertrags immer auch der Kauf bzw. Verkauf eines Grundstücks ist, bedürfen Bauträgerverträge nach § 311 b BGB stets der notariellen Beurkundung. Daher würde ein Verweis auf § 650 l BGB n. F. praktisch leerlaufen. Wegen der notariellen Beurkundung scheidet auch bei außerhalb von Geschäftsräumen geschlossenen Bauträgerverträgen ein Widerrufsrecht nach § 355 BGB aus, § 312 g Abs. 2 S. 1 Nr. 13 BGB.

Der Verbraucher ist nach Auffassung der Bundesregierung dennoch **471** hinreichend vor Übereilung geschützt, weil nach § 17 Abs. 2a Nr. 2 Beurkundungsgesetz bei Verträgen, die nach § 311 b BGB der notariellen Beurkundung bedürfen, dem Verbraucher der beabsichtigte Text des Rechtsgeschäfts in der Regel zwei Wochen vor der Beurkundung zur Verfügung gestellt werden „soll".[297]

3. Anspruch des Unternehmers auf Abschlagszahlungen nach § 650 v BGB n. F.

§ 650 v BGB n. F. entspricht § 632 a BGB a. F. und bestimmt, dass der **472** Unternehmer beim Bauträgervertrag vom Besteller Abschlagszahlungen nur verlangen kann, soweit sie gemäß einer Verordnung auf Grund von Artikel 244 EGBGB vereinbart sind. Bei der Verordnung nach Art. 244 EGBGB handelt es sich um die so genannte HausbauVO. Deren § 1 bestimmt, dass der Besteller beim Bauträgervertrag zur Leistung von Abschlagszahlungen nur entsprechend den Vorgaben der §§ 3 und 7 der Makler- und Bauträgerverordnung (MaBV) verpflichtet werden kann. § 3 Abs. 2 MaBV sieht eine eng gestaffelte Leistung von Abschlagszahlungen nach Baufortschrift vor.

Unter den Voraussetzungen des § 7 MaBV kann der Besteller auch ab- **473** weichend von § 3 Abs. 1 und 2 MABV zur Leistung von Abschlagszahlungen verpflichtet werden. Das ist insbesondere der Fall, wenn Sicherheit für alle etwaigen Ansprüche des Auftraggebers auf Rückgewähr oder Auszahlung seiner Vermögenswerte geleistet worden ist (sog. MaBV-Bürgschaft).

---

[297] BT-Drs. 18/8486, 72.

Daneben bleibt es aber bei der Anwendung des § 632 a BGB auf Bauträgerverträge, da § 650 u Abs. 2 BGB n. F. § 632 a BGB n. F. nicht für unanwendbar erklärt. Das bedeutet insbesondere, dass § 632 a Abs. 1 S. 2 BGB n. F. auch auf Bauträgerverträge anwendbar ist, mit der Folge, dass der Besteller bei nicht vertragsgemäß erbrachten Leistungen einen angemessenen Teil des Abschlags verweigern darf.[298]

474   § 650 m Abs. 1 BGB n. F. ist auf den Bauträgervertrag nicht anzuwenden, mit der Folge, dass der Bauträger bis zur Abnahme Abschlagszahlungen verlangen kann, die insgesamt 90 % der Gesamtvergütung überschreiten. Der Gesetzgeber begründet dies mit dem zutreffenden Argument, dass die Obergrenze mit der in § 3 Abs. 2 MaBV enthaltenen Regelung über die Zahlung von Teilbeträgen je nach Baufortschritt nicht vereinbar sei.[299] Die Anwendung des § 650 m Abs. 1 BGB n. F. auf Fälle, in denen abweichend von § 3 Abs. 2 MaBV keine Zahlung „nach Baufortschritt" vereinbart wird, sondern die Stellung einer Sicherheit nach § 7 MaBV, hätte allerdings durchaus ihre Berechtigung gehabt.[300]

---

[298] Pause, NZBau 2015, 667, 675.
[299] BT-Drs. 18/8486, S. 73.
[300] Kritisch Pause, NZBau 2015, 667, 674/675.

Teil D.
Regelungen der gerichtlichen Zuständigkeit im Zusammenhang mit bauvertraglichen Regelungen

Das Gesetz zur Reform des Bauvertragsrechts enthält nicht nur Änderungen des BGB, sondern auch solche des Gerichtsverfassungsgesetzes. Neu geschaffen wurden Regelungen zur sachlichen Zuständigkeit der Landgerichte. Außerdem soll durch eine obligatorische Einrichtung von Zivilkammern, die auf Streitigkeiten aus Bau- und Architektenverträgen spezialisiert sind, die Sachkunde der Gerichte erhöht werden. **475**

I. Regelungen zur sachlichen Zuständigkeit

Sachlich zuständig für Streitigkeiten über das Anordnungsrecht des Bestellers nach § 650 b Abs. 2 BGB n. F. sowie über die anordnungsbedingten Vergütungsansprüche nach § 650 c BGB n. F. ist unabhängig vom Streitwert stets das Landgericht (§ 71 Abs. 2 Nr. 5 GVG n. F.). Allerdings war schon nach altem Recht gemäß § 23 Nr. 1 GVG ab einem Streitwert von mehr als 5.000 € das Landgericht zuständig. Dieser Streitwert dürfte bei Streitigkeiten über das Anordnungsrecht des Bestellers in den allermeisten Fällen überschritten sein, so dass die praktischen Auswirkungen der neu geschaffenen Regelung des § 71 Abs. 2 Nr. 5 GVG gering sind. Diese Zuständigkeitskonzentration beim Landgericht gilt sowohl für das Verfahren der einstweiligen Verfügung nach § 650 d BGB, als auch für Hauptsacheverfahren über das Anordnungsrecht und die damit zusammenhängenden Vergütungsfolgen. **476**

Grund für die Regelung ist die im Gesetzgebungsverfahren vom Bundesrat geäußerte Befürchtung, dass Amts – und Landgerichte im Falle der Anwendung der allgemeinen Zuständigkeitsregeln nur gelegentlich mit Fragen des Anordnungsrechts des Bestellers gemäß § 650b BGB n. F. und der Frage nach der Höhe des daraus resultierenden Vergütungsanspruchs befasst sein könnten, so dass dem Interesse der Beteiligten an einer schnellen und fundierten gerichtlichen Entscheidung dieser Streitigkeiten ohne **477** eine Zuständigkeitskonzentration nicht hinreichend Rechnung getragen werde.[301]

II. Regelungen zur örtlichen Zuständigkeit

478 Ebenfalls dem Ziel, eine höhere Spezialisierung der Gerichte zu erreichen, dient § 71 Abs. 4 GVG. Dieser ermächtigt die Landesregierungen, durch Rechtsverordnung die Zuständigkeit für Streitigkeiten über das Anordnungsrecht und die damit zusammenhängenden Vergütungsfolgen für mehrere Landgerichtsbezirke einem Landgericht zuzuweisen. Macht der Landesgesetzgeber von dieser Möglichkeit Gebrauch, ist innerhalb eines größeren räumlichen Bereichs nur ein bestimmtes Landgericht für Streitigkeiten über Anordnungsrechte und die daraus resultierenden Vergütungsfolgen zuständig. Diese Zuständigkeitskonzentration wird aber nicht für alle Streitigkeiten aus Bau- und Architektenverträgen ermöglicht, sondern nur für Streitigkeiten bezüglich des Anordnungsrechts nach § 650 b BGB und der daraus resultierenden Vergütungsfolgen nach § 650 c BGB n. F. Die Zuständigkeitskonzentration führt somit dazu, dass für mehrere Landgerichtsbezirke nur ein bestimmtes Landgericht für Entscheidungen über einstweilige Verfügungen nach § 650 d BGB zuständig ist. Insoweit ist die Zuständigkeitskonzentration sicherlich zu begrüßen.

479 Dass die Zuständigkeitskonzentration zugleich aber auch für Hauptsacheverfahren gilt, ist deshalb unglücklich, weil Streitigkeiten über das Bestehen eines Anordnungsrechts und die damit verbundenen Vergütungsfolgen bei Hauptsacheverfahren häufig mit anderen baurechtlichen Streitigkeiten zusammentreffen werden, beispielsweise mit Streitigkeiten über Gewährleistungsansprüche. Da für die zuletzt genannten Streitigkeiten eine Zuständigkeitskonzentration bei einzelnen Landgerichten nicht möglich ist, kann es notwendig werden, einen ein einheitliches Bauvorhaben betreffenden Rechtsstreit auf zwei Landgerichte aufzuteilen.

480 Die Möglichkeit zur Schaffung einer Zuständigkeitskonzentration gilt nur für die sich aus § 650 b BGB ergebenden Anordnungsrechte und die damit in Zusammenhang stehenden Vergütungsfolgen nach § 650 c BGB. Streiten die Parteien daher über Anordnungsrechte nach § 1 Abs. 3 und Abs. 4 VOB/B und die sich daraus ergebenden Vergütungsfolgen nach § 2 Abs. 5 und Abs. 6 VOB/B, kommt die Zuständigkeitskonzentration nicht zum Tragen.

---

[301] BT-Drs. 18/11437, S. 50.

III. Funktionale Zuständigkeit

Nach § 72a S. 1 Nr. 2 GVG n. F. müssen nunmehr bei jedem Landgericht **481** Zivilkammern mit besonderer Zuständigkeit für Streitigkeiten aus Bau- und Architektenverträgen sowie aus Ingenieursverträgen, soweit sie im Zusammenhang mit Bauleistungen stehen, gebildet werden. Die Möglichkeit zur Bildung sogenannter „Baukammern" aufgrund des gerichtlichen Geschäftsverteilungsplans bestand gemäß § 21 e GVG schon seit dem 01.01.2002; gerade bei kleineren Landgerichten wurde von dieser Möglichkeit aber häufig nicht Gebrauch gemacht. Das ändert sich nun, da § 72 a S. 1 Nr. 2 GVG n. F. eine Verpflichtung zur Einrichtung der Spezialkammern begründet.[302] Auch durch diese Maßnahme soll die Spezialisierung der Spruchkörper gefördert werden.

Wenig konsequent ist es vor dem Hintergrund der gesetzgeberischen **482** Zielsetzung allerdings, dass diese spezialisierten Zivilkammern nicht für solche Streitigkeiten aus Bau- und Architektenverträgen zuständig sind, bei denen es sich zugleich um eine Handelssache im Sinne des § 95 GVG handelt. Für diese sind ungeachtet der Spezialisierung der nach § 72 a S. 1. Nr. 2 GVG n. F. gebildeten Kammern die Kammern für Handelssachen zuständig. Denn die spezialisierten Kammern nach § 72 a S. 1 Nr. 2 GVG sind Zivilkammern, an deren Stelle nach § 94 GVG die Kammer für Handelssachen tritt, sofern eine solche bei dem angerufenen Gericht eingerichtet ist. Da heute praktisch bei jedem Landgericht Kammern für Handelssachen gebildet werden, werden nahezu alle Streitigkeiten, die zwischen Unternehmen geführt werden, der Zuständigkeit der auf das Bau- und Architektenrecht spezialisierten Zivilkammern entzogen, da es sich bei diesen Streitigkeiten regelmäßig um Handelssachen im Sinne des § 95 Abs. 1 Nr. 1 GVG handeln wird.

---

[302] Klose, MDR 2017, 793, 795.

Teil E.
Lieferung und Einbau mangelhaften Baumaterials

I. Der Anspruch auf Erstattung der Kosten für den Ausbau mangelhafter und den Einbau mangelfreier Kaufsachen

Fall 5:

a) *Der Verbraucher V kauft beim Baumarkt O am 1.11.2017 45 m² Bodenfliesen zum Preis von 1.100,00 Euro zzgl. Mehrwertsteuer. V ist ein geübter Heimwerker und verlegt die Fliesen ordnungsgemäß selbst. Nach einigen Tagen zeigen sich auf der Oberfläche der Fliesen Risse, die mit bloßem Auge zu erkennen sind. V rügt daraufhin die Mängel gegenüber dem Baumarkt und fordert von diesem den Ausbau der Fliesen und die Lieferung mangelfreier Fliesen bis zum 13.12.2017. Der Baumarkt reagiert nicht. V ist nunmehr des Heimwerkens müde und beauftragt einen Bauunternehmer mit dem Ausbau der Fliesen und verlangt vom Baumarkt die Nachlieferung mangelfreier Fliesen. Der Ausbau der mangelhaften Fliesen verursacht Kosten von 5.000,00 Euro. In einem nachfolgenden Gerichtsverfahren stellt der gerichtlich bestellte Sachverständige fest, dass die Fliesen wegen eines Produktionsfehlers, den der Baumarkt nicht erkennen konnte, mangelhaft waren. Wie wird das Gericht entscheiden?*

b) *Ändert sich etwas an der Rechtslage, wenn der Kaufvertrag am 2.1.2018 geschlossen worden wäre?*

Fall 6:

Der Unternehmern U kauft mit Vertrag vom 15.12.2017 EPDM-Granulat von seinem Lieferanten V als Material zur Herstellung von Kunstrasenplätzen für ein Gymnasium der Gemeinde G. U baut das Material aufgrund eines mit der Gemeinde geschlossenen VOB-Bauvertrags ein.

Zwei Monate nach Abnahme der Bauleistung des U löst sich das Granulat in kleine Krümelchen auf. Ursache hierfür ist ein Fehler des an U gelieferten EPDM-Granulats, den weder V noch U erkennen konnte. Die Gemeinde G fordert U nach § 13 Abs.5 Nr.1 VOB/B zur Mängelbeseitigung auf. Notgedrungen erklärt sich U bereit, die Mängelbeseitigung durchzuführen. Er fordert V zur Ersatzlieferung mangelfreien Granulats auf. Nach Lieferung des Granulats baut U das mangelhafte Granulat aus und lässt es entsorgen. Sodann baut er das neugelieferte Granulat auf dem Sportplatz ein. Die Kosten für den Ausbau und die Entsorgung des mangelhaften Granulats betragen 25.000,00 Euro. Für den Einbau des neuen Materials entstehen Geräte- und Personalkosten von 10.000,00 Euro. Der Einbau des mangelhaften Granulats hatte Kosten von 9.5000,00 Euro verursacht. V meint, er müsse für diese Kosten nicht aufkommen, weil U ihn niemals aufgefordert habe, das mangelhafte Granulat auszubauen. Zu guter Letzt verlangt V von G 7.000,00 Euro für die Nachlieferung des mangelfreien Materials.

a) *Wer trägt die Kosten für den Ausbau des mangelhaften Granulats und für den Einbau des neuen Materials?*

Kann U auch Ersatz für die Kosten verlangen, die beim Einbau des mangelhaften Granulats angefallen sind? Kann V für die Lieferung des mangelfreien Materials wirklich 7.000,00 Euro verlangen?

b) *Ändert sich etwas an der Rechtslage, wenn der Kaufvertrag am 2.1.2018 geschlossen worden wäre?*

1. Rechtslage nach altem Recht

485 Die Rechte des Käufers im Falle der Lieferung mangelhafter Sachen sind in den §§ 437 ff. BGB geregelt. Unter den in diesen Vorschriften genannten Voraussetzungen kann der Käufer einer mangelhaften Sache gemäß § 437 Nr. 1 BGB Nacherfüllung nach § 439 BGB verlangen, gemäß § 437 Nr. 2 BGB vom Vertrag zurücktreten oder den Kaufpreis mindern und nach § 437 Nr. 3 BGB Schadensersatz oder Ersatz vergeblicher Aufwendungen verlangen.

a) Der Nacherfüllungsanspruch nach §§ 437 Nr. 1, 439 BGB

486 Gemäß § 437 Nr. 1 BGB kann der Käufer, wenn die Kaufsache mangelhaft ist, nach § 439 BGB Nacherfüllung verlangen. § 439 Abs. 1 BGB regelt, dass der Käufer als Nacherfüllung nach seiner Wahl die Beseitigung des Mangels oder die Lieferung einer mangelfreien Sache verlangen kann. Nach § 439 Abs. 2 BGB hat der Verkäufer zwar die zum Zwecke der Nacherfüllung erforderlichen Aufwendungen, insbesondere Transport-, Wege-, Arbeits- und Materialkosten zu tragen. Nach altem Recht war der Nacherfüllungsanspruch jedoch grundsätzlich darauf beschränkt, die vom Verkäufer nach § 433 Abs. 1 S. 2 BGB geschuldete ordnungsgemäße Erfüllung im zweiten Anlauf zu bewerkstelligen.[303] Zu diesem Zweck konnte

---

[303] BGH Urt. v. 17.10.2012, Az. VIII ZR 226/11, NJW 2013, 220.

der Käufer entweder die Beseitigung des Mangels oder die Lieferung einer mangelfreien Sache verlangen. Dabei steht das Wahlrecht zwischen Mängelbeseitigung und Nachlieferung einer mangelfreien Sache grundsätzlich dem Käufer zu. Ist der Mangel tatsächlich nicht zu beseitigen, kommt praktisch nur die Nachlieferung in Betracht.

Die Nachlieferung stellt nach der Rechtsprechung des BGH eine vollständige Wiederholung der Leistungen dar, zu denen der Verkäufer vertraglich nach § 433 Abs. 1 S. 1, 2 BGB verpflichtet ist: Der Verkäufer schuldet nochmals die Übergabe des Besitzes und die Verschaffung des Eigentums einer mangelfreien Sache. Nach der Rechtsprechung des BGH sollte die Vorschrift des § 439 BGB die Pflichten des Verkäufers im Falle der Nachlieferung auf diese Wiederholung der Lieferleistung begrenzen. Nach § 439 Abs. 2 BGB hatte der Verkäufer die zum Zwecke der Nacherfüllung erforderlichen Aufwendungen zu tragen. Erschöpft sich die Nachlieferung aber in der Wiederholung der vertraglich geschuldeten Leistung, sind auch „zum Zwecke der Nacherfüllung erforderliche Aufwendungen" nur solche, die aufgrund einer solchen Wiederholung der Leistung entstehen. Nach dem Wortlaut des § 439 Abs. 2 BGB a. F. hatte der Verkäufer somit in erster Linie seine eigenen zum Zwecke der Nacherfüllung erforderlichen Aufwendungen zu tragen. Hierzu zählen aber nicht die Aufwendungen, die entstehen, weil die mangelhafte Sache vom Käufer bereits in eine andere Sache, beispielsweise in ein Gebäude, eingebaut wurde. Denn zur bloßen Wiederholung der Lieferleistung des Verkäufers ist der Ausbau der bereits eingebauten mangelhaften Kaufsache nicht notwendig.   **487**

Ausgehend hiervon wäre im Fall 5 der auf Nachlieferung mangelfreier Fliesen gerichteten Klage des Verbrauchers V stattzugeben. Denn der Verbraucher hat nach §§ 437 Nr. 1, 439 BGB einen Anspruch auf Nachlieferung einer mangelfreien Sache.   **488**

Ein Anspruch des Verbrauchers auf Ersatz der Kosten, die für den Ausbau der mangelhaften Fliesen angefallen sind, bestand dagegen nach dem Wortlaut des § 439 Abs. 2 BGB a. F. nicht. Denn für eine bloße Wiederholung der Lieferleistung des Verkäufers ist dieser Ausbau nicht notwendig.   **489**

Die Regelung des § 439 Abs. 2 BGB a. F. diente indes der Umsetzung der sog. Richtlinie über den Verbrauchsgüterkauf[304]. Nach der Rechtsprechung des EuGH fordert aber Art. 3 Abs. 2 und 3 der Richtlinie 1999/44/EG die Mitgliedstaaten auf, eine Regelung zu schaffen, die mit der dem vorstehend beschriebenen Verständnis des § 439 Abs. 2 BGB nicht vereinbar ist. Nach Auffassung des EuGH muss durch das nationale Recht ge-   **490**

---

[304] Richtlinie 1999/44/EG des Europäischen Parlaments und des Rates vom 25.05.1999, geändert durch die Richtlinie 2011/83/EU des Europäischen Parlaments und des Rates vom 25.10.2011.

währleistet sein, dass in Fällen, in denen eine Kaufsache vor Auftreten eines Mangels von einem Verbraucher gutgläubig entsprechend der Art und dem Verwendungszweck der Kaufsache in eine andere Sache eingebaut wurde, der Verkäufer im Falle einer mangelbedingten Ersatzlieferung verpflichtet ist, entweder selbst den Ausbau dieses Verbrauchsguts aus der Sache, in die es eingebaut wurde, vorzunehmen und das als Ersatz gelieferte Verbrauchsgut in diese Sache einzubauen, oder die Kosten zu tragen, die für diesen Ausbau und den Einbau des als Ersatz gelieferten Verbrauchsguts notwendig sind. Diese Verpflichtung des Verkäufers besteht nach der Rechtsprechung des EuGH unabhängig davon, ob sich der Verkäufer verpflichtet hatte, das ursprünglich gekaufte Verbrauchsgut einzubauen oder nicht. [305]

491   Das bedeutet, dass § 439 Abs. 2 BGB in der Auslegung, die ihm der BGH gegeben hatte, mit europäischem Recht unvereinbar war, soweit Käufer der mangelhaften Sache ein Verbraucher war.

492   Dem trug der BGH Rechnung und entschied, dass der Käufer nach § 439 Abs. 2 BGB entgegen dem Wortlaut des § 439 BGB a. F. vom Verkäufer verlangen kann, dass dieser den Ausbau der mangelhaften Sache und den Einbau der mangelfreien Sache übernimmt – jedenfalls in Fällen, in denen der Käufer Verbraucher ist. [306]

493   Der BGH billigte dem Käufer aber keinen reinen Aufwendungsersatzanspruch zu. Der Verbraucher (Käufer) konnte also nicht frei wählen, ob er Aus- und Einbau durch den Verkäufer vornehmen lässt oder einen Dritten damit beauftragt. [307] Der BGH billigte dem Verkäufer auch hier ein Recht zur zweiten Andienung zu. Der Käufer musste dem Verkäufer somit Gelegenheit geben, den Einbau und den Ausbau selbst vorzunehmen. Erst wenn er diese Gelegenheit nicht wahrnahm, konnte der Käufer vom Verkäufer Ersatz der Kosten verlangen, die ihm entstanden sind, weil er einen Dritten mit dem Aus- und Wiedereinbau beauftragen muss. In diesem Fall verletzt der Verkäufer seine aus der Richtlinie und der europarechtskonformen Auslegung des § 439 Abs. 1 BGB resultierende Verpflichtung, den Aus- und Wiedereinbau vorzunehmen und macht sich damit nach §§ 280 Abs. 1, 281 BGB schadensersatzpflichtig. [308] Dieser Schadensersatzanspruch setzt indes in der Regel voraus, dass der Verbraucher dem Verkäufer eine angemessene Frist zum Aus- und Wiedereinbau gesetzt hat und diese Frist fruchtlos verstrichen ist.

---

[305] EuGH Urt. v. 16.6.2011, Rs. C-65/09, C-87/09, C-65/09, C-87/09.
[306] BGH Urt. v. 21.12.2011, VII ZR 70/08, BGHZ 192, 148.
[307] Bacher, MDR 2014, 629, 631.
[308] BGH Urt. v. 21.12.2011, VII ZR 70/08, BGHZ 192, 148.

Demzufolge ist der Verkäufer im Fall 5 a) auch verpflichtet, dem Käu- 494
fer (Verbraucher) die Aufwendungen zu erstatten, die wegen des Ausbaus
der mangelhaften Fliesen entstanden sind. Denn der Verkäufer hat auf die
Fristsetzung des V nicht reagiert und ist somit nach § 281 Abs. 1 BGB zum
Schadenersatz verpflichtet. Der zu ersetzende Schaden umfasst auch die
Aufwendungen für den Ausbau der mangelhaften Fliesen und den Einbau
der mangelfreien Nachlieferung.

Wie ist die Rechtslage nun aber, wenn nicht ein Verbraucher eine man- 495
gelhafte Sache in ein Bauwerk einbaut, sondern ein Unternehmer (Fall 6a)?

Im Fall 6 a) ist zunächst festzuhalten, dass V nicht 7.000 EUR für die
erneute Lieferung des Granulats vom Bauunternehmer U verlangen kann.
Denn V ist nach § 439 Abs. 1 BGB a. F. zur Nachlieferung verpflichtet.

Der BGH hatte aber insbesondere die Frage zu beantworten, ob der 496
Bauunternehmer U gegen den Lieferanten des Granulats auch einen Anspruch auf Erstattung der Kosten für den Ausbau und die Entsorgung des
mangelhaften Granulats (25.000,00 Euro) hat.

Für die Fälle, in denen der Käufer Verbraucher ist, hat der EuGH einen 497
entsprechenden Anspruch auf Ersatz der Kosten des Ausbaus des mangelhaften Materials bejaht. Im Urteil vom 17.10.2012[309] entschied der BGH
indes, dass die Rechtsprechung des EuGH nur auf Fälle Anwendung finde,
in denen ein Verbraucher als Käufer beteiligt war. Baue dagegen ein Bauunternehmer mangelhaftes Material in ein Bauwerk ein, umfasse sein
gegen seinen Lieferanten gerichteter Anspruch auf Nacherfüllung nicht
auch die Kosten für den Ausbau des mangelhaften Materials und den Einbau des neu gelieferten, mangelfreien Materials. Das bedeutet, dass der
Bauunternehmer U im Fall 6 a) keinen Ersatz für die Kosten des Ausbaus
und den Abtransport des mangelhaften Materials erhält (25.000 EUR).
Ebenso wenig erhält er Ersatz für die Kosten des erneuten Einbaus.

b) Schadensersatzansprüche

Neben den auf Nacherfüllung gerichteten Ansprüchen des Käufers hat 498
dieser unter den Voraussetzungen des § 280 BGB einen Anspruch auf
Schadensersatz, wenn der Verkäufer seine Verpflichtungen aus dem Vertrag verletzt und dadurch einen Schaden verursacht.[310]

Dieser Schadenersatzanspruch umfasst nach § 249 BGB grundsätzlich 499
alle adäquat-kausal durch die Pflichtverletzung verursachten Schäden und
damit auch die Kosten, die dem Käufer wegen des Einbaus einer mangelhaften Kaufsache in ein Bauwerk entstehen.

---

[309] Az. VII ZR 226/11, NJW 2013, 220.
[310] *Grüneberg* in Palandt, BGB, 76. Aufl. 2017, § 280, Rn. 2.

500   Nach § 280 Abs. 1 S. 2 BGB besteht ein Anspruch auf Schadensersatz indes nicht, wenn der Verkäufer die Pflichtverletzung nicht zu vertreten hat.

Im Fall 6 a) hat V seine Verpflichtung zu Lieferung mangelfreien Materials verletzt. Dem Bauunternehmern U ist dadurch auch ein Schaden entstanden, weil er die Kosten des erneuten Einbaus des mangelfreien und des Ausbaus des mangelhaften Materials zu tragen hat.

501   Einen Anspruch auf Schadensersatz hat U dennoch nicht, weil V den Schaden nicht zur vertreten hat. Vertreten muss V nach § 276 BGB Vorsatz und Fahrlässigkeit. Beides ist ihm aber nicht anzulasten, weil er die Mangelhaftigkeit des Materials nicht erkennen konnte. [311]

502   Im Fall 6 a) kann U daher weder Ersatz für die Kosten des Ausbaus und des Abtransports des mangelhaften Granulats verlangen, noch Ersatz für die Kosten des erneuten Einbaus.

2. Rechtslage nach neuem Recht

a) Anspruch auf Ersatz der Aufwendungen für Ausbau und Wiedereinbau

503   Im Fall 6 b) schließt U den Vertrag mit V über die Lieferung des Granulats am 2.1.2018. Nach Art. 229 § 39 EGBGB gelten die Vorschriften des Gesetzes zur Reform des Bauvertragsrechts für alle Schuldverhältnisse, die nach dem 31.12.2017 begründet wurden. Auf den Fall ist demnach § 439 BGB n. F. anzuwenden.

504   § 439 Abs. 3 S. 1 BGB regelt nunmehr Folgendes:

Hat der Käufer die mangelhafte Sache gemäß ihrer Art und ihrem Verwendungszweck in eine andere Sache eingebaut oder an eine andere Sache angebracht, ist der Verkäufer im Rahmen der Nacherfüllung verpflichtet, dem Käufer die erforderlichen Aufwendungen für das Entfernen der mangelhaften und den Einbau oder das Anbringen der nachgebesserten oder gelieferten mangelfreien Sache zu ersetzen.

Mit dieser Vorschrift findet die nach der Rechtsprechung des EuGH für Verbraucherverträge geltende Rechtslage auch auf Vertragsverhältnisse Anwendung, an denen ein Verbraucher nicht beteiligt ist. Dies entspricht auch dem erklärten Willen des Gesetzgebers. [312]

505   Voraussetzung für die Anwendung der Vorschrift ist, dass die mangelhafte Sache „gemäß ihrer Art und ihrem Verwendungszweck" in eine andere Sache eingebaut oder an eine andere Sache angebracht wurde. Die

---

[311] Vgl. BGH Urt. v. 2.4.2014, Az. VIII ZR 46/13, BGHZ 200, 337-350, Rn. 29.
[312] BT-Drs. 18/8486, S. 39.

Worte „gemäß ihrer Art und ihrem Verwendungszweck" wurden ersichtlich der Entscheidung des EuGH vom 16.6.2011[313] entlehnt.

Liegen diese Voraussetzungen vor, ist der Verkäufer verpflichtet, „im **506**
Rahmen der Nacherfüllung" die „erforderlichen Aufwendungen für das
Entfernen der mangelhaften und den Einbau oder das Anbringen der
nachgebesserten oder gelieferten mangelfreien Sache zu ersetzen".

Seiner Verpflichtung zur Nacherfüllung kann der Verkäufer nach § 439 **507**
Abs. 1 BGB entweder durch Beseitigung des Mangels oder Lieferung einer
mangelfreien Sache nachkommen. Das Wahlrecht zwischen beiden Arten
der Nacherfüllung steht grundsätzlich dem Käufer zu (§ 439 Abs. 1 BGB).
Beim Einbau oder dem Anbringen einer mangelhaften Sache wird eine
Beseitigung des Mangels in der Regel aus praktischen Gründen ausscheiden. So wird V im Fall 6 nicht in der Lage sein, den Mangel des gelieferten
Granulats zu beseitigen; der Lieferant einer Farbe wird diese nach deren
Aufbringen auf eine Wand nicht nachbessern können. Gleichwohl mag
auch die Mangelbeseitigung im Einzelfall möglich sein. Das Gesetz bestimmt daher, dass der Anspruch auf Ersatz der erforderlichen Aufwendungen für das Entfernen der mangelhaften Sache und den Einbau der
mangelfreien Sache sowohl im Fall der Mangelbeseitigung als auch im Fall
der Neulieferung besteht. Bei beiden Alternativen der Nacherfüllung
werden den Käufer weitere Kosten des Ein- und Ausbaus treffen, die er
bereits einmal aufgewandt hat und die er bei mangelfreier Erfüllung des
Vertrags nicht noch ein weiteres Mal zu tragen hätte.[314]

Die Neuregelung gilt somit für beide Alternativen der Nacherfüllung **508**
(Mangelbeseitigung und Nachlieferung) gleichermaßen.

Die Neuregelung des § 439 Abs. 3 BGB n. F. weicht jedoch in einem **509**
wichtigen Punkt von der (für Verbraucherverträge geltenden) Rechtsprechung des BGH zum alten Recht ab: Hatte der Verkäufer nach dieser
Rechtsprechung ein Recht zur zweiten Andienung, konnte also grundsätzlich verlangen, den Ausbau der mangelhaften Sache und den Wiedereinbau der mangelfreien Sache selbst vorzunehmen, billigt das Gesetz dem
Käufer nunmehr einen unmittelbaren Aufwendungsersatzanspruch zu.
Der Verkäufer, der zur Nachbesserung oder Nachlieferung verpflichtet
ist, hat – ohne dass es dafür einer Aufforderung zum Ausbau der mangelhaften Kaufsache und einer entsprechenden Fristsetzung bedarf – unmittelbar die Aufwendungen zu ersetzen, die dem Käufer durch den Ausbau
und Wiedereinbau entstehen. Das trägt dem Umstand Rechnung, dass der
Bauunternehmer in der Regel nach §§ 634 Abs. 1, 635 Abs. 1 BGB bzw.
§ 13 Abs. 5 Nr. 1 VOB/B verpflichtet ist, den Mangel selbst zu beseitigen

---

[313] EuGH Urt. v. 16.6.2011, Rs. C-65/09, C-87/09, C-65/09, C-87/09.
[314] BT-Drs. 18/8486, S. 39.

und er daher gegenüber seinem Werkvertragspartner nicht durchsetzen kann, dass der Ausbau und Wiedereinbau durch den Verkäufer des Baumaterials erfolgt.[315]

510   Zu ersetzen sind die erforderlichen Aufwendungen für das Entfernen der mangelhaften und den Einbau oder das Anbringen der nachgebesserten oder gelieferten mangelfreien Sache.

511   Das bedeutet, dass U im Fall 6 b) von V Zahlung von 25.000 EUR als Ersatz der Kosten verlangen kann, die für den Ausbau und den Abtransport des mangelhaften Granulats angefallen sind. Dass U den V zuvor nicht unter Fristsetzung aufgefordert hatte, den Ausbau vorzunehmen, schadet nicht, denn anders als nach dem alten (für Verbraucherverträge geltenden Recht), setzt der Anspruch auf Erstattung der Aufwendungen für Aus- und Wiedereinbau nicht voraus, dass der Verkäufer zuvor eine ihm hierfür gesetzte Frist verstreichen lässt.

512   Weiter kann er Ersatz der Aufwendungen verlangen, die für den Einbau der **mangelfreien** Sache entstanden sind. Konkret bedeutet das im Fall 6 b), dass U Zahlung von 10.000 EUR als Ersatz der Aufwendungen verlangen kann, die für den erneuten Einbau des nachgelieferten, mangelfreien Granulats entstanden sind und nicht die 9.500 EUR, die der erstmalige Einbau des mangelhaften Granulats verursacht hat.[316]

513   Im Fall 5 b) (Käufer ist Verbraucher) ist die Rechtslage unter Geltung des neuen Rechts im Wesentlichen die gleiche wie nach altem Recht. Allerdings muss der Verbraucher – wie ausgeführt – zur Durchsetzung seines Anspruchs gegen den Baumarkt diesem keine Frist mehr zum Aus- und Wiedereinbau setzen. Denn im Hinblick auf diese Aufwendungen hat der Verkäufer – anders als nach altem Recht – kein Recht zur zweiten Andienung mehr.

514   § 475 Abs. 6 BGB n. F. gibt dem Verbraucher – und nur diesem – allerdings einen Anspruch auf **Vorschuss** hinsichtlich der Aufwendungen für den Aus- und Wiedereinbau.

515   Die Einräumung eines Vorschussanspruchs zugunsten des Verbrauchers war nach Auffassung des BGH europarechtlich geboten. Das Fehlen eines Vorschussanspruchs und die dann bestehende Notwendigkeit, mit den Kosten in Vorlage zu treten, könnte sich für den Verbraucher als Hinderungsgrund darstellen, seine Ansprüche geltend zu machen; dies wiederum

---

[315] Vgl. Langen, BauR 2017, 333, 639; BT-Drs. 18/11437, S. 46.
[316] Vgl. dazu auch Langen, BauR 2017, 333, 334.

würde dem Schutzzweck der Richtlinie über den Verbrauchsgüterkauf[317] widersprechen.[318]

Der Verbraucher kann die erforderlichen Aufwendungen schätzen las- **516** sen. Macht er den Vorschussanspruch gerichtlich geltend, ist die Richtigkeit im Falle des Bestreitens durch den Verkäufer durch Sachverständigengutachten zu beweisen. Eine Schätzung der erforderlichen Aufwendungen durch das Gericht nach § 287 ZPO kommt nur in Betracht, wenn hierfür greifbare Anhaltspunkte vorliegen, was u.U. auch bei Vorliegen eines Privatgutachtens hinsichtlich der Höhe der Kosten der Fall sein kann.[319]

Über den Vorschuss ist nach Abschluss des Aus- und Wiedereinbaus **517** abzurechnen; in Abhängigkeit von den tatsächlich angefallenen Kosten hat der Verbraucher einen Nachschussanspruch bzw. ist zur Rückzahlung verpflichtet. Der Vorschuss ist zweckgebunden zu verwenden. Der Verbraucher muss seine Aufwendungen nachweisen, über den erhaltenen Kostenvorschuss Abrechnung erteilen und den nicht in Anspruch genommenen Betrag zurückerstatten.[320] Hier kann nichts anderes gelten als im Bereich des Werkvertragsrechts.

b) Verhältnismäßigkeit

Schon nach § 439 Abs. 3 BGB a. F. konnte der Verkäufer die vom Käufer **518** **gewählte** Art der Nacherfüllung verweigern, wenn diese nur mit unverhältnismäßigen Kosten möglich war. Diese Regelung wurde nun grundsätzlich unverändert in § 439 Abs. 4 BGB n. F. übernommen.

Die Vorschrift unterscheidet zwischen relativer und absoluter Unverhältnismäßigkeit.

Relative Unverhältnismäßigkeit liegt vor, wenn beide Formen der **519** Nacherfüllung (also Nachlieferung und Nachbesserung) möglich sind und eine Abhilfevariante im Verhältnis zu der anderen unverhältnismäßig hohe Kosten verursacht. Nach § 439 Abs. 4 S. 1 BGB n. F. kann der Käufer die vom Verkäufer gewählte Art der Nacherfüllung in diesem Fall verweigern und den Käufer auf die andere Art der Nacherfüllung verweisen.

Absolute Unverhältnismäßigkeit ist gegeben, wenn die Kosten beider **520** Arten der Nacherfüllung außer Verhältnis zum Wert der Sache in man-

---

[317] Richtlinie 1999/44/EG des Europäischen Parlaments und des Rates vom 25.5.1999, geändert durch die Richtlinie 2011/83/EU des Europäischen Parlaments und des Rates vom 25.10.2011.

[318] BGH Urt. v. 13.4.2011, Az. VIII ZR 220/10 –, BGHZ 189, 196-217, Rn. 37 unter Hinweis auf EuGH Urt. v. 17.4.2008 , Rs. C-404/06.

[319] BGH Versäumnisurt. v. 11.3.2004, Az. VII ZR 339/02, NZBau 2004, 389 – zum Vorschussanspruch nach § 637 BGB.

[320] BGH Urt. v. 14.1.2010, Az. VII ZR 108/08, BGHZ 183, 366-376, Rn. 13 zu § 637 BGB.

gelfreiem Zustand oder der Bedeutung des Mangels stehen.[321] Nach § 439 Abs. 4 S. 3 2. Hs. BGB n. F. kann der Verkäufer in diesem Fall die Mängelbeseitigung vollständig verweigern, wenn der Käufer nicht Verbraucher ist.

521   Zu den Kosten im Sinne des § 439 Abs. 4 BGB, die in die Betrachtung der Verhältnismäßigkeit einzubeziehen sind, gehören auch die Kosten für den Aus- und Wiedereinbau. Es ist hier also nicht nur auf die Kosten der Nachbesserung als solcher abzustellen.

522   Das bedeutet, dass der Verkäufer die Mängelbeseitigung nach § 439 Abs. 4 S. 3 BGB n. F. auch dann verweigern kann, wenn die damit verbundenen Kosten wegen der von ihm zu ersetzenden Kosten für den Aus- und Wiedereinbau unverhältnismäßig sind. Das folgt im Umkehrschluss aus (dem nur für den Verbrauchervertrag geltenden) § 475 Abs. 4 S. 2 BGB n. F. Ist beim Verbraucherkaufvertrag eine Art der Nacherfüllung nach § 439 Abs. 4 Satz 1 BGB n. F. (relativ) unverhältnismäßig und stellt sich auch die andere Art der Nacherfüllung wegen der Höhe der Aufwendungen nach § 439 Absatz 3 Satz 1 BGB n. F. (Ausbau- und Wiedereinbaukosten) als unverhältnismäßig dar, kann der Verkäufer den Aufwendungsersatz des Verbrauchers (Käufers) nicht nach § 439 Abs. 4 S. 3 2. Hs. BGB n. F. gänzlich verweigern. Er kann den Aufwendungsersatz lediglich auf einen angemessenen Betrag beschränken. Das Gesetz hebt hier ausdrücklich hervor, dass die Unverhältnismäßigkeit der Nachbesserung auch aus den Kosten nach § 439 Abs. 3 S. 1 BGB (Ausbau- und Wiedereinbaukosten) resultieren kann. Hier fließen also die Kosten des Aus- und Wiedereinbaus als Kriterium für die Verhältnismäßigkeit der Kosten der anderen Art der Nacherfüllung in die Betrachtung mit ein. Dann kann für die Betrachtung der Verhältnismäßigkeit bei Verträgen, die keine Verbraucherverträge sind, nichts anderes gelten.

523   Gelangt man zu dem Ergebnis, dass die Mängelbeseitigung wegen der für die Nacherfüllung erforderlichen Aufwendungen oder wegen der damit verbundenen Aus- und Wiedereinbaukosten unverhältnismäßig ist, kann der Verkäufer bei Verträgen, die keine Verbraucherverträge sind, die Mängelbeseitigung nach § 439 Abs. 4 S. 3 2. Hs. BGB n. F. vollständig verweigern.

524   Für Verbraucherverträge regelt § 475 Abs. 4 S. 2 BGB n. F. Abweichendes: Ist hier die eine Art der Mängelbeseitigung wegen der für die Nacherfüllung erforderlichen Aufwendungen unverhältnismäßig und die andere Art der Nacherfüllung wegen der Aufwendungen nach § 439 Abs. 3 BGB n. F., darf der Verkäufer die Mängelbeseitigung gleichwohl nicht verweigern. Er ist vielmehr darauf beschränkt, den Aufwendungsersatz

---

[321] BGH Urt. v. 21.12.2011, Az. VIII ZR 70/08, BGHZ 192, 148-172, Rn. 29.

des Verbrauchers (Käufers) für den Aus- und Wiedereinbau auf einen angemessenen Betrag zu beschränken.

Dies ist eine Konsequenz aus Artikel 3 Abs. 3 Unterabsatz 2 der Verbrauchsgüterkaufrichtlinie in der Auslegung des EuGH in seiner Entscheidung vom 16.6.2011. Danach ist es ausgeschlossen, dass eine nationale gesetzliche Regelung dem Verkäufer das Recht gewährt, die einzig mögliche Art der Abhilfe wegen ihrer absoluten Unverhältnismäßigkeit zu verweigern. Der Unionsgesetzgeber wollte – so der EuGH – dem Verkäufer das Recht zur Verweigerung der Nachbesserung des mangelhaften Verbrauchsguts oder der Ersatzlieferung nur im Fall der Unmöglichkeit oder einer relativen Unverhältnismäßigkeit gewähren. Erweist sich nur eine dieser beiden Abhilfen als möglich, kann der Verkäufer die einzige Abhilfe, durch die sich der vertragsgemäße Zustand des Verbrauchsguts herstellen lässt, somit nicht verweigern.[322] **525**

c) Durchgriff auf Vor-Lieferanten

Fall 7: Wie Fall 6b). V hat das EPDM-Granulat, das er an U geliefert hat, **526** *seinerseits von seinem Vorlieferanten VL bezogen. Von diesem verlangt er nunmehr Ersatz der Ausbau- und Wiedereinbaukosten, die er nach vierjährigem Rechtsstreit an U zahlen musste.*

VL meint, er sei nicht zur Zahlung verpflichtet, weil V ja nicht zum Aus- und Wiedereinbau verpflichtet gewesen sei. Außerdem treffe ihn, VL, kein Verschulden, denn er habe das Granulat ja seinerseits von einem Lieferanten bezogen, weshalb er die Mangelhaftigkeit nicht habe erkennen können.

Werden Baumaterialien in einer Lieferkette weiterveräußert, hat der Ver- **527** käufer gegen seinen Vorlieferanten keinen Anspruch aus § 439 Abs. 3 BGB n. F., denn dem Verkäufer selbst sind ja keine „Aufwendungen für das Entfernen der mangelhaften und den Einbau oder das Anbringen der nachgebesserten oder gelieferten mangelfreien Sache" entstanden. Der Verkäufer selbst hat ja keine Kosten für den Aus- und Wiedereinbau aufgewendet. Er musste lediglich Aufwendungsersatz an den Käufer leisten. Gleichwohl wäre es unbillig, den Verkäufer, der die Sache nur von einem Vorlieferanten bezogen hat, endgültig mit dem Schaden zu belasten.

Grundsätzlich könnte der Verkäufer V die Aufwendungen, die er nach **528** § 439 Abs. 3 BGB dem Bauunternehmer U zu ersetzen hat, von seinem Vorlieferanten als Schadensersatz nach §§ 437 Nr. 3, 280, 281 BGB verlangen. Ein solcher Schadensersatzanspruch setzt allerdings voraus, dass der Vorlieferant die Vertragsverletzung, die er gegenüber seinem Vertragspartner (hier: V) begangen hat, zu vertreten hat, § 276 BGB. Das erfordert

---

[322] BT-Drs. 18/8486, S. 43.

mindestens einfache Fahrlässigkeit, was fehlen wird, wenn der Vorlieferant den Mangel selbst nicht erkennen konnte.

529 Damit der Verkäufer dennoch den Aufwendungsersatzanspruch an seinen Vorlieferanten durchreichen kann, regelt § 445a Abs. 1 BGB Folgendes:

> *Der Verkäufer kann beim Verkauf einer neu hergestellten Sache von dem Verkäufer, der ihm die Sache verkauft hatte (Lieferant), Ersatz der Aufwendungen verlangen, die er im Verhältnis zum Käufer nach § 439 Absatz 2 und 3 sowie § 475 Absatz 4 und 6 zu tragen hatte, wenn der vom Käufer geltend gemachte Mangel bereits beim Übergang der Gefahr auf den Verkäufer vorhanden war.*

530 Der Verkäufer (im Fall 7: V) kann also Ersatz jener Aufwendungen verlangen, die er im Verhältnis zu seinem Käufer (im Fall 7: U) hatte, weil er ihm die Kosten des Ausbaus und Wiedereinbaus ersetzen musste. Das sind die in § 445a BGB angesprochenen „Aufwendungen nach § 439 Abs. 3 BGB". Ersetzt verlangen kann er auch die Aufwendungen nach § 439 Abs. 2 BGB, also den eigenen Aufwand, der ihm aufgrund der Mängelbeseitigung entstanden ist (insbesondere Transport-, Wege-, Arbeits- und Materialkosten).

531 Mit der Formulierung „zu tragen hatte" wird ausgedrückt, dass der Letztverkäufer seinerseits zur Nacherfüllung verpflichtet gewesen sein muss und ihm auch kein Leistungsverweigerungsrecht gegenüber dem (Letzt-)Käufer zugestanden haben darf. Der Lieferant kann dem Rückgriffsanspruch also gegebenenfalls entgegenhalten, der Letztverkäufer habe von einer an sich gegebenen Möglichkeit, die Nacherfüllung wegen Unverhältnismäßigkeit nach § 439 Absatz 4 BGB n. F. zu verweigern, zu Unrecht keinen Gebrauch gemacht. Ist der Letztkäufer Verbraucher, kann der Verkäufer für den Fall, dass die Kosten der Mängelbeseitigung wegen der Aus- und Wiedereinbaukosten unverhältnismäßig sind, den Aufwendungsersatz nach § 475 Absatz 4 BGB n. F. auf einen angemessenen Betrag zu beschränken. Macht er von dieser Möglichkeit nicht Gebrauch, kann ihm der Lieferant dies entgegenhalten und die Zahlung nach § 445a Abs. 1 BGB n. F. auf den angemessenen Betrag beschränken, auf den sich der Letztverkäufer nach § 475 Abs. 4 BGB n. F. gegenüber dem Verbraucher hätte beschränken dürfen. Denn einen anderen Betrag hätte der Letztkäufer nicht „zu tragen gehabt".[323]

532 Zu ersetzen sind ferner die Aufwendungen nach § 475 Abs. 4 und 6 BGB. Die Aufwendungen nach § 475 Abs. 4 BGB betreffen jene Ansprüche, die der Verbraucher gegenüber dem Verkäufer hat, obwohl sich die Kosten der Mängelbeseitigung wegen der Ausbau- und Wiedereinbaukos-

---

[323] BT-Drs. 18/8486, S. 41/42.

ten als unverhältnismäßig darstellen. Hat der Verkäufer gegenüber dem Verbraucher den Aufwendungsersatz nach § 475 Abs. 4 BGB n. F. auf den angemessenen Betrag beschränkt, muss der Vorlieferant des Verkäufers diesem also den tatsächlich gezahlten „angemessenen Betrag" ersetzen.

Der Hinweis auf § 475 Abs. 6 BGB n. F. versetzt den Verkäufer in die **533** Lage, seinerseits Aufwendungsersatz für den Vorschuss zu verlangen, den er dem Verbraucher hinsichtlich der Ausbau- und Wiedereinbaukosten gezahlt hat. Der Verkäufer wird allerdings in aller Regel nicht selbst Verbraucher sein. Dass das Gesetz ihm die Möglichkeit gibt, schon das als Vorschuss Gezahlte an seinen Vorlieferanten durchzureichen, erscheint wenig überzeugend. Denn damit kann er Ersatz der Vorschusszahlungen auch dann verlangen, wenn der Verbraucher über den Vorschuss noch nicht abgerechnet hat und demzufolge noch nicht feststeht, in welchem Umfang der Verbraucher die Vorschusszahlung behalten kann. Verlangt der Verkäufer daher von seinem Vorlieferanten Ersatz der Aufwendungen, die ihm aufgrund seiner Verpflichtung zur Vorschussleistung entstanden sind, muss er nach erfolgter Abrechnung über die an den Verbraucher erbrachte Vorschussleistung auch gegenüber seinem Vorlieferanten über den Aufwendungsersatz abrechnen, den er wegen der Vorschussleistung erhalten hat.

Der Rückgriffsanspruch des Verkäufers unterliegt nach § 445b Abs. 1 **534** BGB n. F. einer Verjährung von zwei Jahren ab Ablieferung der Sache. Gemeint ist damit die Ablieferung der Sache durch den Vorlieferanten und nicht durch den Letztverkäufer. Wie bei Gewährleistungsansprüchen üblich, handelt es sich hier nicht um eine so genannte Jahresendverjährung (vgl. § 199 Abs. 1 BGB); die Verjährung beginnt also nicht am Schluss des Jahres, in dem die Sache abgeliefert worden ist, sondern nach § 187 Abs. 1 BGB am Tag nach der Ablieferung.

Bliebe es bei dieser Regelung, wäre der Rückgriffsanspruch des L gegen **535** seinen Vorlieferanten VL im Fall 7 verjährt. Denn nach allgemeinen Regeln beginnt die Verjährung eines Anspruchs mit dessen Entstehung. Ein Anspruch entsteht aber bereits dann, wenn er erstmals, gegebenenfalls durch eine Feststellungsklage, gerichtlich geltend gemacht werden kann; nicht notwendig ist für den Beginn der Verjährung, dass der Berechtigte den Anspruch beziffern kann.[324] Da L seinen Anspruch gegen VL erst nach Abschluss eines vierjährigen Prozesses, den er mit dem Verbraucher geführt hat, geltend macht, könnte die zweijährige Verjährungsfrist des § 445b Abs. 1 BGB n. F. bereits abgelaufen sein.

Um diesen Rechtsnachteil zu verhindern, bestimmt § 445b Abs. 2 BGB, **536** dass die Verjährung der in den §§ 437 und 445a Abs. 1 BGB n. F. bestimm-

---

[324] *Ellenberger* in Palandt, BGB, 76. Aufl. 2017, § 199, Rn. 3.

ten Ansprüche des Verkäufers gegen seinen Lieferanten wegen des Mangels einer verkauften neu hergestellten Sache frühestens zwei Monate nach dem Zeitpunkt eintritt, in dem der Verkäufer die Ansprüche des Käufers **erfüllt** hat. Allerdings regelt § 445b Abs. 2 S. 2 BGB n. F., dass die Verjährung spätestens fünf Jahre nach dem Zeitpunkt, in dem der Lieferant die Sache dem Verkäufer abgeliefert hat, eintritt. Hierdurch soll dem Vorlieferanten Rechtssicherheit verschafft werden.[325]

537   Die Regelung zum Beginn der Verjährung in § 445b Abs. 2 BGB n. F. gilt dabei nicht nur für die Regressansprüche des Verkäufers hinsichtlich der Ausbau- und wieder Einbaukosten, sondern auch hinsichtlich der übrigen Gewährleistungsansprüche nach § 437 BGB.

II. Allgemeine Geschäftsbedingungen und Kaufrecht

538 In der Rechtspraxis spielen Allgemeine Geschäftsbedingungen eine große Rolle. Allgemeine Geschäftsbedingungen sind alle für eine Vielzahl von Verträgen vorformulierten Vertragsbedingungen, die eine Vertragspartei (Verwender) der anderen Vertragspartei bei Abschluss eines Vertrags stellt (§ 305 Abs. 1 S. 1 BGB). Durch Allgemeine Geschäftsbedingungen können – ebenso wie durch individualvertraglich vereinbarte Regelungen – Abweichungen von den nicht zwingenden Vorschriften des Gesetzes vereinbart werden.

539   Um zu verhindern, dass die Neuregelung durch die Vereinbarung anderslautender Allgemeiner Geschäftsbedingungen in der Praxis nicht angewendet wird, bestimmt § 309 Nr. 8 b) cc) BGB n. F. nunmehr, dass eine Regelung in Allgemeinen Geschäftsbedingungen, durch die die Verpflichtung des Verwenders ausgeschlossen oder beschränkt wird, die zum Zweck der Nacherfüllung erforderlichen Aufwendungen nach § 439 Abs. 2 und Abs. 3 BGB n. F. zu tragen oder zu ersetzen, unwirksam ist.

540 § 309 findet indes keine Anwendung auf Allgemeine Geschäftsbedingungen, die gegenüber einem Unternehmer, einer juristischen Person des öffentlichen Rechts oder einem öffentlich-rechtlichen Sondervermögen verwendet werden (§ 310 Abs. 1 BGB). Damit gilt das Klauselverbot des § 309 Nr. 8 b) cc) BGB n. F. im Ergebnis nur für Allgemeine Geschäftsbedingungen, die gegenüber einem Verbraucher verwendet werden. In Verbraucherverträgen kann sich der Unternehmer nach § 476 Abs. 1 BGB n. F. auf eine vor Mitteilung eines Mangels an den Unternehmer getroffene Vereinbarung, die zum Nachteil des Verbrauchers von den §§ 433 bis 435,

---

[325] BT-Drs. 18/8486, S. 42.

437, 439 bis 443 abweicht, indes ohnehin nicht berufen. Welchen Sinn hat dann § 309 Nr. 8 b) cc) BGB n. F.?

Für den Verbrauchervertrag bedürfte es der Regelung wegen § 476 **541** Abs. 1 BGB n. F. nicht; für den Vertrag zwischen Unternehmern findet § 309 BGB keine Anwendung. Einziger sinnvoller Anwendungsbereich des § 309 Nr. 8 b) cc) BGB ist somit der Vertrag zwischen zwei Verbrauchern.

Die Regelungen in §§ 308, 309 BGB sind dennoch für Verträge zwi- **542** schen Unternehmern nicht gänzlich ohne Bedeutung. Denn nach § 307 Abs. 1 BGB werden auch die zwischen Unternehmern vereinbarten Allgemeinen Geschäftsbedingungen einer gerichtlichen Kontrolle unterzogen. Sie sind unwirksam, wenn sie den Vertragspartner des Verwenders entgegen den Geboten von Treu und Glauben unangemessen benachteiligen. Nach § 307 Abs. 2 Nr. 1 BGB liegt eine unangemessene Benachteiligung in der Regel vor, wenn eine in AGB enthaltene Bestimmung mit wesentlichen Grundgedanken der gesetzlichen Regelung, von der abgewichen wird, nicht zu vereinbaren ist.

§ 310 Abs. 1 S. 2 BGB bestimmt, dass § 307 Abs. 1 und 2 BGB auf zwi- **543** schen Unternehmern vereinbarte AGB auch insoweit Anwendung findet, als dies zur Unwirksamkeit von in § 308 Nr. 1, 2 bis 8 und § 309 BGB genannten Vertragsbestimmungen führt. Das bedeutet, dass die in § 308 und § 309 enthaltenen Klauselverbote über § 307 Abs. 1 BGB mittelbar Wirkung entfalten können.[326] Was gegenüber Verbrauchern also nach §§ 308 und 309 BGB unwirksam ist, kann gegenüber Unternehmern nach § 307 Abs. 1, Abs. 2 BGB unwirksam sein.

Kann also der Verkäufer in Verträgen, die mit Unternehmern abge- **544** schlossen werden, die Verpflichtung zur Erstattung der Ausbau- und Wiedereinbaukosten durch entsprechende Allgemeine Geschäftsbedingungen verhindern? Aufgrund der gesetzlichen Neuregelung dürfte dies zweifelhaft sein. Wie ausgeführt, hätte es der Regelung in § 309 Nr. 8 b) cc) BGB zum Schutz der Verbraucher bei B2C-Verträgen nicht bedurft, weil diese durch § 476 Abs. 1 BGB n. F. ohnehin ausreichend geschützt sind. Zielsetzung des Gesetzgebers war es damit offensichtlich, über die mittelbare Geltung des § 309 Nr. 8 b) cc) BGB n. F. im B2B-Bereich die Regelung des § 439 Abs. 3 BGB „AGB-fest" zu machen. Tatsächlich finden sich Aussagen in der Begründung zum Gesetzentwurf der Bundesregierung, die darauf schließen lassen, dass nach der Vorstellung der Bundesregierung künftig Regelungen in AGB, die von § 439 Abs. 3 BGB abweichen, auch im B2B-Bereich unwirksam sein sollen.[327] Das wäre nur der Fall, wenn

---

[326] Dauner-Lieb, NZBau 2015, 684, 686.
[327] Vgl. BT-Drs. 18/8486, S. 33.

eine von § 439 Abs. 3 BGB n. F. abweichende Regelung eine unangemessene Benachteiligung des Verwendungsgegners wäre, insbesondere weil die Abweichung von einem gesetzlichen Leitbild abweiche. Gegen eine solche Betrachtung wurde eingewandt, dass es nicht sachgerecht sei, eine Risikoverteilung als unangemessene Benachteiligung zu betrachten, obwohl sich diese Risikoverteilung vor der Reform unmittelbar aus dem Gesetz ergab (nämlich keine verschuldensunabhängige Haftung des Verkäufers für die Aus- und Einbaukosten bei Mangelhaftigkeit der Kaufsache).[328]

545   Dem ist entgegenzuhalten, dass es das Anliegen der Reform war, die Mängelhaftung des Verkäufers erheblich zu verschärfen und demzufolge der neugeschaffene § 439 Abs. 4 BGB zum (neuen) gesetzlichen Leitbild wurde.

---

[328] Dauner-Lieb, NZBau 2015, 684, 686.

Stichwortverzeichnis

Die Ziffern beziehen sich auf die Randnummern

Stichwortverzeichnis

Stichwortverzeichnis